Profesional Ágil

Certificación PMI-ACP®

Pablo Lledó

PMI-ACP, PMP

Datos de catalogación bibliográfica

Pablo Lledó

Profesional Ágil: Certificación PMI-ACP®

2a ed. – Estados Unidos: el autor, 2026.

321 p. ; 27.94 x 21.59 cm

ISBN: 978-0-9995073-4-6

1. Negocios. 2. Tecnología.

Editor: Pablo Lledó

Tapa y contratapa: Diego Grifo

Figuras: Paul Leido

Versión 2.0

Profesional Ágil

La disrupción tecnológica, la inteligencia artificial, el trabajo remoto y los equipos virtuales han transformado la forma de gestionar proyectos. Hoy la nueva economía demuestra que solo serán exitosas aquellas organizaciones que logren convertir su estrategia en resultados concretos a través de proyectos eficientes que generen los beneficios esperados.

En este escenario, ya no alcanza con manejar herramientas de gestión basadas únicamente en ciclos predictivos o procesos en cascada. Todo profesional de proyectos necesita conocer también las metodologías y buenas prácticas de los ciclos adaptativos, que permiten entregar valor al cliente de manera incremental y con mayor rapidez que en el pasado.

Cuando algunos colegas me solicitaron escribir este libro, mi primera reacción fue: "zapatero a su zapato". Al fin y al cabo, un economista no parece la persona indicada para explicar proyectos iterativos y adaptativos vinculados al desarrollo de software. Sin embargo, después de gestionar varios proyectos ágiles en mis propios negocios, decidí profundizar en las tendencias de las metodologías ágiles. La manera más efectiva de ordenar y comprender tantas prácticas fue preparando la certificación PMI-ACP®.

Tras aprobar esta certificación internacional, descubrí un mundo apasionante: las metodologías ágiles no solo sirven para proyectos de tecnología, sino que son aplicables a cualquier tipo de iniciativa. Y confirmé algo clave: es imposible ser un profesional exitoso de proyectos sin dominar estas herramientas de la nueva economía.

Este libro les servirá como guía práctica para conocer la mayoría de los conceptos que aparecen en la certificación PMI-ACP®. Mi objetivo es que puedan aprobar sin morir en el intento, y sobre todo, que logren convertirse en mejores directores de proyectos en cualquier contexto.

Las **ventajas** de estudiar con este libro son:

- Comprender de manera integral los principios ágiles más utilizados.
- Aprender a interactuar de forma efectiva con equipos que aplican prácticas ágiles.
- Estar a un paso de aprobar la certificación PMI-ACP®.
- Potenciar tu desarrollo como profesional de proyectos.

✅ Este libro no es solo para aprobar un examen, sino para aplicar la mentalidad ágil en tu día a día como director de proyectos.

El autor

Pablo Lledó cuenta con una sólida formación académica. Obtuvo un Master of Science en Project Analysis, Finance and Investments en la Universidad de York (Inglaterra), un MBA en Dirección de Proyectos en la Universidad Francisco de Vitoria (España) y un MBA en Negocios Internacionales en la Universitat de Lleida (España). Además, posee certificaciones internacionales del Project Management Institute (PMI), como PMP® y PMI-ACP®.

Inició su carrera en la formulación de proyectos en Towers Perrin (Inglaterra) y hoy lidera Pablolledo.com LLC, una empresa dedicada a la formación en Project Management. Sus principales áreas de especialidad son la evaluación financiera y la gestión de riesgos. También es socio fundador y director de cuatro empresas en marcha.

Como profesor y conferencista internacional, ha capacitado a más de 30.000 ejecutivos en más de 50 empresas de 20 países, trabajando con organizaciones como P&G, Visa, Telefónica, Repsol, entre muchas otras. Es autor de varios libros de referencia en dirección de proyectos y ha impartido talleres y consultorías en distintos continentes.

Su aporte a la profesión ha sido reconocido a nivel global. Ha participado como expositor en congresos internacionales del PMI en ciudades como Dubái, Vancouver, Dallas, Washington DC y Singapur. Además, colaboró en la traducción de Guías del PMBOK®, dirigió capítulos en Argentina y fue parte de la Junta Directiva de PMI y de PMI Educational Foundation.

Por su trayectoria, recibió el prestigioso *Distinguished Contribution Award*, uno de los máximos reconocimientos internacionales del PMI, siendo uno de los pocos latinoamericanos en obtenerlo.

¿Para qué comprar este libro si lo puedes conseguir gratis?

Si este ejemplar llegó a tus manos sin haberlo adquirido, te invito a obtener tu copia original en www.pablolledo.com. Con esa inversión accedes al material de forma ética, apoyas la profesionalidad y ayudas a combatir la piratería digital.

Como lector legítimo, podrás escribirme a pl@pablolledo.com, y responderé personalmente tus consultas sobre el libro o sobre dirección de proyectos.

📌 Comprar tu copia es invertir en tu aprendizaje y en la comunidad profesional.

Contenidos

Capítulo 1
La certificación PMI-ACP®

Capítulo 1 – La certificación PMI-ACP®

1.1 Examen PMI-ACP®

El examen PMI-ACP® consta de **120 preguntas** que deben responderse en un máximo de **3 horas**. De ellas, 100 preguntas son puntuadas y 20 no lo son, ya que se utilizan con fines de evaluación. Estas últimas no estarán identificadas, por lo que el alumno debe rendir como si todas las 120 preguntas fueran calificadas.

El **puntaje mínimo de aprobación** es variable, aunque en la práctica suele situarse alrededor del **75%**. El examen puede rendirse en español, con la opción de visualizar la traducción de cada pregunta al inglés en cualquier momento.

La distribución de preguntas por dominio es la siguiente:

Dominio	% de Preguntas	Cantidad de preguntas
I. Mentalidad	28%	33
II. Liderazgo	25%	30
III. Producto	19%	23
IV. Entrega	28%	34
TOTAL	100%	120

Resumen de tareas por dominio

Mentalidad

- Adoptar valores y principios ágiles.
- Fomentar innovación, experimentación y aprendizaje continuo.
- Crear entornos colaborativos y seguros psicológicamente.
- Promover transparencia, retroalimentación temprana y aceptación del cambio.

Liderazgo

- Empoderar a los equipos con confianza, motivación y coaching.
- Resolver problemas y facilitar la gestión de conflictos.
- Promover la visión compartida y los valores ágiles.
- Impulsar la mejora continua y el intercambio de conocimientos.

Producto

- Refinar y priorizar el backlog del producto.
- Gestionar incrementos alineados con prioridades del negocio.
- Visualizar el trabajo y medir el valor entregado.
- Administrar la entrega de valor según criterios de éxito (satisfacción del cliente, sostenibilidad, cumplimiento).

Entrega

- Entregar en pequeños incrementos con retroalimentación temprana.
- Usar métricas ágiles (velocidad, ciclo, WIP) para la toma de decisiones.
- Gestionar riesgos, impedimentos y desperdicios.
- Optimizar el flujo de valor y promover la mejora continua en procesos y resultados.

🛠 Herramientas y técnicas clave

- Diseño y análisis ágil: historias de usuario, backlog, mapas de historias, personas, MVP.
- Estimación ágil: planning poker, T-shirt sizing, afinidad.
- Comunicación: radiadores de información, retrospectivas, feedback continuo.
- Métricas: velocidad, throughput, lead time, cumulative flow diagram.
- Mejora del proceso: Kaizen, retrospectivas, 5 porqués, value stream mapping.
- Gestión de riesgos: spikes de arquitectura, backlog de riesgos.
- Priorización basada en valor: ROI, MoSCoW, Kano, MMF.

⚙ Aspectos operativos del examen

- Formato: 120 preguntas (100 con puntaje + 20 de prueba).
- Duración: 3 horas, con un descanso opcional de 10 minutos.

📋 Requisitos para poder postular al examen

- Al menos **28 horas de capacitación** formal en metodologías ágiles.
- 1 a **2 años de experiencia** en entornos ágiles, dependiendo de certificaciones previas.
- Mantenimiento de la certificación: reunir 30 PDU cada 3 años, que pueden obtenerse mediante cursos, congresos, capacitación o voluntariado.

🌐 Idioma

PMI ofrece la opción de rendir el examen con **traducción al español en pantalla** (es decir, cada pregunta aparece en español con un botón para ver la versión original en inglés). Sin embargo, los mensajes oficiales, incluyendo el resultado final (*Above Target, Target, Below Target, Needs Improvement*), se presentan únicamente en inglés.

1.2 Materiales de estudio

Si estás leyendo este libro para aprender conceptos ágiles, te recomiendo complementar tus estudios con algunos de los libros sugeridos por el PMI®, entre ellos:

- *Agile Estimating and Planning* – Mike Cohn
- *Agile Project Management with Scrum* – Ken Schwaber
- *Agile Project Management: Creating Innovative Products* – Jim Highsmith
- *Agile Retrospectives: Making Good Teams Great* – Esther Derby y Diana Larsen
- *Agile Software Development: The Cooperative Game* – Alistair Cockburn
- *Becoming Agile: ...in an imperfect world* – Greg Smith y Ahmed Sidky
- *Coaching Agile Teams* – Lyssa Adkins
- *Guía Práctica de Ágil* – Project Management Institute
- *Lean-Agile Software Development* – Alan Shalloway, Guy Beaver, James R. Trott
- *The Art of Agile Development* – James Shore
- *The Software Project Manager's Bridge to Agility* – Michele Sliger y Stacia Broderick
- *User Stories Applied: For Agile Software Development* – Mike Cohn

Las notas de este libro se basan principalmente en estos textos, junto con fuentes complementarias como SAFe®, Scrum Alliance y Wikipedia.

Si tu objetivo es aprobar la certificación PMI-ACP®, este libro debería complementarse con la práctica de preguntas de simulación. En www.pablolledo.com podrás acceder a simuladores diseñados especialmente para reforzar tu preparación.

1.3 Tips de examen

Si ya rendiste la certificación PMP®, notarás que la preparación para la certificación PMI-ACP® es bastante más simple. En promedio, requiere alrededor de un 50% menos de horas de estudio y ofrece una probabilidad mucho mayor de aprobar en el primer intento.

Ahora bien, aunque el examen PMI-ACP® no es tan exigente como el PMP®, sí demanda una amplia comprensión de conceptos ágiles, familiaridad con distintos enfoques y la capacidad de responder preguntas con rapidez.

El PMI-ACP® no evalúa solo conocimientos de Scrum, Kanban u otra metodología ágil específica. Lo más importante es tu habilidad de **leer y comprender situaciones**, y por eso resulta fundamental practicar con simuladores antes de rendir el examen real.

Tipos de preguntas:

- La mayoría son **situacionales y breves**, fáciles de leer sin consumir demasiado tiempo.
- Generalmente son de **opción múltiple con una respuesta correcta**, aunque en algunos casos deberás marcar **múltiples respuestas correctas**.
- Se basan en **proyectos reales con ciclos adaptativos**, no solo de software, sino de diferentes industrias.
- Algunas incluyen **gráficos o tablas** que deberás interpretar para responder.

Dedica al menos un 30% de tu estudio a practicar con simuladores. Esa experiencia marcará la diferencia el día del examen.

📘 Contenidos de las preguntas

Aproximadamente el 70% de las preguntas estarán relacionadas con alguno de estos temas:

Tema	Temas principales
Artefactos y planificación	Historias de usuario · Trabajo opendiente asociado al producto (Product backlog) · Póker de planificación · MoSCoW · Modelo Kano · Planificación de iteración · Lanzamientos · Producto viable mínimo (MVP) · Hoja de ruta (Roadmap) / Plan de Lanzamientos (Release Plan) · Definición de Listo y Definición de Terminado.
Prácticas ágiles	Scrum · Kanban · Reuniones diarias · Retrospectivas · Spikes · Programación en pares · Refactorización · Integración continua y Despliegue continuo · Desarrollo guiado por pruebas (TDD) · Test exploratorio.
Roles y responsabilidades	Dueño del Producto (Product Owner) · Scrum Master · Equipo de Desarrollo · Interesados (Stakeholders) · Coach Ágil.
Métricas y análisis	Gráfico de trabajo pendiente (Burndown chart) / Gráfico de trabajo completado (Burnup chart) · Velocidad del equipo · WIP (Work in Progress) · Holguras XP · Radiadores de información · Diagrama de flujo acumulativo (CFD) · Tiempo de entrega y de ciclo (Lead time and Cycle time) · Defectos escapados.
Gestión y colaboración	Gestión de conflictos · Colaboración con el cliente · Colocación del equipo · Comunicación osmótica · Conciencia social · Trabajo energizado · Causa raíz del problema / 5 porqués · Triángulo ágil · Liderazgo servicial · Entorno seguro.
Riesgos y requisitos	Análisis de riesgos · Priorización de historias · Requisitos · Cambios de alcance · Deuda técnica.

💡 Consejos de estudio

1. Leer el *PMI-ACP® Handbook* antes de planificar el examen.
2. Estudiar la *Guía Ágil del PMI®*.
3. Leer un capítulo de este libro y realizar los ejercicios al final.
4. Resolver el examen del **Simulador PMI-ACP® de Pablo Lledó** relacionado con ese capítulo.
5. Repetir los pasos 3 y 4 con todos los capítulos del libro.
6. Rendir los exámenes parciales y finales del **Simulador PMI-ACP® de Pablo Lledó**, simulando un ambiente real de examen (sin pausas ni interrupciones).
7. Complementar los estudios con otras preguntas de simulación.

📌 Trata de mantener un ritmo constante de estudio (por ejemplo, un capítulo por semana), de manera que tu preparación sea progresiva y no se concentre todo a último momento.

📘 ¿Cómo saber si estoy en condiciones de rendir y aprobar?

Interpretación de los resultados en los exámenes de simulación:

- **0%-50% - Estudiar bastante más** → cuando tus resultados son bajos y todavía no dominas los conceptos.
- **50% -70% - Anotarse para rendir y seguir estudiando** → si tus calificaciones superan el 50%. No esperes a sentirte "perfecto", porque nunca te vas a anotar: siempre habrá algo más por repasar.
- **70%-100%. Listo para rendir** → si obtienes más del 70% en tu primer intento (sin repetir preguntas). En ese caso, lo mejor es rendir el examen cuanto antes, para aprovechar el conocimiento fresco.

💡 <u>Consejo</u>: usa los simuladores como termómetro de tu preparación. No buscan que seas perfecto, sino que llegues con la confianza suficiente para aprobar.

🏁 Recomendaciones finales

- ✓ Responde según la Guía del PMI-ACP®, no según tu experiencia personal en proyectos.
- ✓ Lee siempre las 4 opciones antes de elegir una respuesta.
- ✓ No te bloquees con una pregunta difícil: marca la mejor opción que veas en el momento, márcala para revisión y vuelve sobre ella al final. Nunca dejes una respuesta en blanco.
- ✓ Si estudiaste bien, tendrás dudas en alrededor del 20% de las preguntas. Revisa solo esas al final; estarás más tranquilo porque el 80% ya lo respondiste con seguridad.
- ✓ No estudies la noche anterior. Descansa bien: son 3 horas de concentración continua y tu cerebro necesita llegar fresco.
- ✓ Al aprobar, comparte tu experiencia en tus redes sociales y avísame a pl@pablolledo.com para poder felicitarte como nuevo colega.

1.4 El día del examen

Todos los detalles sobre cómo registrarte, fechas, costos, etc., están en el **PMI-ACP® Handbook**, que puedes descargar gratuitamente desde www.pmi.org. El examen se rinde online a través de la plataforma Pearson Vue.

En esta sección quiero contarte mi experiencia personal del día del examen. Si decides rendir desde tu casa (la opción más práctica), debes cumplir con un "ambiente limpio":

- ✓ Estar en un lugar totalmente despejado de personas, libros, apuntes u objetos.
- ✓ Conectarte con la cámara web encendida, bajo la vigilancia remota de un supervisor.
- ✓ Apagar y alejar el celular.
- ✓ Mostrar con la cámara debajo del escritorio, la computadora y todos los rincones de la habitación.
- ✓ No usar reloj, calculadora física, lápiz ni papel.
- ✓ La plataforma tiene su propia calculadora y un espacio para notas digitales. Tampoco podrás conectar tu notebook a un monitor externo.

Si alguna de estas condiciones se incumple (entra alguien en la sala, te levantas, aparece un objeto no autorizado, etc.), tu examen podría ser anulado. En mi caso, fue una experiencia diferente, pero demostró los altos niveles de control y seguridad del sistema Pearson Vue.

Al finalizar, la pantalla mostrará tu resultado:

✅ Aprobado: Above Target or Target.

❌ Desaprobado: Below Target or Needs Improvement.

No recibirás el porcentaje exacto de respuestas correctas. Y cuidado: ni se te ocurra sacar una foto de la pantalla con tu "Aprobado", porque el tutor remoto sigue conectado y podrían invalidar tu examen. El certificado oficial de aprobación te llegará después por correo electrónico.

📌 Rinde en un espacio cómodo y tranquilo. Ensaya antes con tu computadora para evitar sorpresas el día del examen.

📝 Examen - Diagnóstico

A continuación, encontrarás 10 preguntas típicas de examen. El objetivo es que tengas una primera idea de cómo son y te motives a estudiar.

No te preocupes si aún no conoces todos los temas: recién podrás responder con seguridad después de completar el recorrido de este libro.

📌 Utiliza este diagnóstico solo como referencia inicial, no como medida real de tu nivel de preparación.

Preguntas – Duración: 15 minutos

1- Durante una retrospectiva, el equipo discute cómo mejorar su desempeño. Desde la mentalidad ágil, ¿qué dos acciones son las más adecuadas? (Marque 2 opciones)

A. Identificar una mejora concreta y comprometerse a aplicarla en la próxima iteración

B. Recolectar métricas de productividad individual para detectar a los miembros con menor desempeño

C. Analizar causas raíz de problemas recientes y definir ajustes en el proceso

D. Esperar la revisión del cliente para recibir comentarios antes de cambiar nada

2- En un equipo ágil, los miembros discuten cómo adaptarse a cambios frecuentes en los requisitos. ¿Qué prácticas reflejan mejor esta situación? (Marque 2 opciones)

A. Revisar y reordenar el backlog de producto según el valor para el cliente

B. Mantener el plan original de la iteración para no afectar la velocidad histórica del equipo

C. Formalizar un procedimiento de control de cambios con aprobación previa de la gerencia

D. Mantener una comunicación constante con los interesados para ajustar prioridades

3- En el siguiente gráfico, ¿qué interpretación representa mejor la situación del equipo?

A. El equipo mantiene un ritmo sostenible y alcanzará los objetivos de la iteración
B. El equipo no está completando historias de usuario y existe riesgo de no cumplir con el sprint
C. El equipo ha estimado demasiado bajo y está terminando el trabajo más rápido de lo esperado
D. El equipo está equilibrando adecuadamente la carga de trabajo y manteniendo la deuda técnica controlada

4- En medio de una iteración, el equipo detecta que el dueño del producto insiste en añadir historias nuevas sin pasar por el backlog priorizado. ¿Cuál debería ser la respuesta del líder ágil?

A. Reordenar el backlog y evaluar el impacto en la iteración
B. Aceptar las nuevas historias si el equipo considera que tiene capacidad de completarlas
C. Rechazar inmediatamente los cambios para no afectar la velocidad histórica del equipo
D. Escalar el problema al gerente funcional para que limite las intervenciones del dueño del producto

5- En un equipo ágil distribuido en varios países, algunos integrantes no participan activamente en las reuniones virtuales. ¿Qué acciones debería tomar el líder ágil para mejorar la situación? (Marque 2 opciones)

A. Reducir la frecuencia de reuniones para evitar incomodidad y dependencia de la colaboración síncrona
B. Establecer acuerdos de equipo sobre comunicación y participación, ajustados al contexto cultural
C. Fomentar el uso de radiadores de información accesibles en línea para aumentar la transparencia
D. Pedir al Scrum Master que haga un informe individual de cada miembro que no participe y lo presente en la retrospectiva

6- En un proyecto ágil, un cliente influyente pide incluir nuevas funcionalidades de bajo valor en la próxima iteración. El equipo está preocupado por el impacto en la entrega de valor. ¿Cuál debería ser la mejor respuesta?

A. No incluir las funcionalidades porque aportan poco valor al negocio
B. Aceptar las funcionalidades que exige el cliente
C. Incorporar las funcionalidades solo si el equipo tiene capacidad libre
D. Pedir al dueño del producto que evalúe la solicitud y decida si reordena el backlog

7- El coach ágil detecta que el equipo demora en entregar valor porque las historias de usuario son demasiado grandes. ¿Qué acciones deberían aplicarse para mejorar la situación? (Marque 2 opciones)

A. Ajustar la duración de las iteraciones para que quepan historias más grandes
B. Dividir las historias en unidades más pequeñas para facilitar la entrega incremental
C. Mejorar la definición de terminado para asegurar que cada historia completada genere valor
D. Aplazar las historias grandes hasta el final del proyecto para no interrumpir la velocidad actual

8- ¿Cuál es la mejor interpretación de este burnup chart?

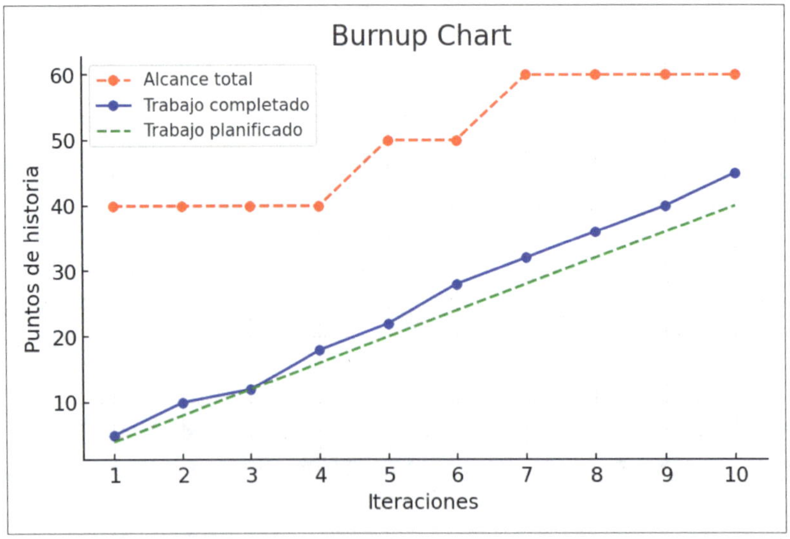

A. El equipo mantiene un ritmo estable y alcanzará pronto el objetivo del proyecto
B. El alcance del proyecto ha aumentado, lo que explica que el equipo aún no llegue al objetivo
C. El equipo está retrasado en comparación con la línea ideal de trabajo pendiente
D. La calidad técnica del producto está disminuyendo porque no se controla la deuda técnica

9- En un proyecto ágil, el equipo detecta que ha completado todas las historias comprometidas antes de finalizar la iteración. ¿Qué debería hacer el equipo? (Marque 2 opciones)

A. Finalizar la iteración y liberar recursos
B. Solicitar al dueño del producto que proponga nuevas historias del backlog
C. Usar el tiempo sobrante para refactorizar el producto
D. Repartir las tareas administrativas pendientes entre los miembros del equipo

10- ¿Qué conclusiones pueden extraerse de este comportamiento en el siguiente diagrama de flujo acumulativo? (Marque 2 opciones)

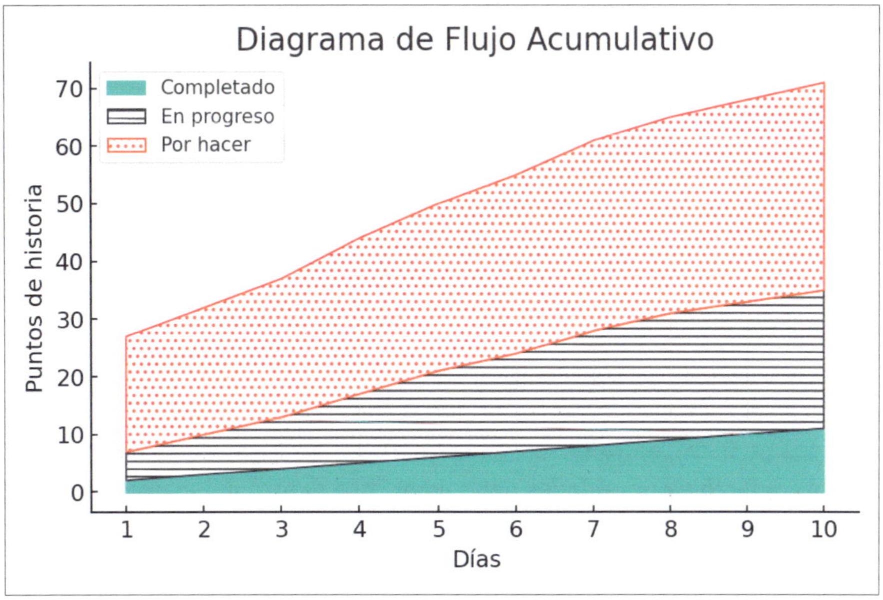

A. El trabajo en curso (WIP) está aumentando
B. El tiempo de entrega está disminuyendo
C. El equipo debería solicitar una reunión con el patrocinador
D. El tiempo de ciclo promedio de las historias está aumentando

✅ Respuesta Examen – Diagnóstico

R1- A y C. La retrospectiva busca la mejora continua del equipo, por lo tanto, lo más adecuado es identificar mejoras concretas aplicables en la siguiente iteración y analizar causas raíz para ajustar procesos. Medir desempeño individual contradice la colaboración ágil y esperar al cliente retrasa el aprendizaje interno del equipo. / (Mentalidad)

R2- A y D. La mentalidad ágil promueve la adaptación continua y la colaboración con los interesados. Reordenar el backlog permite priorizar el valor y la comunicación constante asegura que el equipo se ajuste a las necesidades reales. Mantener el plan original para proteger la velocidad histórica va en contra de responder al cambio, y exigir un procedimiento formal de aprobación de cambios introduce burocracia que reduce la agilidad. / (Mentalidad)

R3- B. Un burndown chart plano significa que no se están cerrando historias de usuario, lo cual indica un riesgo claro de no cumplir los objetivos del sprint. La opción A es incorrecta porque el ritmo no es sostenible si no se reduce el trabajo pendiente. La opción C no corresponde porque la gráfica no muestra una finalización más rápida sino falta de progreso. La opción D es engañosa porque sin completar entregables no puede asegurarse un equilibrio en la deuda técnica. / (Mentalidad)

R4- A. El líder ágil debe facilitar la conversación con el product owner y reordenar el backlog, evaluando el impacto en el trabajo en curso. La opción B parece razonable, pero rompe la disciplina de backlog priorizado. La C se centra en proteger métricas en lugar de generar valor. La C es incorrecta porque un conflicto de prioridades debe resolverse dentro del marco ágil y no escalarse fuera del equipo. / (Liderazgo)

R5- B y C. El liderazgo ágil busca aumentar la transparencia y fomentar acuerdos compartidos de comunicación, especialmente en equipos distribuidos y multiculturales. Reducir la frecuencia de reuniones disminuye la sincronización, y pedir informes individuales genera un clima de control en lugar de colaboración. / (Liderazgo)

R6- D. El dueño del producto es responsable de maximizar el valor y decidir la priorización del backlog. A es incorrecta porque el equipo no tiene autoridad para rechazar funcionalidades por valor. B es equivocada porque aceptar todo sin análisis compromete la estrategia del producto. C también es errónea porque la capacidad técnica no sustituye la priorización de negocio. / (Producto)

R7- B y C. Dividir historias grandes en unidades más pequeñas permite entregar valor de manera más rápida y frecuente, mientras que mejorar la definición de terminado asegura que cada incremento concluido tenga calidad y aporte valor real. A es incorrecta porque alargar iteraciones rompe la cadencia establecida. D también es errónea porque posponer historias grandes retrasa aún más la entrega de valor. / (Producto)

R8- B. Un burnup chart con la línea de trabajo completado subiendo lentamente y la línea de alcance aumentando varias veces indica que el equipo progresa, pero el incremento de alcance impide llegar al objetivo final. A es incorrecta porque el objetivo sigue alejándose a medida que aumenta el alcance. C es incorrecta porque el gráfico no refleja un retraso respecto al plan original, sino que el equipo no logra alcanzar el nuevo alcance ampliado. D no se puede afirmar porque la calidad técnica o la deuda no se infieren de este tipo de gráfico.

R9- B y C. Cuando el equipo termina antes de tiempo, debe aprovechar la capacidad disponible para seguir generando valor: avanzar con nuevas historias priorizadas por el dueño del producto y realizar mejoras técnicas como la refactorización. A es incorrecta porque las iteraciones deben mantener su cadencia establecida. D también es errónea porque las tareas administrativas no agregan valor al producto. / (Entrega)

R10- A y D. El ensanchamiento de las bandas en "En progreso" y "Por hacer" muestra que el trabajo en curso se incrementa y que las historias demoran más en completarse, lo cual aumenta el tiempo de ciclo. B es incorrecta porque si el tiempo de ciclo aumenta, el tiempo de entrega también debería aumentar. C no corresponde porque no es una conclusión que pueda extraerse directamente del gráfico.

📊 Autoevaluación del diagnóstico

Respuestas correctas	Interpretación
❌ 0 a 3	Necesitas estudiar bastante más. Recién estás comenzando.
⚠️ 4 a 6	Vas por buen camino, pero aún falta práctica. Sigue estudiando y reforzando con simuladores.
🟡 7 a 8	Buen avance, pero cuidado: en un examen real con 120 preguntas no basta la suerte. Necesitas completar todo el libro y practicar con simuladores.
✅ 9 a 10	Excelente primera señal. Aun así, recuerda que este diagnóstico es solo una muestra. Refuerza con simuladores completos antes de rendir.

📌 Importante: En las preguntas con más de una respuesta correcta no existen puntajes parciales. Si debías marcar dos opciones y seleccionaste solo una correcta, el puntaje de esa pregunta es 0.

Para practicar con más preguntas situacionales, puede adquirir el simulador PMI-ACP® de Pablo Lledó en www.pablolledo.com.

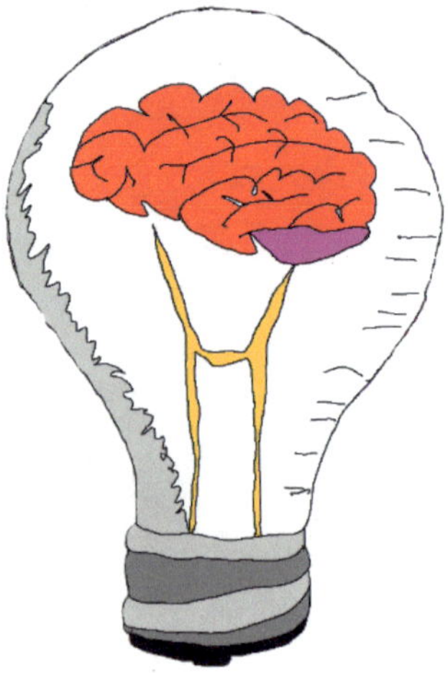

Capítulo 2 - Mentalidad

Capítulo 2 – Mentalidad

2.1 Proyecto

Según la **Guía del PMBOK®**, un proyecto es *"una iniciativa temporal en un contexto único, emprendida para crear valor"*. Esta definición reconoce que los proyectos pueden ejecutarse en forma predictiva, ágil o híbrida. [1]

📌 Aclaración:

- **Predictivo**: también llamado "cascada" o tradicional, donde se define desde el inicio el alcance, el cronograma y el presupuesto, y se sigue un plan paso a paso.
- **Ágil**: también llamado "adaptativo", donde se trabaja en ciclos cortos, con entregas parciales de valor, ajustes frecuentes y alta colaboración con el cliente.
- **Híbrido**: combina elementos de ambos, por ejemplo, planificación general predictiva con entregas iterativas ágiles en ciertas fases del proyecto.

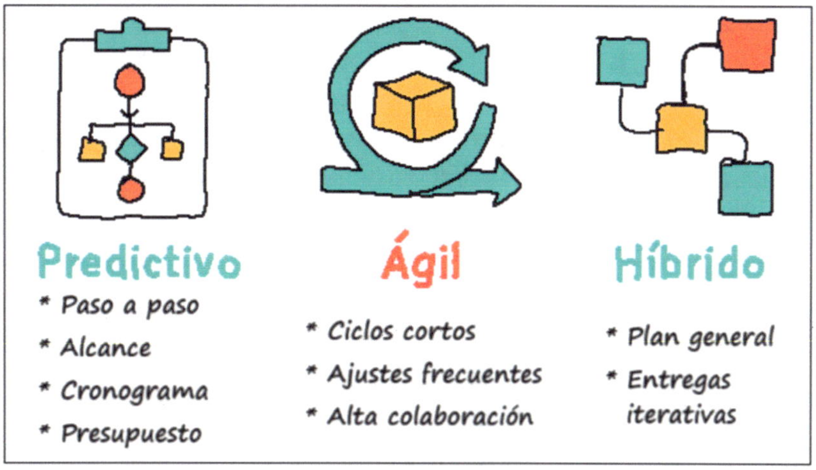

La **Guía Ágil del PMI®** agrega que en contextos ágiles los proyectos se gestionan con ciclos iterativos e incrementales, donde lo central son las entregas frecuentes de valor y la colaboración cercana con los interesados.

La **Agile Alliance**, por su parte, aclara que Agile no cambia la definición de proyecto en sí, sino la forma en que se gestiona: se trabaja en iteraciones cortas, con retroalimentación continua y flexibilidad ante el cambio.

---

[1] PMBOK Guide 8th Edition, Project Management Institute, 2025.

En metodologías ágiles, el proyecto se entiende de manera más flexible que en los enfoques predictivos. No es un conjunto rígido de fases y entregables, sino un esfuerzo temporal y colaborativo para generar valor de manera incremental. Algunos puntos clave:

- **Propósito claro**: el proyecto ágil tiene un objetivo alineado con la visión del producto o servicio, enfocado en generar valor temprano y continuo.
- **Temporalidad**: sigue siendo un esfuerzo con límites de tiempo definidos.
- **Iterativo e incremental**: el avance se logra en ciclos cortos (sprints o iteraciones) que entregan incrementos funcionales.
- **Colaborativo**: equipo e interesados trabajan juntos con comunicación y retroalimentación permanente.
- **Adaptativo**: los requisitos y prioridades se ajustan con frecuencia en lugar de quedar fijos al inicio.

En síntesis, un proyecto ágil es un marco para coordinar equipos autoorganizados que entregan valor de manera continua y adaptable, respondiendo a las necesidades cambiantes de los clientes y del entorno.

Mientras que en enfoques tradicionales la gestión de proyectos se centra en cumplir alcance, plazos y costos definidos desde el inicio, en contextos ágiles la lógica cambia: se gestiona el flujo de valor asociado al producto. Por eso, la gestión ágil de proyectos suele estar estrechamente vinculada con la **gestión de productos**, ya que el trabajo se organiza para evolucionar el producto en función del aprendizaje continuo, la retroalimentación de los usuarios y los cambios del mercado. Así, el proyecto es un esfuerzo temporal, pero el producto tiene un ciclo de vida más amplio, acompañado por equipos ágiles que impulsan su desarrollo y adaptación constante.

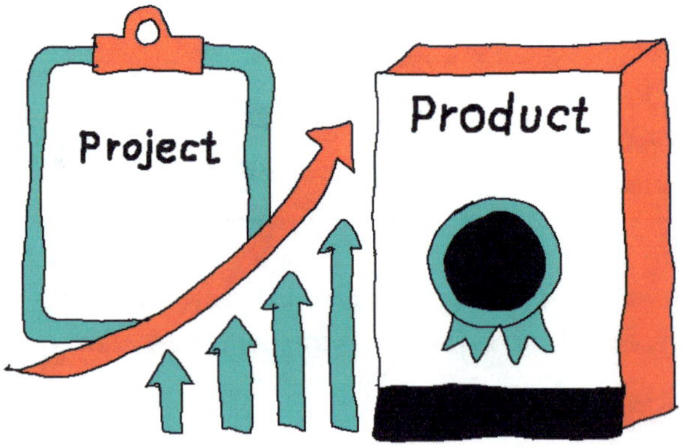

2.2 Ciclo de vida

No debemos confundir el ciclo de vida de un proyecto con el ciclo de vida de un producto.

El **ciclo de vida de un producto** es el tiempo que transcurre desde la concepción del producto hasta su retiro del mercado. A lo largo de ese ciclo suelen originarse distintos proyectos: algunos para diseñar o lanzar el producto, otros para mejorarlo, y otros incluso para retirarlo o reemplazarlo.

El **ciclo de vida de un proyecto**, en cambio, se refiere a las fases que atraviesa un proyecto desde su inicio hasta su cierre. Cada fase suele terminar con un entregable o una lección aprendida que permite decidir si se continúa con la siguiente. Por ejemplo, en un proyecto predictivo, si el patrocinador no aprueba el estudio de factibilidad, el proyecto no pasa a la fase de inversión.

En los gráficos a continuación podemos ver distintos ejemplos de fases de proyectos.

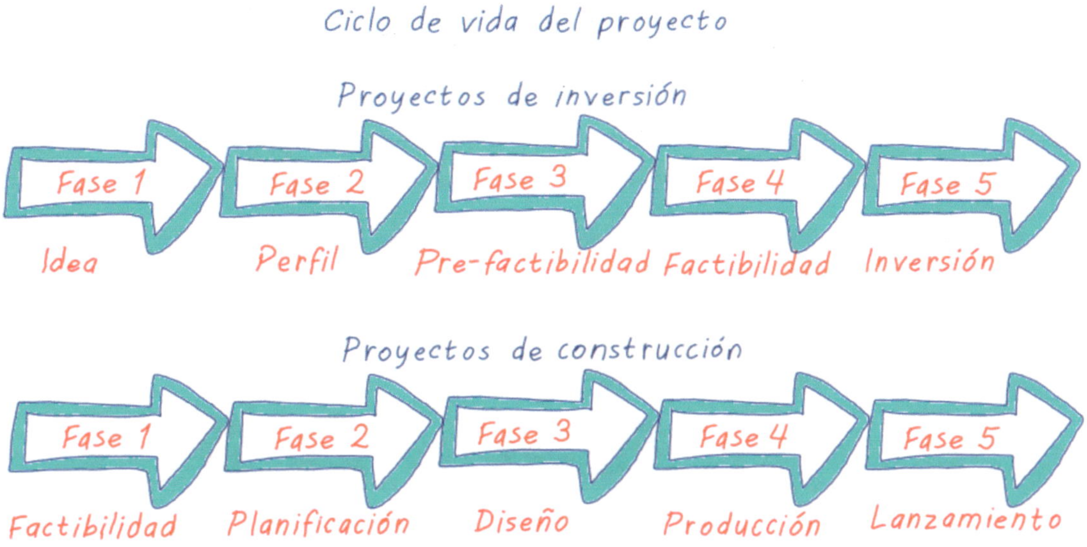

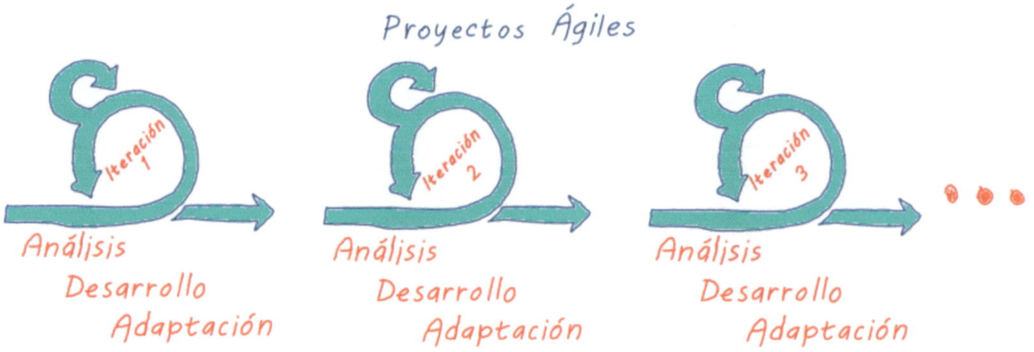

📌 En resumen:

• **Ciclo de vida del producto**: abarca todo el recorrido del producto en el mercado.

• **Ciclo de vida del proyecto**: abarca las fases de un esfuerzo temporal que contribuye al desarrollo o mejora de ese producto.

Por lo general, existen dos tipos de interrelación entre las fases de un proyecto:

• **Predictivo**: hasta que no finaliza o está avanzada la fase predecesora, no comienza la sucesora. Este ciclo de vida en "cascada" consiste en seguir un plan desde el inicio hasta el cierre del proyecto. En estos casos, el alcance, el tiempo y el costo se definen en las fases iniciales (inicio y planificación). El ciclo predictivo se utiliza cuando el alcance puede definirse desde el comienzo, la frecuencia en las entregas del producto o servicio es baja y los cambios del mercado son poco frecuentes.

• **Adaptativo**: el proyecto se subdivide en iteraciones de tiempo fijo (por ejemplo, dos semanas) y cada iteración se gestiona como un mini proyecto. Antes de comenzar cada iteración, se define su alcance específico. Al finalizarla, se entrega un incremento parcial del producto o servicio que genera valor al cliente. Antes de iniciar la siguiente iteración, el cliente prioriza qué funcionalidades o entregables tendrán mayor valor en ese ciclo.

Existen tres variaciones del **ciclo adaptativo**:

• **Incremental**: desde el inicio se tiene una idea general del alcance del producto final. En las primeras iteraciones se entrega una versión básica y se van sumando funcionalidades a medida que avanzan las fases. Cada entregable es un subconjunto de la solución completa y puede ser utilizado de inmediato por el cliente. Este enfoque busca optimizar la velocidad, entregando valor con frecuencia en mercados donde los cambios son relativamente bajos.

• **Iterativo**: el alcance preliminar se define al comienzo, pero el tiempo y costo de cada fase se van ajustando en sucesivas iteraciones. Al inicio se construye un borrador del producto a través del ciclo análisis–desarrollo–reflexión, y en las fases posteriores se va agregando calidad. No se conoce en detalle el alcance final desde el inicio, sino que se va construyendo a medida que avanza el proyecto. Este enfoque suele llevar más tiempo, ya que prioriza el aprendizaje y la adaptación a un mercado cambiante, más que la velocidad en la entrega.

• **Ágil**: combina elementos incrementales e iterativos. Se trabaja en iteraciones cortas que producen entregables intermedios listos para usar en cada lanzamiento. Este enfoque es útil cuando la frecuencia de las entregas y la incertidumbre del mercado son altas. El objetivo principal no es la velocidad, sino agregar valor mediante entregas frecuentes y retroalimentación continua. Dentro de este grupo se encuentran metodologías como Scrum, XP, Crystal, entre otras.

También existen **ciclos de vida híbridos**, que combinan fases predictivas para los componentes más claros del proyecto y fases adaptativas para aquellos que requieren mayor aprendizaje, experimentación y mejora continua.

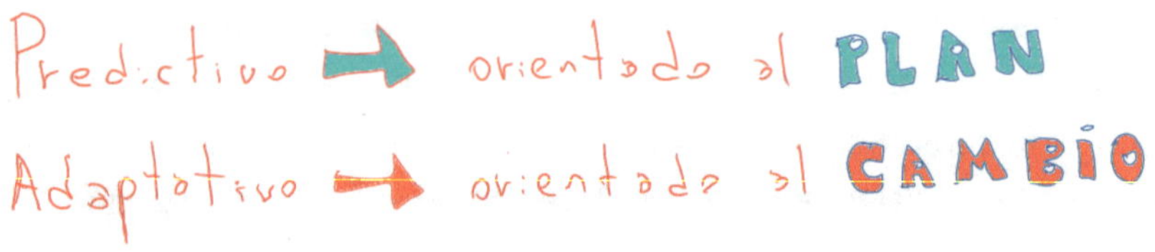

En los proyectos con ciclos predictivos, por lo general se fija el alcance (requisitos) desde el inicio. Luego, el costo y el tiempo deben ajustarse en función de ese alcance definido, siguiendo el modelo clásico del "triángulo de hierro".

En los proyectos con ciclos adaptativos, en cambio, en cada iteración se fija el tiempo (por ejemplo, entre 15 y 60 días) y el costo (por ejemplo, la cantidad de personas en el equipo). El alcance —es decir, las funcionalidades a entregar— es la variable que se adapta, lo que se conoce como el "triángulo de hierro invertido". Por eso, es necesario priorizar las funcionalidades antes de comenzar cada iteración.

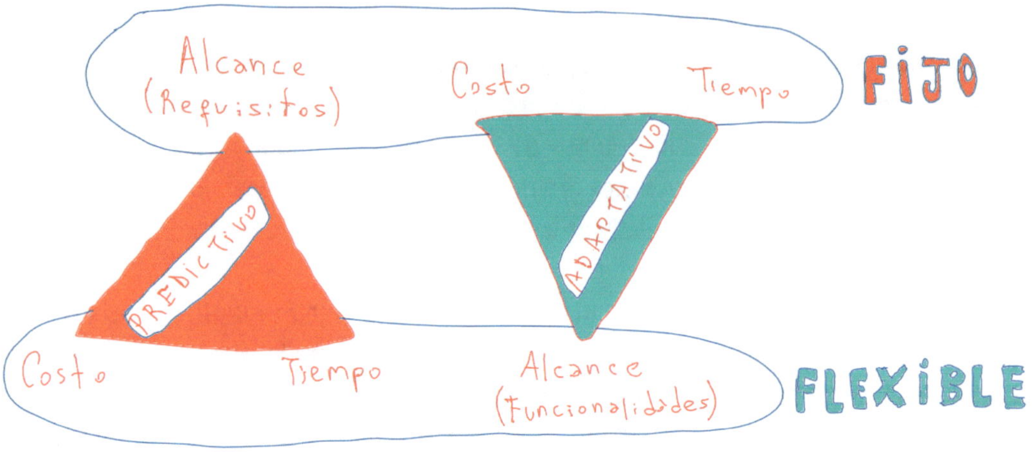

Corrupción del alcance: cambios no controlados en el alcance de un proyecto. En proyectos de ciclo predictivo esto suele ocurrir cuando el alcance no se define, documenta o controla correctamente, y se siguen agregando funcionalidades sin pasar por el control integrado de cambios. En un marco ágil con ciclos adaptativos, la corrupción del alcance es poco común, ya que la metodología permite cambiar o agregar alcance durante todo el proyecto. Sin embargo, se recomienda no hacerlo en medio de las iteraciones, sino esperar hasta la siguiente, de modo que el equipo mantenga la estabilidad y el foco hasta completar el ciclo en curso.

2.3 Manifiesto Ágil

En el año 2001, un grupo de profesionales de la informática se reunió en Utah porque enfrentaban dificultades para desarrollar software utilizando las prácticas de ciclos predictivos vigentes en ese momento. Como resultado de ese encuentro redactaron el Manifiesto Ágil:

> *Estamos descubriendo formas mejores de desarrollar software tanto por nuestra propia experiencia como ayudando a terceros. A través de este trabajo, hemos aprendido a valorar:*
>
> - *Individuos e interacciones sobre procesos y herramientas*
> - *Software funcionando sobre documentación extensiva*
> - *Colaboración con el cliente sobre negociación contractual*
> - *Respuesta ante el cambio sobre seguir un plan*
>
> *Es decir, aunque valoramos los elementos de la derecha, valoramos más los de la izquierda.*

Individuos e interacciones: al conformar equipos sólidos y cuidar las relaciones humanas entre sus miembros, se logran mejores resultados que aplicando únicamente procesos y herramientas de manual.

Software funcionando: en lugar de destinar esfuerzos a producir documentos extensos sobre el avance del proyecto, es preferible enfocar los recursos en que el software funcione cuanto antes.

Colaboración con el cliente: entendiendo que el cliente es un aliado estratégico con quien mantener una relación fluida, los proyectos avanzan más rápido y generan más valor que si se centran en disputas contractuales.

Respuesta ante el cambio: el plan perfecto no existe. El contexto siempre cambia y, por lo tanto, debemos ser flexibles para adaptarnos a las necesidades reales del cliente.

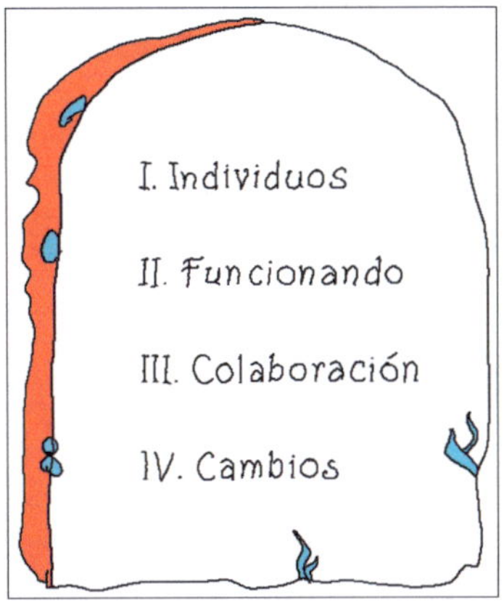

Los 12 Principios del Manifiesto Ágil

1. Nuestra mayor prioridad es satisfacer al cliente mediante la entrega temprana y continua de software con **valor**.

2. Aceptamos que los requisitos cambien, incluso en etapas tardías del desarrollo. Los procesos Ágiles aprovechan el **cambio** para proporcionar ventaja competitiva al cliente.

3. Entregamos software funcional **frecuentemente**, entre dos semanas y dos meses, con preferencia al periodo de tiempo más corto posible.

4. Los responsables de negocio y los desarrolladores **trabajamos juntos** de forma cotidiana durante todo el proyecto.

5. Los proyectos se desarrollan en torno a **individuos motivados**. Hay que darles el entorno y el apoyo que necesitan y confiarles la ejecución del trabajo.

6. El método más eficiente y efectivo de comunicar información al equipo de desarrollo y entre sus miembros es la conversación **cara a cara**.

7. El software **funcionando** es la medida principal de progreso.

8. Los procesos Ágiles promueven el desarrollo **sostenible**. Los promotores, desarrolladores y usuarios debemos ser capaces de mantener un ritmo constante de forma indefinida.

9. La atención continua a la excelencia técnica y al buen **diseño** mejora la agilidad.

10. La **simplicidad**, o el arte de maximizar la cantidad de trabajo no realizado, es esencial.

11. Las mejores arquitecturas, requisitos y diseños emergen de equipos **autoorganizados**.

12. A intervalos regulares el equipo **reflexiona** sobre cómo ser más efectivo para a continuación ajustar y perfeccionar su comportamiento en consecuencia.

Declaración de la Interdependencia

En el año 2005, un grupo encabezado por dos de los creadores del Manifiesto Ágil, Alistair Cockburn y Jim Highsmith, redactó la Declaración de la Interdependencia como una evolución del Manifiesto, enfocada en la gestión de proyectos de software. Con el tiempo, el nombre cambió a "La Declaración de Interdependencia para la gestión moderna", ya que sus principios pueden aplicarse a la dirección de proyectos en general.

1. Incrementamos el retorno de la inversión (ROI) centrándonos en un **flujo continuo de valor**. Es decir, entregar valor al cliente lo antes posible. Por ejemplo, son preferibles iteraciones de 2 semanas a otras de 3.

2. Entregamos resultados fiables al **involucrar a los clientes** en interacciones frecuentes y compartiendo la responsabilidad. El cliente participa activamente en la definición del producto y en su revisión periódica para adaptarlo a sus necesidades.

3. Esperamos lo inesperado y lo gestionamos mediante iteraciones, anticipación y adaptación. Como el contexto cambia constantemente, el trabajo debe ser flexible y organizado en **ciclos cortos** que permitan entregar valor en esas condiciones.

4. Potenciamos la creatividad y la innovación reconociendo que las **personas** son la fuente última de valor, y creando un entorno donde puedan destacarse. Cuando los equipos disfrutan lo que hacen en un ambiente sano, logran resultados más innovadores.

5. Elevamos el rendimiento **compartiendo la responsabilidad** tanto sobre los resultados como sobre la efectividad del propio equipo. Al darles herramientas para mejorar su trabajo y autonomía para decidir, aumenta su motivación y con ello la eficiencia.

6. Mejoramos la efectividad y la fiabilidad aplicando estrategias, procesos y prácticas específicas para cada situación. No existe una metodología única que funcione en todos los contextos: se debe **probar, medir y adaptar** hasta encontrar la que mejor se ajuste.

2.4 Enfoque Ágil

Si bien el Manifiesto Ágil afirma que las personas son más importantes que los procesos, esto no significa que los proyectos ágiles no los necesiten. Los procesos tradicionales en cascada, propios de los ciclos predictivos, han tenido mala reputación en los entornos ágiles por ser rígidos y difíciles de cambiar. Sin embargo, cualquier proceso que esté vinculado a los objetivos estratégicos de la organización y que contribuya a generar valor para el cliente es útil y beneficioso.

Por ejemplo, en un proyecto con un alcance claro y en un contexto estable, un proceso predictivo puede ser la mejor herramienta. En cambio, en proyectos de innovación, donde el alcance se va modelando a medida que avanza el trabajo, son más apropiados los procesos ágiles: flexibles y fáciles de adaptar.

Un proceso ágil debe incorporar los principios del Manifiesto Ágil y alinearse con los objetivos estratégicos de la organización para:

- Apoyar la visión, explorando y adaptando la cultura.
- Favorecer equipos autoorganizados y disciplinados.
- Ser flexible y fácil de adaptar.
- Asegurar la visibilidad del proceso.
- Incorporar el aprendizaje y prácticas que respalden cada fase.
- Incluir puntos de control de gestión para su revisión.

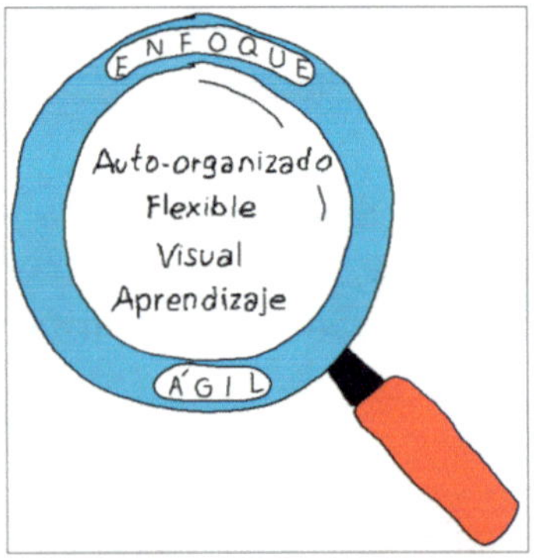

La mayoría de los marcos y prácticas ágiles se enfocan en entregar valor de manera incremental, a través de iteraciones cortas y adaptación continua del proceso. La inteligencia artificial no reemplaza las prácticas ágiles, pero potencia la detección temprana de problemas, mejora la calidad técnica y fortalece la toma de decisiones basada en datos.

Las cinco fases del **marco ágil** desarrolladas por Jim Highsmith representan bastante bien a la mayoría de las metodologías ágiles: 1. Visualización, 2. Especulación, 3. Exploración, 4. Adaptación y 5. Cierre

Analogía entre la terminología utilizada en ciclos predictivos versus la de ciclos adaptativos:

Predictivo	Adaptativo	
Iniciación	Visualización	La visión del proyecto es crítica para el éxito.
Planificación	Especulación	El futuro es incierto; en lugar de "planificar", que indica predicción y certeza, hay que especular y adaptar.
Ejecución	Exploración	Explorar mediante iteraciones sin procesos en cascada. Requiere flexibilidad porque no se puede predecir completamente los resultados.
Control	Adaptación	Manteniendo el foco en la visión, se monitorea la información y se adapta a las condiciones actuales.
Cierre	Cierre	Transferencia de conocimiento y celebración.

1. Visualización: determinar la visión del producto, el alcance del proyecto, y cómo trabajará el equipo.

2. **Especulación**: desarrollar un plan de lanzamientos. Reunir requisitos, definir características del producto, crear un plan de entregas y priorizar funcionalidades.

3. **Exploración**: entregar funcionalidades en corto tiempo reduciendo riesgo. Crear una comunidad colaborativa y autoorganizada, y administrar interacciones los interesados.

4. **Adaptación**: revisar resultados, situación actual y rendimiento del equipo para realizar ajustes necesarios. Incorporar lecciones aprendidas y replanificar iteraciones.

5. **Cierre**: concluir el proyecto, transmitir aprendizajes y celebrar. Incorporar el aprendizaje al siguiente proyecto.

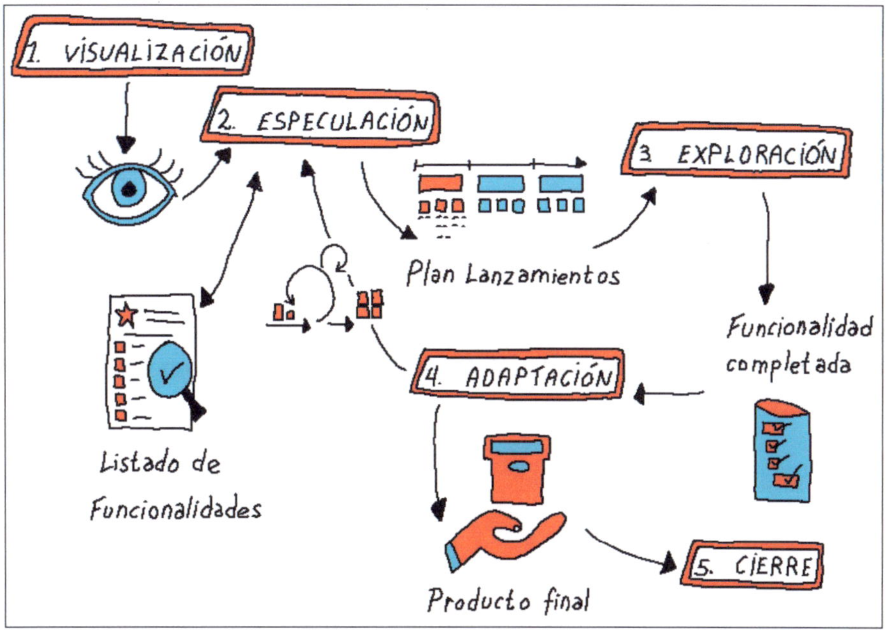

Cebolla de planificación

Quienes piensen que las metodologías ágiles no utilizan demasiada planificación en comparación con los marcos de ciclos predictivos, están equivocados. El marco ágil tiene planificación y mitigación de riesgos de manera continua e iterativa. En lugar de trabajar con un único plan integral al inicio del proyecto con varios supuestos, trabaja con planificación gradual, detallando lo que se va a realizar en la próxima iteración y dejando a nivel más agregado lo que podría desarrollarse más adelante.

La planificación ágil, también conocida como la **cebolla de planificación**, tiene seis niveles. Cada capa de la cebolla impulsa los objetivos de las capas siguientes, establece plazos y define la propiedad y la interacción.

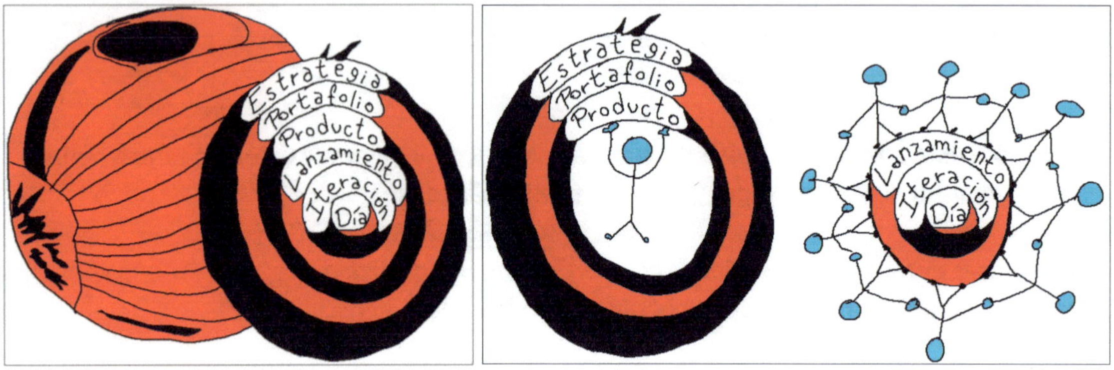

La alta gerencia es responsable de:

- **Estrategia**: en qué quiere convertirse la organización en un horizonte de 1 a 5 años.
- **Portafolio**: oferta general de programas, proyectos y productos con sus interrelaciones.
- **Producto**: mapa de ruta del producto de alto nivel que describe cómo se irán logrando los objetivos (aproximadamente 12 meses).

Los desarrolladores gestionan los tres niveles internos de la planificación:

- **Lanzamiento**: acumulación prioritaria de las funcionalidades del producto que podrían ocurrir aproximadamente cada 3 meses.
- **Iteración**: características planificadas para entregar en incrementos en un plazo corto (entre 2 y 8 semanas). Varias iteraciones terminarán con un lanzamiento.
- **Día**: el equipo planifica qué actividades de la iteración van a realizar durante un día de trabajo. Las pruebas de revisión de calidad se llevan a cabo diariamente durante la iteración.

2.5 Lean

Lean es una filosofía que incluye métodos y herramientas orientados a:

- ✓ Eliminar gastos y procesos que no agregan valor al cliente.
- ✓ Eliminar demoras e ineficiencias en los procesos.
- ✓ Eliminar fallas, interrupciones y otras pérdidas de producción.
- ✓ Buscar continuamente la perfección y mejoras de calidad.

Principios fundamentales

1. Especificar con precisión el valor de cada proyecto: Valor es cualquier cosa por la que un cliente estaría dispuesto a pagar. Cualquier actividad que no incremente el precio que pagaría el cliente son desperdicios que agregan costos al proyecto.

Desperdicios Tipo 1: Actividades parcialmente sin valor, pero necesarias para el éxito del proyecto (ej. reuniones de retrospectiva).

Desperdicios Tipo 2: Actividades sin valor agregado que deben ser eliminadas (ej. procesos burocráticos obsoletos).

2. Definir el flujo de valor del proyecto: Cada conjunto de actividades debe tener un entregable y cada entregable debe tener un cliente. El mapa de flujo de valor ayuda a visualizar los pasos desde la creación del producto hasta su entrega, facilitando el análisis y la mejora de procesos para eliminar desperdicios.

3. Permitir que el valor fluya sin interrupciones: Eliminar desperdicios para que el valor llegue al cliente lo más rápido posible. Los siete desperdicios comunes son transporte, inventarios, movimiento, esperas, sobreprocesamiento, sobreproducción y defectos. Decidir en el último momento responsable para evitar demoras innecesarias, utilizando un sistema de extracción (pull) y justo a tiempo.

4. Permitir que el cliente participe en la identificación de "valor": Involucrar al cliente en la identificación de lo que agrega valor, en lugar de que el equipo desarrolle soluciones sin su consulta. La tecnología no agrega valor por sí sola, sino por lo que resuelve para el cliente.

5. Buscar de manera continua la perfección: La mejora continua evita la tendencia natural al caos. El proyecto requiere vigilancia constante, disciplina, intolerancia al desperdicio y la búsqueda permanente de la perfección, siguiendo el principio Kaizen de mejoras constantes y sostenibles.

Ejemplos prácticos de la filosofía Lean:

Manufactura: Producir solo lo necesario para satisfacer la demanda exacta de los clientes, evitando la sobreproducción.

Proyectos Ágiles: No detallar todas las funcionalidades del producto con demasiada anticipación para poder adaptarse a cambios y nuevas necesidades.

Reuniones de Avance: Implementar reuniones diarias de 15 minutos en lugar de reuniones semanales de 3 horas para mantener un flujo constante de mejoras y comunicación.

Varios de los conceptos de la filosofía Lean fueron arrastrados por el pensamiento Ágil que comenzó en el 2001. Por lo que podríamos decir que Lean engloba a Ágil. Además, Lean también abarca a Kanban que explicaremos en la próxima sección.

2.6 Kanban

Kanban significa señal o letrero en japonés. El método consiste en colocar el nombre de las actividades y una breve descripción en tarjetas que se pegan en un tablero. Cada tarjeta o actividad va fluyendo desde la recepción de la orden hasta que el trabajo se encuentra terminado. Estos tableros suelen tener gran visibilidad para el equipo y pueden ser en formato físico o digital.

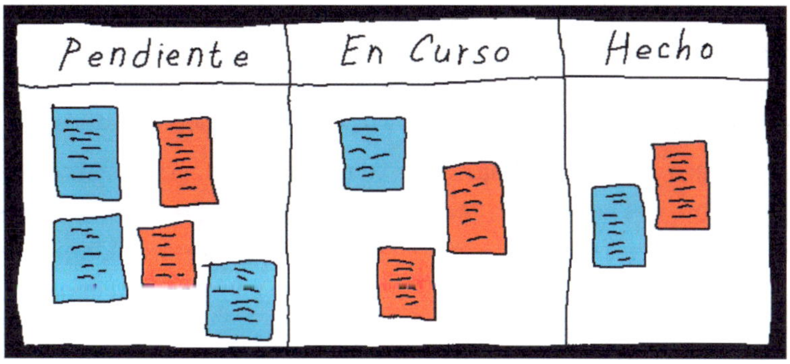

Principios básicos:

1. Aplicar el método en los procesos actuales y luego estimular cambios.
2. Perseguir el cambio incremental, gradual y evolutivo (Kaizen).
3. Respetar el proceso actual, los roles, las responsabilidades y los cargos.
4. Liderazgo en todos los niveles.

Kanban utiliza el enfoque Lean del "sistema pull" y "justo a tiempo". Los miembros del equipo "retiran" (pull) las tarjetas que van a ser procesadas y las trabajan hasta su finalización.

Con los tableros Kanban se pueden coordinar de manera simple las actividades del equipo y sus interrelaciones con otros interesados. El tablero es considerado un **radiador de información** que no requiere de gran tecnología, puede ser una simple pizarra con post-it dónde los miembros del equipo los van cambiando de casillero.

Prácticas centrales:

1. Visualizar el flujo de trabajo en columnas y hacerlo visible para comprender cómo avanza el trabajo.
2. Limitar el trabajo en progreso (WIP: work in progress) para estimular los cambios.
3. Dirigir y gestionar el flujo de trabajo a través de cada estado.
4. Explicitar las reglas y directrices del trabajo definiendo cuándo y por qué una tarjeta debe pasar de una columna a otra.
5. Reconocer oportunidades de mejora mediante cambios continuos, graduales y evolutivos.

WIP (Work in Progress)

El WIP es la cantidad de tareas en las que un equipo está trabajando actualmente. Kanban gestiona el desarrollo de productos con un enfoque en la entrega continua sin sobrecargar al equipo. Para ello es necesario limitar la cantidad de trabajo en progreso (WIP) para que el equipo no esté ocupado en demasiadas tareas incompletas al mismo tiempo. O sea, es preferible completar rápidamente unas pocas tareas para entregar al cliente, en lugar de estar trabajando en muchas tareas incompletas que no agregan valor.

Veamos un ejemplo simple de un equipo que tienen que realizar análisis, desarrollo y testeo a 10 entregables de un proyecto. Para simplificar supongamos que todos los entregables son similares y cada uno de ellos requiere 1 día de trabajo del analista, más 1 día del desarrollador, más 1 día del probador. Si cada miembro del equipo realiza las 10 actividades al mismo tiempo sin priorizaciones, el analista demorará 10 días, cuando termine comenzará el desarrollador con otros 10 días y finalmente el probador demorará 10 días. Los 10 entregables llegarán al cliente en 30 días.

Esta demora podría ser peor debido a las multitareas. O sea, una persona puede demorar 1 día si está enfocado en un entregable a la vez, pero si está realizando 10 entregables al mismo tiempo, las ineficiencias de las multitareas podrían hacer que demore 15 días o más. En este caso, el cliente recibirá los 10 entregables en 45 días como mínimo.

Uno de los principios Lean es que el valor fluya sin interrupciones para que llegue al cliente lo antes posible. Kanban utiliza un tablero gráfico para controlar este flujo. Siguiendo con el ejemplo anterior si se fija el WIP máximo en 1 entregable, el tablero Kanban debería verse de la siguiente forma.

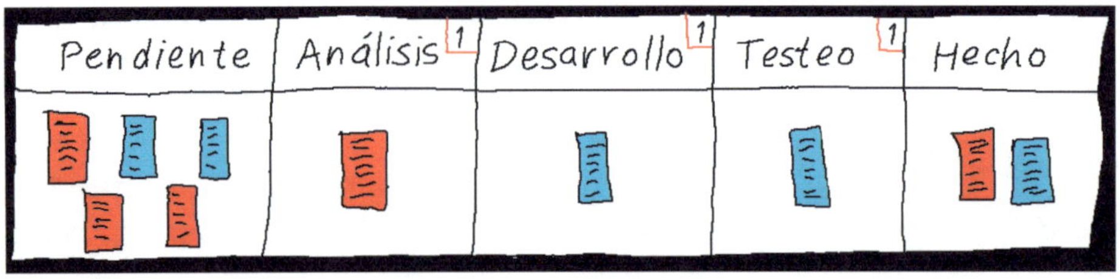

En este caso, el primer entregable llegará al cliente en 3 días (1 día analista + 1 día desarrollo + 1 día testeo). Luego, el cliente seguirá recibiendo un entregable diario porque tanto el analista, el desarrollador y el probador están trabajando con un entregable por día. En 12 días (3 días del primer entregable, más 9 días de los otros 9 entregables) el cliente recibirá los 10 entregables.

Supongamos ahora que el desarrollador se enferma y comienzan a acumularse entregables en su casillero, con el tablero Kanban podemos detectar rápidamente que se ha superado el WIP y se está generando un cuello de botella. Por lo tanto, no tiene sentido comenzar nuevos trabajos pendientes hasta que no se resuelva ese problema. Por ejemplo, se podrían reasignar recursos de "análisis" y "testeo" para colaborar con el "desarrollo" que está trabado.

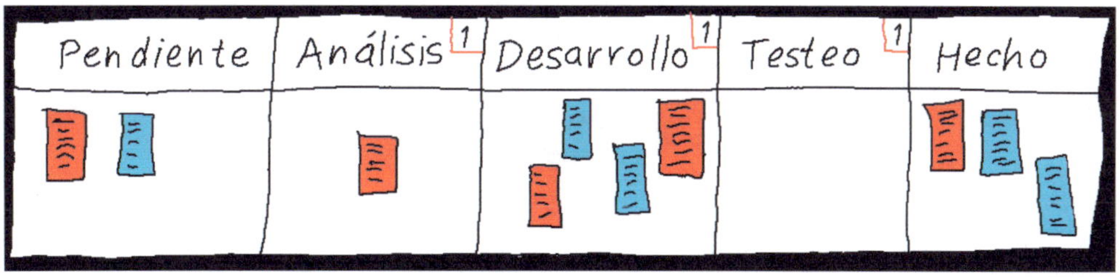

Cuando estas colas de trabajo o cuellos de botella crecen, los tiempos del ciclo de desarrollo aumentan y la finalización de los entregables se atrasa. Por lo tanto, es más importante completar tareas en proceso que comenzar con tareas nuevas.

Al establecer límites del WIP y utilizar esos límites para guiar cuándo comenzar nuevos productos o servicios, se puede suavizar el flujo de trabajo y reducir los tiempos de entrega, mejorar la calidad y entregar con más frecuencia. Además, al trabajar con lotes pequeños, se facilitan los cambios potenciales minimizando los costos relacionados.

El tablero Kanban también facilita el aprendizaje continuo de todo el equipo al trabajar de manera integrada y permite al equipo que sean ellos quienes tomen las decisiones de "sacar" (pull) las órdenes del flujo de trabajo.

Bucles de retroalimentación:

1. *Revisión de **estrategia*** (trimestral): definir servicios y el contexto.
2. *Revisión de **operaciones*** (mensual): evaluar el equilibrio entre servicios, personas y recursos para maximizar la entrega de valor.
3. *Revisión de **riesgos*** (mensual): evaluar y responder a los riesgos de entrega.
4. *Revisión de entrega de **servicio*** (quincenal): examinar y mejorar la efectividad de un servicio.
5. *Reunión de **reabastecimiento*** (semanal): identificar los elementos en los que trabajará el equipo la próxima semana.
6. *Reunión **diaria*** (diaria): El equipo coordina sus actividades para el día.
7. *Reunión de planificación de **entrega*** (en cada entrega): monitorear y planificar entregas a clientes.

Los equipos Kanban podrían ser más grandes que lo recomendado por otras metodologías ágiles (ej. 9 personas máximo). El tamaño del equipo dependerá de las tareas a realizar y del número de personas necesarias para acelerar cada entregable con un desperdicio mínimo.

2.7 Scrum

El término Scrum proviene del rugby donde ocho jugadores con diferentes roles en el juego se entrelazan entre sí para empujar juntos de manera coordinada para ganar la pelota.

Pilares del Scrum

- ***Transparencia***: dar visibilidad a todo lo que está pasando mediante reuniones de planificación, seguimiento y lecciones aprendidas.
- ***Inspección***: revisión frecuente de los entregables y del progreso para identificar y corregir las variaciones no deseadas.
- ***Adaptación***: hacer los ajustes en los procesos y entregables para la mejora continua.

Conceptos básicos del Scrum

- ***Iterativo-incremental***. Entregar al cliente resultados en forma temprana, sobre los cuales él mismo puede hacer ajustes y correcciones. Scrum se basa en el empirismo aprendiendo y mejorando de los errores pasados.
- ***Equipos** automotivados y autogestionados*. Cada miembro del equipo toma responsabilidad sobre su trabajo y se compromete con la calidad.
- ***Colaboración** constante con el cliente*. Se involucra al cliente (dueño del producto) lo largo de todo el proyecto para detectar rápidamente los cambios de requerimientos e incorporarlos en las iteraciones siguientes.

Equipo Scrum

El equipo scrum está formado por el dueño del producto, los desarrolladores y el scrum master. Este equipo autogestionado elige la mejor manera de lograr el trabajo sin que estén dirigidos por personas fuera del equipo. Además, el equipo multifuncional tiene todas las competencias para realizar el trabajo sin depender de otros.

Product Owner (Dueño del producto)

El dueño del producto es una persona con conocimientos del negocio que representa los intereses del cliente o usuario. Es responsable de maximizar el valor del producto:

- ✓ Expresa claramente los elementos del product backlog (objetivos, funcionalidades, características, alcance de las historias de usuario)
- ✓ Prioriza los componentes del product backlog en función del valor del producto optimizando sobre el trabajo que realizará el equipo
- ✓ Asegura que el product backlog sea visible, transparente y claro para todos, indicando las historias de usuario de la próxima iteración
- ✓ Acepta o rechaza el incremento del producto de cada iteración

Developers (Desarrolladores)

Los desarrolladores son profesionales que realizan el trabajo necesario para entregar el incremento del producto.

El equipo de desarrolladores suele tener un tamaño mínimo de 3 personas hasta un máximo de 8 personas. Suelen trabajar a tiempo completo en el proyecto y se caracteriza por ser:

- ✓ *Autogestionado*. Tienen autoridad suficiente para tomar las decisiones de quiénes y cómo llevarán a cabo el producto.
- ✓ *Multifuncional*. Poseen todas las habilidades necesarias de un equipo interdisciplinario para desarrollar el producto. (Ej. programadores, diseñadores, administrador de base de datos, probadores, etc.)
- ✓ *Sin títulos*. No existen cargos jerárquicos entre sus miembros.
- ✓ *Responsabilidad compartida*. Cada persona puede tener diferentes roles, pero la responsabilidad de los resultados pertenece al equipo.

Scrum Master

El scrum master es un líder servicial responsable de apoyar al equipo a comprender la teoría, las prácticas, las reglas y los valores de Scrum.

- ✓ Lidera y entrena a la organización en la adopción de Scrum
- ✓ Asegura que los objetivos, el alcance y la propiedad del producto sean entendidos por todo el equipo
- ✓ Asegura que el dueño del producto sepa cómo organizar y priorizar la cartera de productos para maximizar el valor
- ✓ Ayuda a los interesados externos a comprender cuáles de sus interacciones con el equipo son útiles y cuáles no
- ✓ Aísla al equipo de interferencias externas y soluciona los problemas que pudieran surgir para asegurar la productividad del equipo

- ✓ Entrena al equipo sobre autogestión y multifuncionalidad
- ✓ Asegura que el equipo tenga la reunión diaria de 15 minutos
- ✓ Facilita las reuniones (eventos de scrum) cuando sea necesario

Ciclo de vida Scrum

3 artefactos

- Trabajo pendiente asociado al producto (Product backlog)
- Trabajo pendiente de la iteración (Sprint backlog)
- Incremento del producto (Increment)

5 eventos

- Planificación de la iteración (Sprint planning)
- Iteración (Sprint)
- Reunión diaria (Daily Scrum)
- Revisión de la iteración (Sprint review)
- Retrospectiva de la iteración (Sprint retrospective)

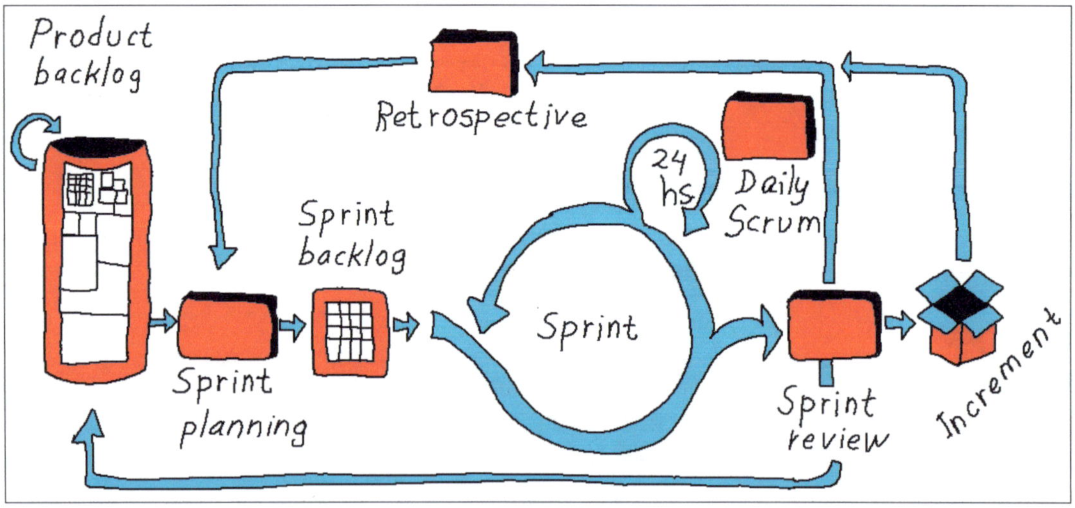

Scrum se basa en un ciclo de vida iterativo incremental. Cada iteración se denomina "sprint" y tiene una duración fija de entre 1 a 4 semanas. Durante este periodo se realizan los trabajos seleccionados y al finalizar cada sprint, se obtiene como resultado un incremento del producto que provee alguna funcionalidad al cliente.

Dentro de un Sprint se podrían crear múltiples incrementos. En estos casos, la sumatoria de todos los incrementos se presentará en la Sprint Review. Para simplificar, en este libro se seguirá mencionando "incremento" en lugar de "incrementos".

Product backlog

El listado de trabajo pendiente asociado al producto es un inventario ordenado por prioridades que contiene el trabajo del producto a desarrollar: requerimientos, casos de uso, épicas, historias de usuario, funcionalidades, tareas, etc.

Todo lo que hay en el inventario conforma el listado de entregables pendientes que le gustarían al cliente. Por lo general, el inventario incluye historias de usuario con fichas que describen resumidamente cuál es el requerimiento del cliente o usuario. Los desarrolladores estiman el esfuerzo de cada historia, ya sea en horas o en términos relativos (ej. puntos de historia).

El inventario está disponible para todos los interesados en el proyecto para que contribuyan y aporten sugerencias. Pero el responsable final de establecer las prioridades es el dueño del producto (cliente) en función del valor que le agregan.

El listado de trabajo pendiente es un documento en constante evolución al que se le pueden agregar y quitar historias de usuario en cualquier momento a solicitud del cliente. Los desarrolladores y el dueño del producto realizan un refinamiento continuo del listado de trabajo pendiente agregando detalles y estimaciones a las historias de usuario.

Antes de comenzar cada iteración, las prioridades del inventario se revisan y se vuelven a priorizar.

Sprint planning

La reunión de planificación de la iteración se realiza antes de comenzar con cada iteración. En esta reunión el equipo planifica de manera colaborativa todo el trabajo necesario para llevar a cabo la próxima iteración. Por lo general es una reunión de 2 horas para cada semana de iteración.

El plan incluye qué parte del producto incremental se podrá completar en la iteración, porqué y cómo se llevará a cabo ese trabajo. El trabajo por realizar se selecciona de las prioridades del product backlog y se coloca en el listado de trabajo pendiente de la iteración. El plan debe tener el detalle suficiente para poder evaluar el progreso de las tareas de manera diaria.

Durante la planificación se define el objetivo de la iteración para explicar a los desarrolladores el porqué del producto incremental. Esto permitirá cierta flexibilidad a los desarrolladores sobre las funcionalidades a desarrollar en la iteración. O sea, será más importante cumplir con el objetivo que desarrollar ciertas funcionalidades.

Sprint backlog

El trabajo pendiente de la iteración es un plan con el conjunto de elementos del product backlog que han sido seleccionados para completar en la próxima iteración. Incluye las funcionalidades que formarán parte del próximo incremento del producto y todo el trabajo necesario que definieron los desarrolladores para entregar esa funcionalidad. A partir de la segunda iteración, este trabajo incluye también alguna mejora del proceso identificada en la reunión de retrospectiva.

Los desarrolladores son quienes deciden el orden de las actividades a realizar en cada iteración y pueden cambiar las prioridades de ese trabajo durante la iteración.

Sprint

Una iteración es un período de tiempo fijo (entre una semana y un mes) cuyo objetivo es entregar un incremento del producto que agregue valor al cliente. Cada iteración podría ser considerada como un proyecto.

Las iteraciones tienen siempre la misma duración durante todo el ciclo de vida del proyecto y cada iteración comienza en cuánto termina la iteración previa.

Durante el sprint, cada integrante del equipo toma una historia de usuario y la desarrolla. Cuando finaliza con esa historia, continuará con otra historia de usuario y así sucesivamente hasta finalizar el sprint.

Por lo general, el trabajo pendiente de la iteración no admite cambios ni agregados durante la iteración. Cualquier cambio que surja se reflejará en el product backlog y se podría incorporar en próximas iteraciones según la re-priorización de ese product backg.

Las ventajas de trabajar con iteraciones de tiempo fijo relativamente bajo es que se acotan los riesgos y costos al periodo de esa iteración, permitiendo aplicar mejoras y cambios en las próximas iteraciones.

De manera diaria se analiza el progreso del trabajo realizado y el trabajo pendiente del Sprint. El trabajo pendiente se puede representar gráficamente en el Sprint Burndown Chart.

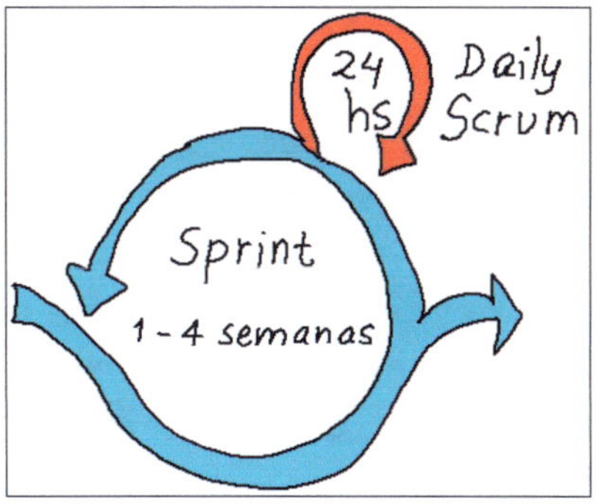

Daily Scrum

La reunión diaria de 15 minutos se realiza por lo general al inicio de la jornada laboral y tiene el objetivo de que los desarrolladores sincronicen las actividades que van a realizar en las próximas 24 horas.

La estructura de la reunión es establecida por los desarrolladores. Mientras algunas se basan en discusiones, otros prefieren enfocarse en tres preguntas: ¿Qué trabajo se realizó ayer?, ¿Qué trabajo se va a realizar hoy?, ¿Qué impedimentos se visualizan para realizar el trabajo?

El scrum master asegura que los desarrolladores tengan la reunión, pero los desarrolladores son los responsables de llevarla a cabo.

Los miembros del equipo a menudo se reúnen inmediatamente después de la reunión diaria para discusiones más detalladas, para resolver algún problema, o para replanificar el trabajo pendiente de la iteración.

La reunión diaria es interna para los desarrolladores y el scrum master. Cualquier otro interesado puede asistir a la reunión, pero no deberían interrumpir durante esa reunión.

Sprint Review

La reunión de revisión de la iteración por lo general se lleva a cabo al final de cada iteración para inspeccionar el incremento del producto elaborado. Sin embargo, un incremento podría presentarse a los interesados antes de que finalice la iteración.

Los miembros del equipo hacen una demostración del producto a los interesados clave para que realicen una retroalimentación de cómo mejorar el valor del producto. Como resultado de esta retroalimentación se planifica con mejor información la próxima iteración y se adapta el listado de trabajo pendiente del producto si fuera necesario.

Esta reunión informal dura una hora por cada semana de iteración. O sea, para una iteración de 15 días, la reunión será de 2 horas.

Incremento

El incremento del producto es la sumatoria de todos los elementos del listado de trabajo realizado durante la iteración que se agregaron a los resultados de las iteraciones previas.

Al final de la iteración el incremento debe estar en condiciones de uso. Por lo tanto, el dueño del producto podría decidir hacer un lanzamiento de ese incremento para que esté disponible para el usuario final. Un incremento completado es el que cumple con la definición de terminado (medidas de calidad requeridas para el producto).

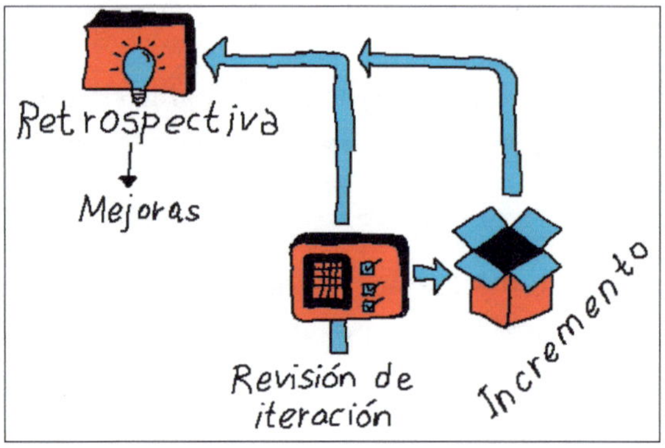

Sprint Retrospective

La retrospectiva de la iteración es una reunión donde el equipo scrum se inspecciona a sí mismo para analizar qué funcionó bien y qué aspectos habría que mejorar. Con estas lecciones aprendidas se elabora un plan con las mejoras en los procesos a implementar en la próxima iteración.

Esta reunión ocurre después de la revisión de la iteración donde se presentó el producto incremental a los interesados y antes de la próxima planificación de la iteración. Suele ser una reunión de 45 minutos por cada semana de iteración.

Aunque las mejoras pueden implementarse en cualquier momento del proyecto, la retrospectiva brinda una oportunidad formal para centrarse en la inspección, la adaptación y la mejora continua.

ScrumBan

Scrumban combina la estructura de iteraciones de Scrum con la visualización de Kanban.

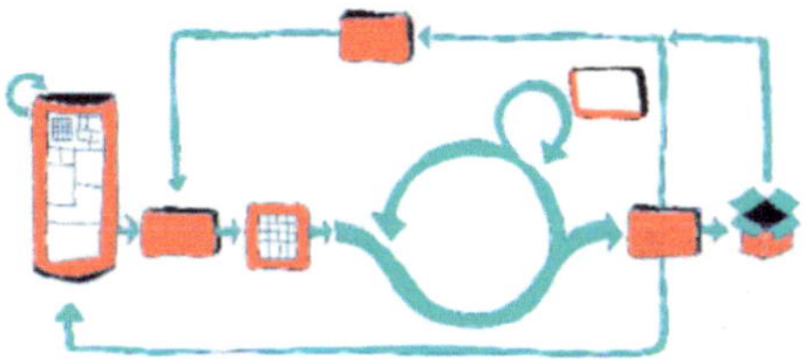

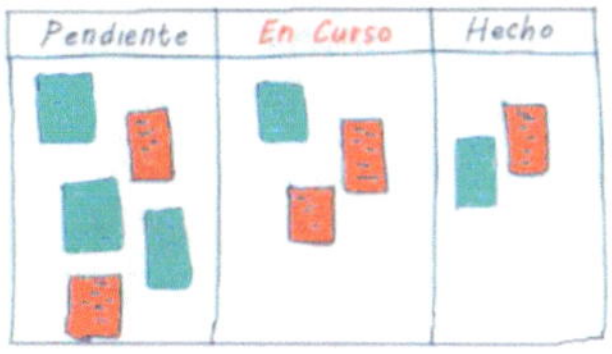

Las reuniones de planificación se llevan a cabo sólo cuando sea necesario determinar qué historias de usuarios se completarán en la próxima iteración. O sea, se planifica bajo demanda lo que permite ahorrar tiempo al equipo en relación con las planificaciones recurrentes de Scrum.

El desencadenante de planificación está asociado con la cantidad de tareas que quedan en la sección "Tareas pendientes" del tablero. Cuando cae por debajo de cierto número, se realiza la planificación para priorizar las tareas a realizar en la próxima iteración.

Para mantener las iteraciones cortas, se mantiene bajo el límite de trabajo en progreso (WIP).

Al igual que en Kanban, el tablero Scrumban revela cuellos de botella en el flujo de trabajo.

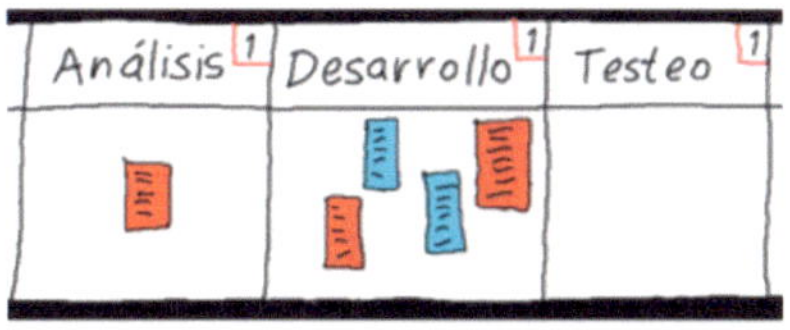

Scrumban no requiere ningún número máximo de miembros del equipo o roles específicos como utiliza Scrum. Los roles que tiene un equipo antes de adoptar Scrumban se mantienen.

2.8 Disciplined Agile (DA)

Disciplined Agile se originó como una evolución del Agile Unified Process (AUP), un enfoque que simplificaba el Rational Unified Process (RUP). AUP seguía la lógica de ser "serial en lo grande" e "iterativo en lo pequeño": mantenía fases secuenciales (inicio, elaboración, construcción y transición), pero dentro de cada fase aplicaba iteraciones ágiles.

En 2012, AUP fue reemplazado por el modelo de Disciplined Agile, que amplía el alcance más allá del desarrollo de software. DA no es un marco rígido, sino un kit de herramientas que combina prácticas de distintos enfoques ágiles y lean (Scrum, Kanban, XP, SAFe, LeSS, entre otros). Su propósito es ayudar a los equipos y a las organizaciones a elegir la forma de trabajo que mejor se adapte a su contexto.

A diferencia de otras metodologías que se presentan como un marco prescriptivo con pasos a seguir, DA ofrece guías y opciones para adaptar los marcos existentes a cada situación en particular, brindando orientación sobre cuándo y cómo aplicar las diferentes prácticas.

Principios

1. *Deleite a los clientes*: los productos y servicios no solo satisfacen las necesidades y expectativas del cliente, sino que las superan.

2. *Sea impresionante*: personas motivadas que reciben el apoyo necesario para cumplir sus objetivos.

3. *Pragmatismo*: ser lo más efectivo posible.

4. *El contexto cuenta*: cada persona, cada equipo y cada organización es única, por lo que hay que adaptar la estrategia a cada situación.

5. *La elección es buena*: Los equipos son dueños de su proceso y experimentan opciones para descubrir qué funciona mejor según la situación.

6. *Optimizar el flujo*: asegurarse de que los equipos estén bien alineados dentro del sistema adaptativo complejo de su organización.

7. *Conciencia empresarial*: personas motivadas que consideran las necesidades generales de la organización y no sólo a los objetivos de su equipo.

Marco DA

El marco DA se divide en cuatro niveles: Entregas (Delivery), Desarrollo y Operaciones (DevOps), Tecnologías de la Información (IT) y Empresa (Enterprise).

Disciplined Agile Delivery es la base de las herramientas DA y tiene las siguientes características: Primero las personas (Roles); Enfoque ágil híbrido orientado al aprendizaje; Ciclo de vida de entregas completo; Orientado al objetivo; Consciente de la empresa y Escalable.

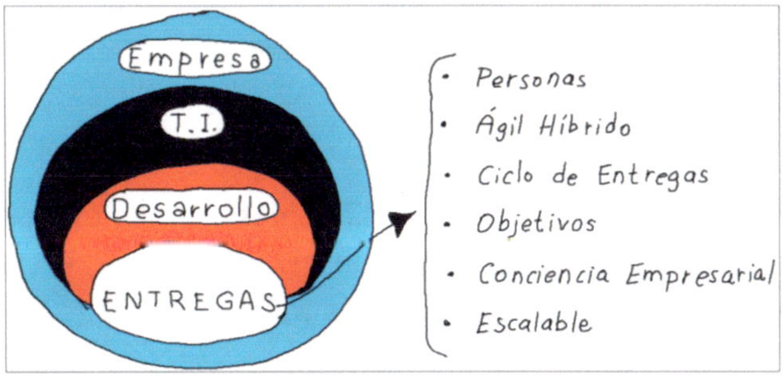

Primero las personas (Roles)

Los cinco **roles primarios** se consideran básicos para cualquier tipo de proyecto: dueño del producto, dueño de arquitectura, miembro del equipo, líder del equipo e interesado. El interesado no forma parte del equipo y suele ser algún usuario, gerente, personal de operaciones, patrocinador, auditor, director del programa, etc. Por su parte, los **roles de soporte** aplican a grandes proyectos y suelen ser temporales: especialista, probador independiente, experto de dominio, experto técnico e integrador.

Enfoque ágil híbrido

DA está orientado al aprendizaje de entregas tecnológicas combinando diferentes metodologías tales como: Lean, Kanban, Scrum, XP, FDD, DSDM, AUP, Crystal, LeSS, SAFe, etc.

Ciclo de vida de entregas completo

La metodología admite diferentes ciclos de vida de entregas completos (inicio, construcción, transición) en función del valor y riesgos.

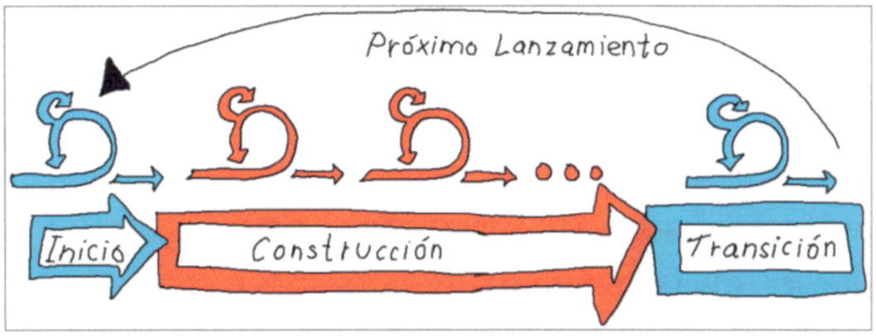

DA describe seis ciclos de vida diferentes porque cada equipo se encuentra en una situación única. Por lo tanto, la metodología es lo suficientemente flexible como para admitir varias versiones de un ciclo de vida del proyecto:

1. Ciclo de vida del proyecto Ágil basado en Scrum
2. Ciclo de vida del proyecto Lean basado en Kanban
3. Entrega continua: ciclo de vida Ágil
4. Entrega continua: ciclo de vida Lean
5. Ciclo de vida exploratorio: Lean Startup
6. Ciclo de vida del programa para varios equipos

Orientado al objetivo

DA presenta opciones y flexibilidad para utilizar diferentes metodologías que permitan lograr el objetivo de abordar las necesidades cambiantes de los interesados. DA describe las ventajas y desventajas de cada técnica y en qué situaciones es más adecuada cada una según cuál sea el objetivo.

Consciente de la empresa

Los equipos DA tienen consciencia empresarial, o sea reconocen que forman parte de un ecosistema donde los intereses de la organización están por encima de los intereses del equipo o del proyecto. Los profesionales en DA trabajan en estrecha colaboración con profesionales de la empresa, como arquitectos empresariales y gerentes de portafolio.

Escalable

El modelo DA es escalable porque se adapta a proyectos de diferentes tamaños y complejidades. Ofrece una estructura flexible que permite a los equipos elegir y adaptar prácticas según las necesidades específicas del proyecto y la organización, asegurando que los procesos puedan expandirse eficientemente a medida que el proyecto crece.

Liderazgo servicial

El líder servicial prioriza las necesidades del equipo y fomenta su desarrollo.

- ✓ Escucha activa: Entender completamente lo que se dice.
- ✓ Empatía: Participar en los sentimientos de otros.
- ✓ Cura: Ayudar a resolver problemas y desarrollar habilidades.
- ✓ Conciencia: Ver situaciones de manera holística.
- ✓ Persuasión: Convencer sin coacción.
- ✓ Conceptualización: Centrarse en objetivos a largo plazo.
- ✓ Prospectiva: Prever resultados futuros.
- ✓ Corresponsabilidad: Sentirse obligado a ayudar y servir.

- ✓ Compromiso con el crecimiento: Fomentar el desarrollo del equipo.
- ✓ Construcción de la comunidad: Crear una comunidad fuerte.

Adaptación de procesos (Tailoring)

Las metodologías ágiles no están pensadas para ser de una "talla única" que aplique a todos los proyectos, sino que los procesos ágiles pueden modificarse según las características de cada proyecto como el tamaño del equipo, contexto, recursos disponibles, criticidad, etc.

Algunos puristas ágiles piensan que el "tailoring" no es recomendable. En la Guía Scrum se menciona: *"Los roles, eventos, artefactos y reglas de Scrum son inmutables y, aunque es posible implementar solo partes de Scrum, el resultado no es Scrum. Scrum existe solo en su totalidad y funciona bien como un contenedor para otras técnicas, metodologías y prácticas*". Por ejemplo, si un equipo decide eliminar las reuniones de retrospectiva porque creen que no agregan valor, podría ocurrir que la herramienta "Scrum" dejara de funcionar correctamente.

En el otro extremo, Disciplined Agile (DA), a diferencia de otras metodologías que se presentan como un marco metodológico con pasos a seguir, ofrece opciones para adaptar los marcos existentes a cada situación en particular, brindando consejos sobre cuándo y cómo aplicar las diferentes metodologías. DA fue diseñado para ofrecer un equilibrio entre los métodos con un enfoque demasiado estrecho (ej. Scrum) o aquellos demasiado detallados (ej. AUP).

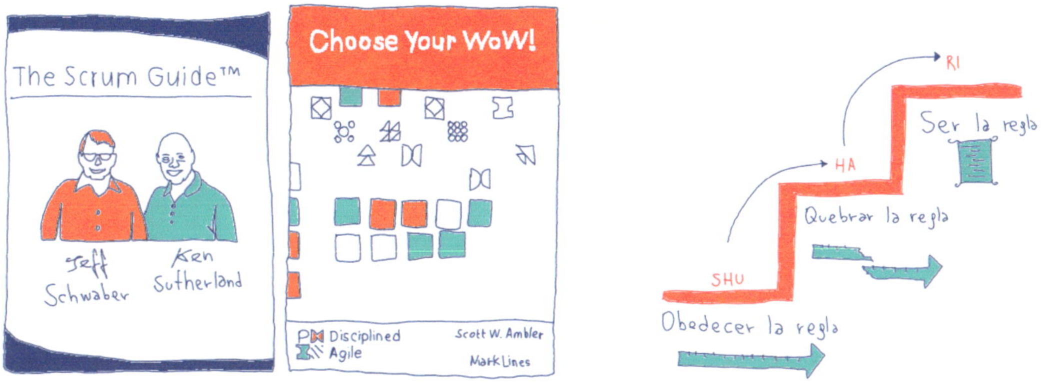

En la mayoría de los proyectos ágiles los equipos deben intentar evaluar cuidadosamente la situación antes de tomar la decisión de adaptar un marco ágil. Primero deberíamos comprender las razones detrás de una práctica específica antes de decidir que no la necesitamos.

La filosofía **Shu-Ha-Ri** puede ser de ayuda al momento de tomar la decisión si adaptar o no una metodología. Por último, como parte de la filosofía ágil, las mejoras o adaptación del proceso se pueden plantear en la retrospectiva de cada iteración, para implementar las mejoras en la siguiente iteración.

2.9 Extreme Programming (XP) [2]

Extreme Programming (XP) es un marco ágil de desarrollo de software cuyo objetivo es **producir software de mayor calidad** mientras mejora la calidad de vida del equipo. El método define prácticas esenciales y anima a los equipos a utilizarlas de manera disciplinada.

Valores de XP

- *Comunicación*: compartir conocimiento dentro del equipo a través de conversaciones cara a cara y representaciones visuales.
- *Sencillez*: evitar desperdicios haciendo solo lo estrictamente necesario.
- *Retroalimentación*: recibir comentarios constantes del sistema (en minutos) y del cliente (en días) para ajustar y mejorar.
- *Coraje*: plantear los problemas que afectan la efectividad del equipo y animarse a dejar de hacer lo que no funciona.
- *Respeto*: dar y recibir comentarios de manera constructiva, trabajando juntos en soluciones simples.

Prácticas de XP

- *Sentarse juntos*: trabajar en el mismo espacio físico, con áreas privadas cuando sea necesario.
- *Todo el equipo*: un equipo multifuncional que colabora diariamente para lograr un resultado específico.
- *Espacio de trabajo informativo*: radiadores de información para comunicar avances de forma visible.
- *Trabajo energizado*: equipos enfocados, libres de distracciones, manteniendo un ritmo sostenible (máx. 40 horas semanales). Si se hacen horas extra una semana, la siguiente no debe repetir.

---

[2] Agile Alliance, https://www.agilealliance.org/

- *Programación en pareja*: dos personas programan en la misma computadora, lo que asegura revisión continua del código y resolución rápida de problemas.
- *Historias de usuario*: descripciones breves de lo que los usuarios necesitan hacer con el producto.
- *Ciclo semanal*: planificación corta donde el cliente selecciona historias y el equipo define cómo abordarlas.
- *Ciclo trimestral*: planificación más amplia con funcionalidades deseadas para un trimestre.
- *Holgura*: incluir tareas de baja prioridad que se pueden descartar si el equipo se retrasa.
- *Construcción en diez minutos*: ejecutar la construcción del sistema y todas las pruebas en pocos minutos para detectar errores tempranamente.
- *Integración continua*: integrar y validar código varias veces al día para evitar esfuerzos fragmentados.
- *Prueba primero (Test-First Programming)*: escribir una prueba que falla, luego el código mínimo para que pase, y repetir el ciclo.
- *Diseño incremental*: comenzar con una arquitectura simple e ir refinando el diseño con cada nueva funcionalidad, refactorizando para mantener el código limpio.

Roles en XP

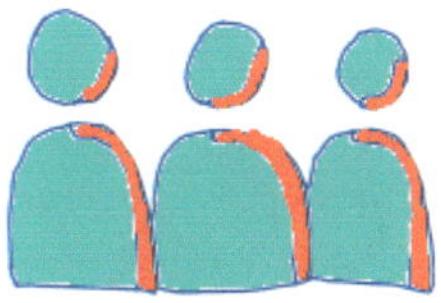

- *Cliente*: define qué, cuándo y con qué prioridad se debe construir.
- *Desarrollador*: implementa las historias priorizadas, actuando como especialista generalista (puede cubrir desarrollo, pruebas o seguimiento).
- *Rastreador*: mide la velocidad, errores o esfuerzo para identificar mejoras; suele ser un desarrollador que cumple este rol en paralelo.
- *Entrenador*: consultor o miembro experimentado que guía al equipo en las prácticas y disciplina de XP.

2.10 Feature Driven Development (FDD)

El desarrollo impulsado por funcionalidades (FDD, por sus siglas en inglés) es un marco ágil utilizado principalmente en el desarrollo de software con equipos grandes y complejos, que suelen ser menos autoorganizados que los de Scrum u otros marcos similares. A diferencia de estos, FDD contempla explícitamente el rol del director de proyectos.

La metodología comienza con procesos secuenciales para el diseño de la arquitectura, y luego avanza en iteraciones de hasta 15 días para entregar un producto tangible que cubra las funcionalidades solicitadas por el cliente.

Procesos de FDD

1º *Desarrollar modelo general*: definir la visión, el contexto y los requisitos del sistema, y luego elaborar modelos de dominio detallados por áreas.

2º *Desarrollar lista de funcionalidades*: construir con el cliente un listado de funcionalidades, cada una definida con el formato “<acción> <resultado> <objeto>” para completar en un máximo de dos semanas. Ejemplo: “Validar la contraseña de un usuario”.

3º *Planificar por funcionalidad*: ordenar las funcionalidades y asignarlas a los programadores jefe según prioridades y dependencias.

4º *Diseñar por funcionalidad*: el programador jefe define qué funcionalidad realizar en cada iteración y prepara diagramas de secuencia detallados.

5º *Construir por funcionalidad*: desarrollar el código, realizar pruebas, inspeccionar y agregar la funcionalidad a la compilación general.

Hitos

Para facilitar informes de estado y seguimiento de cada funcionalidad, FDD establece seis hitos secuenciales con porcentajes de avance predefinidos: 1º Tutorial de dominio, 2º Diseño, 3º Inspección de diseño, 4º Código, 5º Inspección de código y 6º Promover para construir.

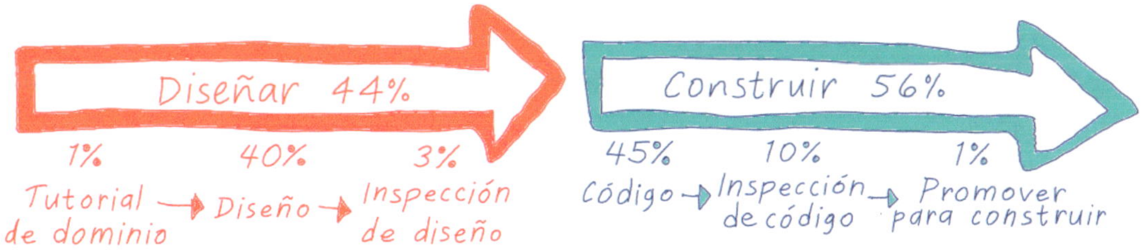

Prácticas de FDD

- *Modelado de objetos de dominio*: explorar y explicar el dominio del problema.
- *Desarrollo por funcionalidad*: dividir funcionalidades grandes en partes más pequeñas que se puedan completar en un máximo de dos semanas.
- *Propiedad individual del código*: cada pieza de código tiene un propietario responsable de su coherencia, rendimiento e integridad.
- *Equipos por funcionalidad*: equipos pequeños desarrollan cada funcionalidad, evaluando varias opciones de diseño antes de elegir una.
- *Inspecciones*: revisar y detectar defectos para garantizar calidad en diseño y código.
- *Gestión de la configuración*: identificar y mantener versiones del código fuente, con historial de cambios.
- *Construcciones regulares*: demostraciones frecuentes del producto al cliente para detectar errores de integración de manera temprana.
- *Visibilidad de progreso y resultados*: informes de avance frecuentes, claros y precisos.

Roles en FDD

- Director de proyectos
- Jefe de arquitectura
- Gerente de desarrollo
- Jefe de programación
- Dueño de clase
- Experto de dominio

2.11 Dynamic System Development Method (DSDM)

El **Método de Desarrollo de Sistemas Dinámicos (DSDM)** se creó en el Reino Unido a partir de prácticas comerciales, con el objetivo de entregar funcionalidad en tiempo y dentro del presupuesto.

Cada proyecto se divide en partes, y cada parte tiene un conjunto específico de características, presupuesto y tiempo. Como el tiempo y el presupuesto son fijos, si el proyecto comienza a atrasarse o a exceder costos, se descartan las funcionalidades menos importantes, que podrán retomarse en futuros proyectos.

Fases de DSDM

1. *Pre-proyecto*: actividades necesarias antes de iniciar formalmente.
2. *Ciclo de vida del proyecto*: dividido en etapas:
   - Estudio de factibilidad
   - Caso de negocios
   - Iteraciones de modelo funcional
   - Iteraciones de diseño y construcción
   - Implementación
3. *Post-proyecto*: actividades posteriores a la finalización.

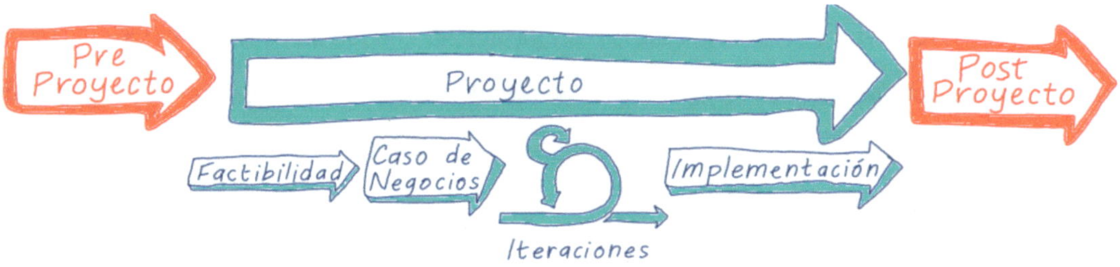

Características de DSDM

- Los equipos suelen ser de hasta 6 grupos de 6 personas cada uno.
- El enfoque está en entregar productos de manera frecuente, bajo la premisa de que "entregar algo temprano es mejor que entregar todo al final".
- La entrega temprana permite detectar errores antes y corregirlos en iteraciones posteriores.
- Aplica la regla 80/20: alrededor del 80% del beneficio proviene del 20% de los requisitos. Por eso, DSDM implementa primero ese 20% clave de funcionalidades, en lugar de intentar construir la solución perfecta que suele generar retrasos y sobrecostos.

Priorización de requisitos en DSDM

Las características del producto (requisitos) se priorizan utilizando la técnica **MoSCoW**:

- DEBE (Must): requisito obligatorio que el producto no puede omitir.
- DEBERÍA (Should): requisito importante que se implementa si es posible.
- PODRÍA (Could): requisito opcional, implementado solo si no impacta en tiempo o costo.
- ME GUSTARÍA (Would): requisito deseable, que se incluye únicamente si queda tiempo suficiente.

Principios de DSDM

1. Enfocarse en las necesidades del negocio: cada entrega debe responder a necesidades actuales.
2. Entregar a tiempo: la entrega frecuente es un principio clave.
3. Colaboración: la participación de los usuarios es imprescindible.
4. Nunca comprometer la calidad: el equipo debe estar capacitado para mantener estándares altos.
5. Construcción incremental sobre bases sólidas.
6. Desarrollo iterativo: las pruebas están integradas a lo largo de todo el ciclo de vida.
7. Comunicación clara y continua.
8. Demostrar control utilizando técnicas apropiadas, asegurando que los cambios sean reversibles.

Características principales

- Aceptación de DSDM tanto por la alta gerencia como por los empleados, asegurando motivación y compromiso desde el inicio del proyecto.
- Compromiso de la dirección para garantizar la participación del usuario final a través de prototipos funcionales.
- Equipos conformados por miembros capacitados y empoderados para tomar decisiones sin depender de aprobaciones formales de la gerencia.
- Apoyo y colaboración permanente entre cliente y proveedor.
- Retroalimentación de los usuarios sobre los requisitos, considerada esencial para afinar el producto.
- Uso de prototipos como herramienta clave para refinar requisitos y aclarar expectativas de los interesados.

2.12 Crystal

Crystal es una familia de metodologías ágiles creada por Alistair Cockburn para el desarrollo de software. Se subdivide en distintos enfoques según la cantidad de personas y la criticidad del proyecto.

Propiedades:

1. *Entregas frecuentes*, con un ciclo de vida iterativo e incremental.
2. *Mejora continua* en cada iteración.
3. *Comunicación osmótica*, ubicando al equipo en el mismo lugar físico para facilitar la interacción cara a cara.
4. *Seguridad personal*, donde todos pueden expresar sus opiniones sin temor y con respeto.
5. *Enfoque*: bloques de trabajo sin interrupciones de al menos 2 horas.
6. *Acceso frecuente* a usuarios expertos, como mínimo una vez por semana.
7. *Entorno técnico sólido*, con pruebas automatizadas, gestión de la configuración e integración continua.

Valores: personas, interacción, comunidad, habilidades, talentos y comunicación.

Cuantas más personas tenga el equipo, más crítico será el proyecto y mayor la necesidad de estructura. A medida que el equipo crece (desde 1 hasta 200 personas), la metodología Crystal cambia de "color" para añadir formalidad en la estructura, los artefactos y la gestión del proyecto.

Cuantas más personas tenga el equipo, más crítico será el proyecto y más complejo será el enfoque. A medida que crece el tamaño del equipo (desde 1 hasta 200 personas), la metodología Crystal cambia de color para agregar más formalidad a la estructura, los artefactos y la gestión del proyecto.

1-6

Crystal Clear: Admite precio fijo sin necesidad de contrato de negociación complejo. Está orientado a las personas, con poca dependencia de procesos y artefactos. La documentación es mínima. Los roles básicos son patrocinador, diseñador y programador. El equipo trabaja en la misma sala y las iteraciones duran entre 15 y 90 días.

7-20

Crystal Amarillo: Promueve la propiedad clara del código. Cada área tiene un responsable que puede realizar cambios. Se prioriza la retroalimentación de "usuarios reales" y se reduce la necesidad de documentación extensa. Se utilizan pruebas automatizadas para resolver errores con rapidez y se establecen planes de mejora mensuales.

21-40

Crystal Naranja: Orientado a proyectos medianos de 1 a 2 años. Los equipos se dividen por funciones y se amplían los roles (arquitecto, analista, probador, gerente, etc.). Se entregan incrementos cada 3 a 4 meses y se generan documentos clave como requisitos, plan de lanzamientos, cronograma, reportes, diseño y casos de prueba.

41-80

Crystal Rojo: Se asemeja al enfoque tradicional de desarrollo de software, con fases secuenciales y equipos divididos según el tipo de trabajo requerido.

81-200

Crystal Marrón: Pensado para proyectos de gran tamaño. Los métodos se ajustan a las necesidades específicas del software y al contexto de cada organización.

Crystal Diamante: Aplicado a proyectos muy críticos y de gran escala, donde está en juego la vida humana. La conformación del equipo y las estrategias dependen del nivel de criticidad del proyecto.

Factores de elección: Además del tamaño del equipo, influyen variables como la comodidad (por ejemplo, la carga horaria de los miembros), el dinero disponible, el presupuesto requerido y la duración total del proyecto. Estos factores ayudan a seleccionar el color de Crystal más adecuado.

2.13 Scrum of Scrums

Scrum funciona mejor con equipos de hasta 10 personas (aproximadamente 8 desarrolladores, 1 dueño del producto y 1 scrum master). Sin embargo, cuando un proyecto requiere coordinar a más de un equipo, aparece Scrum of Scrums (SoS), también llamado MetaScrum.

Scrum of Scrums coordina múltiples equipos Scrum que trabajan sobre el mismo producto, enfocándose en integrar entregas y resolver interdependencias, especialmente cuando hay superposición de trabajo.

La coordinación se realiza mediante la reunión SoS, de 15 a 30 minutos, en la que participa un representante de cada equipo (el embajador). Esta reunión suele hacerse 1 o 2 veces por semana, aunque en algunas organizaciones se lleva a cabo diariamente después del scrum diario.

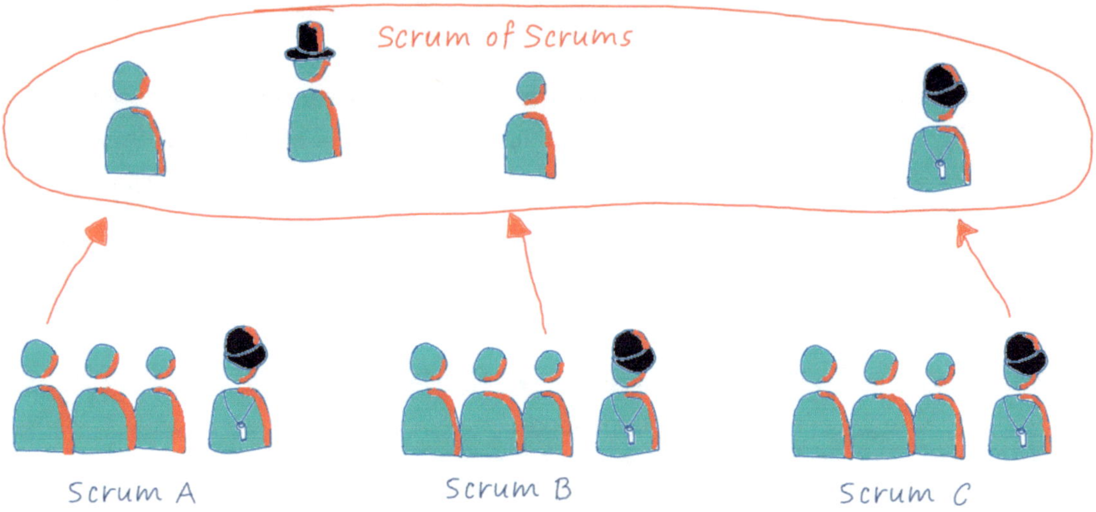

Todos los equipos que participan en SoS comparten un mismo backlog y un único dueño del producto, que suele asistir a las reuniones. El embajador de cada equipo puede variar según quién esté mejor preparado para representar dependencias o problemas en ese momento; a veces asiste el scrum master o el coach ágil.

En la reunión SoS, los representantes responden tres preguntas clave:

- ¿Qué hizo mi equipo desde la última reunión que podría afectar a otros?
- ¿Qué problemas enfrenta mi equipo que requieren apoyo de otros?
- ¿Qué hará mi equipo antes de la próxima reunión que pueda impactar en los demás?

La coordinación de SoS suele recaer en los equipos mismos, aunque algunas organizaciones asignan un "scrum master jefe" para facilitar la dinámica. Es importante que estas reuniones no se conviertan en reportes de estado para la gerencia, el objetivo es alinear esfuerzos entre equipos para cumplir tanto los objetivos de cada iteración como los del proyecto global.

En organizaciones muy grandes, este modelo puede escalarse a un "Scrum of Scrums of Scrums", donde embajadores de distintos SoS participan en una reunión de coordinación de nivel superior.

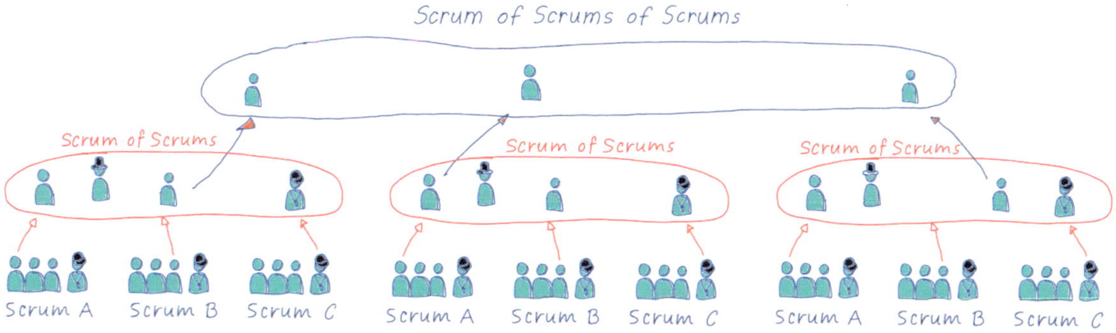

2.14 Large Scale Scrum (LeSS) [3]

Large-Scale Scrum (LeSS) es un marco de desarrollo de productos que extiende Scrum cuando es necesario trabajar con múltiples equipos en un mismo producto. Está pensado para un máximo de 8 equipos Scrum, con hasta 8 personas por equipo.

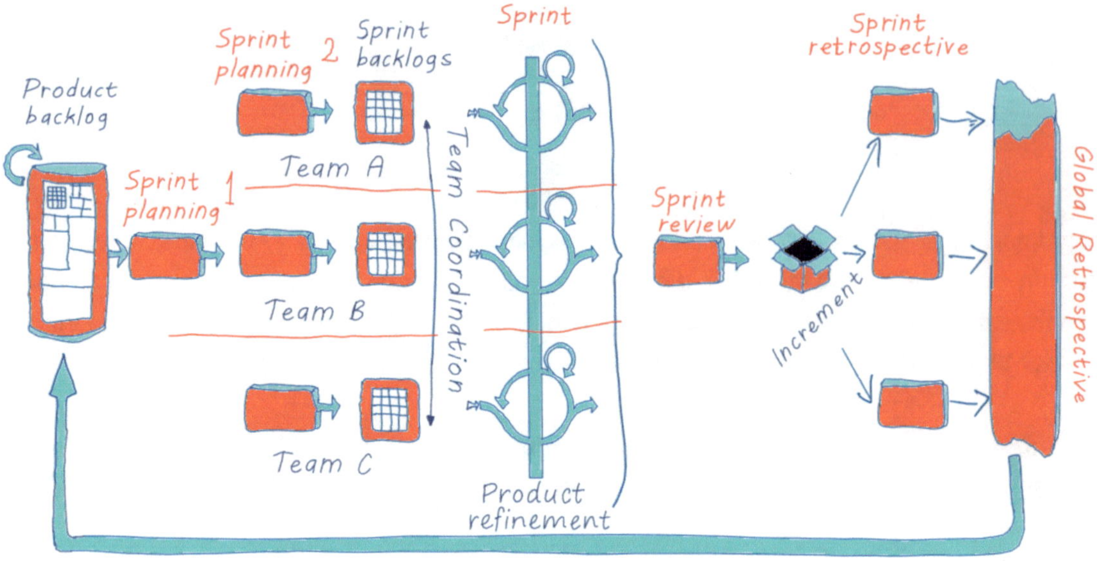

LeSS mantiene los **conceptos básicos** de Scrum:

- Un único product backlog y un único dueño del producto.
- Un incremento del producto al final de cada iteración.
- Equipos multifuncionales completos en cada equipo.

[3] https://less.works/

Los principales agregados de LeSS a Scrum son:

- Varios equipos Scrum trabajando en paralelo sobre el mismo producto.
- La planificación del sprint se divide en dos etapas:
    1. El dueño del producto y representantes de cada equipo acuerdan qué parte del backlog asumirá cada equipo.
    2. Cada equipo detalla su propio sprint backlog con las actividades específicas.
- Durante la iteración los equipos comparten información, ya sea enviando observadores a reuniones diarias de otros equipos o mediante reuniones de Scrum of Scrums.
- A mitad de la iteración, los equipos participan en una sesión de refinamiento con el dueño del producto para aclarar necesidades y descomponer elementos del backlog en partes más pequeñas.
- Al finalizar, además de la retrospectiva de cada equipo, se organiza una retrospectiva global con todos los equipos.

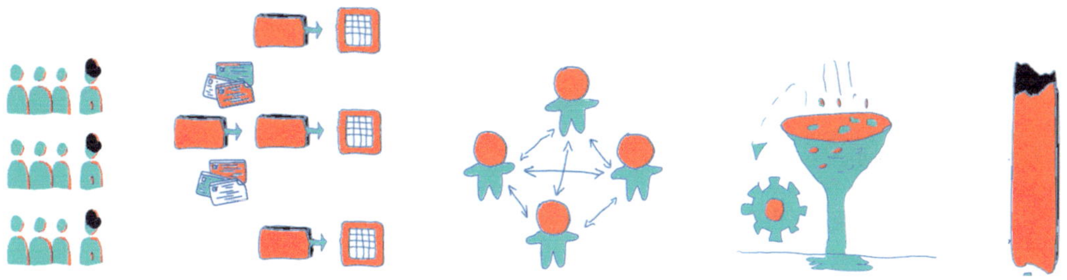

Los **roles** en LeSS son los mismos que en Scrum: un único dueño del producto, el equipo de desarrollo y el scrum master. Cada equipo puede tener su propio scrum master, o uno mismo dar soporte a un máximo de tres equipos.

Cuando el proyecto requiere más de 8 equipos, se aplica **LeSS Huge**. En este caso, el backlog se divide en áreas de producto y cada área cuenta con un representante específico.

Enterprise Scrum[4] es un marco distinto que busca aplicar los principios de Scrum a nivel de toda la organización. Su alcance supera al desarrollo de un único producto y se orienta a impulsar innovación disruptiva en toda la empresa.

---

[4] http://www.enterprisescrum.com/

2.15 Scaled Agile Framework (SAFe)[5]

El Marco Ágil Escalado (SAFe: Scaled Agile Framework) es un conjunto de principios, prácticas y competencias de Lean, Ágil y DevOps diseñados para guiar a las empresas en la adopción de prácticas ágiles a gran escala. Su objetivo es sincronizar la alineación, la colaboración y las entregas de múltiples equipos ágiles, tanto comerciales como técnicos.

SAFe combina metodologías ágiles, desarrollo de productos Lean y pensamiento sistémico para que las organizaciones entreguen soluciones con rapidez, no solo a nivel de proyecto, sino también a nivel de programa, portafolio y organización completa.

Valores fundamentales

1. *Alineación*: todos los equipos apoyan la visión, misión y objetivos estratégicos de la organización.
2. *Calidad incorporada*: cada incremento refleja estándares de calidad a lo largo del ciclo de vida.
3. *Transparencia*: compartir información abierta para generar confianza en toda la organización.
4. *Ejecución del programa*: los equipos ejecutan y entregan valor de forma continua.

[5] © Scaled Agile, Inc., https://www.scaledagileframework.com

Principios de SAFe

1. *Aplicar una visión económica*: tomar decisiones que consideren riesgos, costos y demoras, trabajando dentro de un presupuesto definido.
2. *Pensamiento sistémico*: entender el sistema completo, ya que optimizar partes aisladas no garantiza mejoras globales.
3. *Asumir variabilidad y preservar opciones*: mantener alternativas de diseño y decidir con base en datos empíricos.
4. *Construir incrementalmente con ciclos de aprendizaje rápidos*: iteraciones cortas para obtener feedback temprano y mitigar riesgos.
5. *Basar hitos en evaluaciones objetivas*: revisar periódicamente el producto con hitos medibles.
6. *Visualizar y limitar WIP, reducir tamaños de lote y gestionar colas*: ajustar la demanda a la capacidad, reducir lotes y acortar tiempos de espera.
7. *Aplicar cadencia y sincronizar planificación*: coordinar el trabajo con ritmos predecibles en presencia de incertidumbre.
8. *Desbloquear la motivación intrínseca*: fomentar autonomía, propósito y colaboración en los equipos de conocimiento.
9. *Descentralizar decisiones*: empoderar a los equipos para decidir dentro de lineamientos estratégicos.
10. *Organizar alrededor del valor*: estructurar la empresa según flujos de valor y reorganizarse rápidamente cuando cambian las demandas.

Implementación de SAFe

- A nivel de equipo, SAFe se asemeja a Scrum en la gestión de proyectos.
- A nivel de programa, utiliza el concepto de Tren de Liberación Ágil (Agile Release Train, ART), donde varios equipos Scrum de 5 a 10 personas trabajan coordinadamente para alcanzar objetivos de negocio comunes.
- A nivel de portafolio, los líderes definen la visión, los objetivos y la estrategia de la organización.

El marco SAFe es de acceso gratuito en línea: https://www.scaledagileframework.com

Agilidad organizacional

SAFe introduce el concepto de Business Agility, que busca transformar la organización en su conjunto. La agilidad organizacional es la capacidad de una compañía para reconocer rápidamente las oportunidades del mercado y adelantarse a la competencia, mejorando su efectividad y productividad en todos los ámbitos.

Donald Sull distingue tres tipos de agilidad en una organización:

- *Agilidad estratégica*: detectar y cuantificar oportunidades con rapidez, flexibilidad e innovación.
- *Agilidad de portafolio*: gestionar los recursos de forma ágil y eficaz en todas las áreas del negocio.
- *Agilidad operativa*: tomar decisiones rápidas y efectivas para aprovechar las oportunidades detectadas.

SAMI (Sidky Agile Measurement Index)

Muchos equipos se preguntan cómo comenzar a incorporar agilidad en sus organizaciones. El índice de medición ágil de Sidky (SAMI) es una hoja de ruta de cinco niveles que guía a las organizaciones a introducir prácticas ágiles de manera gradual:

1. *Colaborativo*: mejorar la comunicación y la colaboración.
2. *Evolutivo*: entrega temprana y continua del producto.
3. *Integrado*: desarrollo de productos de calidad de forma eficiente.
4. *Adaptativo*: respuesta al cambio mediante múltiples ciclos de retroalimentación.
5. *Abarcativo*: consolidar una cultura y un ambiente que sostengan la agilidad.

Comparación de metodologías ágiles

La agilidad organizacional no depende directamente de la metodología ágil adoptada. Sin embargo, las empresas que aplican metodologías ágiles de forma madura suelen mostrar mayor grado de agilidad que aquellas que trabajan solo con enfoques secuenciales y predictivos.

En el gráfico a continuación se ubican las diferentes metodologías desarrolladas en este capítulo en función de su profundidad de orientación y su amplitud del ciclo de vida.

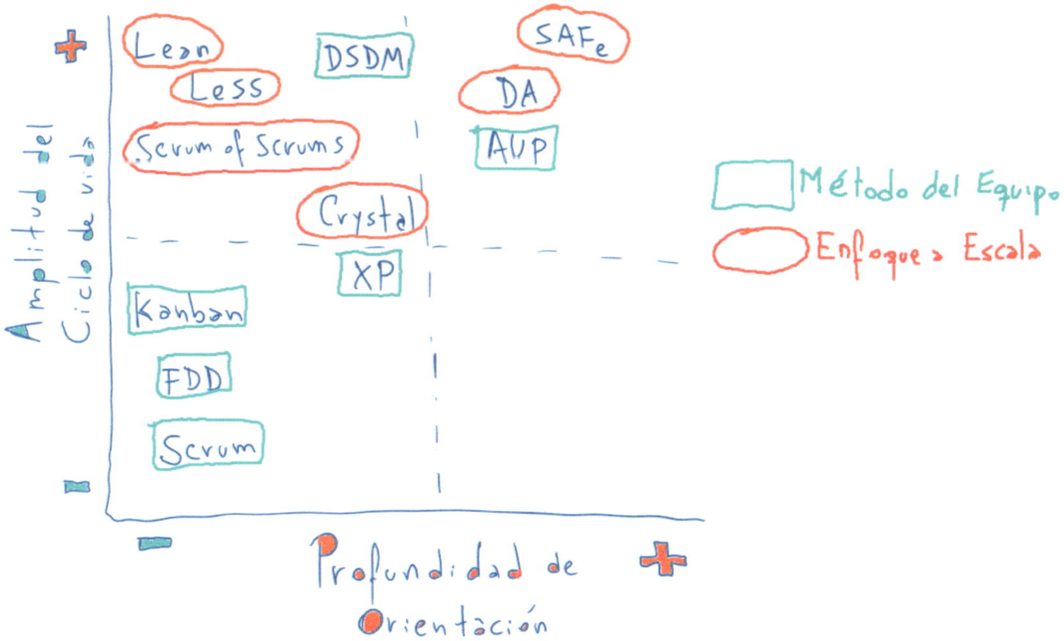

Fuente: PMI Agile Practice Guide.

Ejercicios – Mentalidad

1- Coloque el **ciclo de vida del proyecto** (Predictivo, Incremental, Iterativo, Ágil) de cada uno de los siguientes enunciados.

	Ciclo de vida
Combina ciclos iterativos e incrementales, realizando iteraciones sobre un producto para obtener entregables intermedios listos para usar en cada lanzamiento a lo largo del ciclo del proyecto.	
En las primeras iteraciones se entrega una funcionalidad básica y se va agregando mayor funcionalidad al producto a medida que avanzan las fases del proyecto	
En las primeras iteraciones se va construyendo un borrador del producto final mediante el análisis-desarrollo-reflexión y en las fases sucesivas se va agregando calidad al producto con más análisis-desarrollo-reflexión.	
Hasta que no finaliza o está avanzada la fase predecesora, no comienza su sucesora	

2- Coloque en cada uno de los siguientes cuadrantes el **ciclo de vida del proyecto** (Predictivo, Incremental, Iterativo, Ágil) más recomendado.

Frecuencia de entregas		
Alta		
Baja		
	Bajo — Cambios del mercado	Alto

3- Complete los cuadros en blanco de la siguiente tabla con las palabras "fijo" o "flexible".

Ciclo de vida	Costo	Tiempo	Alcance
Predictivo			
Adaptativo			

4- Unir con flechas los siguientes conceptos del **Manifiesto Ágil**

Colaboración con el cliente	sobre documentación extensiva
Individuos e interacciones	sobre negociación contractual
Respuesta ante el cambio	sobre procesos y herramientas
Software funcionando	sobre seguir un plan

5- Marque con una cruz a qué filosofía corresponde cada uno de los siguientes principios.

Principio	Manifiesto Ágil	Declaración de la Interdependencia
Aceptamos que los requisitos cambien, incluso en etapas tardías del desarrollo.		
Disparamos el rendimiento mediante la responsabilidad común sobre los resultados y sobre la propia efectividad del equipo.		
Entregamos software funcional frecuentemente, entre dos semanas y dos meses.		
Esperamos lo inesperado y lo gestionamos mediante iteraciones, anticipación y adaptación.		
Incrementamos el retorno de la inversión centrándonos en un flujo continuo de valor.		
La simplicidad, o el arte de maximizar la cantidad de trabajo no realizado, es esencial.		
Nuestra mayor prioridad es satisfacer al cliente mediante la entrega temprana y continua con valor.		

6- Coloque del 1 a 5 según el orden cronológico del **Marco Ágil** propuesto por Jim Highsmith.

#	Fases
	Adaptación (Adapt)
	Cierre (Close)
	Especulación (Speculate)
	Exploración (Explore)
	Visualización (Envision)

7- Complete en qué fase del **Marco Ágil** de Jim Highsmith se realiza cada una de las siguientes actividades.

Fase	Actividad
	Aprender e incorporar el aprendizaje al siguiente equipo de proyecto
	Crear una declaración del alcance del producto y sus criterios de éxito
	Desarrollar un plan de lanzamientos, hitos e iteraciones
	Entregar funcionalidades en un corto período de tiempo
	Realizar correcciones, incorporar y retener las lecciones aprendidas

8- ¿Cuáles son las 6 capas de la **cebolla de planificación ágil** propuestas por Mike Cohn?

#	Capa
1	
2	
3	
4	
5	
6	

9- Complete las palabras que faltan en cada uno de los principios del pensamiento **Lean**.

1. Especificar con precisión el __________ de cada proyecto
2. Definir el _________ de valor del proyecto
3. Permitir que el valor __________ sin interrupciones
4. Permitir que el _________ participe en la identificación de "valor"
5. Buscar de manera ___________ la perfección

10- Nombre 3 de los 7 desechos más comunes que hay que eliminar del flujo de valor.

11- En base a la filosofía **Lean**, complete el párrafo con alguna de las siguientes frases:
Lo antes posible / Lo más tarde posible / En el último momento responsable

Para no entorpecer el flujo de valor con demoras, deberíamos decidir ________________ buscando el punto óptimo de la compensación entre el tiempo disponible para una decisión y la necesidad de desarrollar un producto.

12- Marque con una cruz cuál es un principio y cuál una práctica de **Kanban**.

	Principio	Práctica
Comenzar aplicando el método en los procesos actuales y luego estimular cambios.		
Limitar el trabajo en progreso (WIP) para estimular los cambios.		
Perseguir el cambio incremental, gradual y evolutivo.		
Reconocer oportunidades de mejora mediante cambios continuos, graduales y evolutivos.		
Respetar el proceso actual, los roles las responsabilidades y los cargos.		
Visualizar el flujo de trabajo en columnas y hacerlo visible para comprender cómo avanza el trabajo.		

13- ¿Con qué frecuencia (trimestral, mensual, quincenal, semanal, diaria) se realiza cada uno de los siguientes bucles de retroalimentación en el sistema **Kanban**?

Frecuencia	Bucle de retroalimentación
	Reunión de reabastecimiento: identificar los elementos en los que trabajará el equipo a continuación.
	Reunión diaria: El equipo coordina sus actividades para el día.
	Revisión de entrega de servicio: examinar y mejorar la efectividad de un servicio.
	Revisión de estrategia: definir servicios y el contexto.
	Revisión de operaciones: evaluar el equilibrio entre servicios, personas y recursos para maximizar la entrega de valor.
	Revisión de riesgos: evaluar y responder a los riesgos de entrega en los servicios.

14- Marque con una cruz si los siguientes ítems son Artefactos o Eventos de **Scrum**

	Artefacto	Evento
Incremento del producto (Increment)		
Planificación de la iteración (Sprint planning)		
Retrospectiva de la iteración (Sprint retrospective)		
Reunión diaria (Daily Scrum)		
Revisión de la iteración (Sprint review)		
Trabajo pendiente asociado al producto (Product backlog)		
Trabajo pendiente de la iteración (Sprint backlog)		

15- Coloque el orden cronológico (1 a 7) de los siguientes ítems de **Scrum**

#	
	Incremento del producto (Increment)
	Planificación de la iteración (Sprint planning)
	Retrospectiva de la iteración (Sprint retrospective)
	Reunión diaria (Daily Scrum)
	Revisión de la iteración (Sprint review)
	Trabajo pendiente asociado al producto (Product backlog)
	Trabajo pendiente de la iteración (Sprint backlog)

16- Coloque la duración de cada una de las siguientes reuniones para un proyecto que aplica **Scrum** con iteraciones de 2 semanas.

Reunión	Duración
Diaria	
Revisión de la iteración	
Retrospectiva de la iteración	

17- Marque quién cumple los siguientes roles en un equipo **Scrum**.

Rol	Dueño del producto	Equipo de desarrollo	Scrum Master
Acepta o rechaza el incremento del producto			
Aísla al equipo de interferencias externas			
Asegura que el product backlog sea visible			
Decide cómo desarrollar el producto			
Entrena a la organización en la adopción de Scrum			
Prioriza los componentes del product backlog			

18- Según **ScrumBan**, marque verdadero (V) o falso (F).

	V	F
El desencadenante de planificación está asociado con la cantidad de tareas que quedan en la sección "Tareas pendientes" del tablero.		
Las reuniones de planificación se llevan a cabo sólo cuando sea necesario determinar qué historias de usuarios se completarán en la próxima iteración.		
Los roles que tiene un equipo antes de adoptar Scrumban se mantienen.		
Para mantener las iteraciones cortas, se mantiene alto el límite de trabajo en progreso (WIP).		
Requiere un número máximo de miembros del equipo.		

19- Una con flechas las siguientes frases con los valores de **XP**.

Comunicación	Dejar de hacer lo que no funciona
Coraje	Evitar desperdicios
Respeto	Honrar la relación del equipo
Retroalimentación	Identificar áreas de mejora
Sencillez	Transferir el conocimiento

20- Según las siguientes prácticas de **XP**, complete verdadero o falso.

	V	F
Cada iteración es de 2 semanas		
Cada persona debe trabajar un máximo de 40 horas semanales		
Construir el sistema y ejecutar todas las pruebas en diez minutos		
El software lo desarrollan dos personas sentadas en la misma máquina		
La refactorización forma parte del diseño incremental		
Se suelen agregar historias de baja prioridad en los ciclos semanales		
Seguir el ciclo “desarrollar código -> escribir pruebas -> ejecutar pruebas”		
Utilizar radiadores de información para comunicar actualizaciones.		

21- Identifique los principales roles de **XP**.

Rol de XP	SI	NO
Cliente		
Desarrollador		
Dueño de arquitectura		
El entrenador		
Experto de dominio		
Integrador		
Patrocinador		
Rastreador		

22- Ordene cronológicamente del 1 a 5 los procesos de Feature Driven Development (**FDD**)

#	Proceso
	Construir por funcionalidad
	Desarrollar lista de funcionalidades
	Desarrollar modelo general
	Diseñar por funcionalidad
	Planificar por funcionalidad

23- Coloque las siguientes prácticas de **FDD** en la tabla a continuación: Modelado de objetos de dominio; Desarrollando por funcionalidad; Propiedad de código individual; Equipos por funcionalidad; Inspecciones; Gestión de la configuración; Construcciones regulares; Visibilidad de progreso y resultados.

Práctica	
	Cualquier función demasiado compleja para implementarse en dos semanas se descompone en funciones más pequeñas.
	Demostraciones frecuentes del producto al cliente para detectar errores de integración de manera temprana.
	Detección de defectos para garantizar un diseño de buena calidad.
	Equipos pequeños desarrollan cada funcionalidad.
	Explorar y explicar el dominio del problema a resolver
	Identificar el código fuente de todas las características que van completando y a mantener un historial de cambios.
	Informes de avance frecuentes, apropiados y precisos
	Se asignan distintas piezas de códigos a un solo propietario responsable de la coherencia, el rendimiento y la integridad.

24- Ordene cronológicamente (1 a 7) las fases del proyecto según Dynamic System Development Method (**DSDM**).

#	Fase
	Caso de negocios
	Diseñar y construir iteraciones
	Estudio de factibilidad
	Fase posterior al proyecto
	Implementación
	Iteración del modelo funcional
	Pre Proyecto

25- Complete el significado de **MoSCoW** para la priorización de requisitos:

Inglés		Español
M _ _ _	have	
S _ _ _ _ _	have	
C _ _ _ _	have	
W _ _ _ _	like to have	

26- Marque la tabla con verdadero o falso según **DSDM**.

	V	F
Apoyo entre el cliente y el proveedor		
Creación de prototipos funcionales		
El equipo escribe propuestas formales a la alta gerencia		
Los cambios son reversibles		
Pruebas integradas durante todo el ciclo de vida		
Retroalimentación de los usuarios sobre los requisitos		

27- Complete con alguna de las siguientes palabras: "serial", "iterativo" o "incremental".

El Agile Unified Process (**AUP**) es un proceso de desarrollo de software iterativo e _________; "_________ en lo grande" e "________ en lo pequeño".

28- Complete la tabla con las fases de AUP (Inicio, Elaboración, Construcción, Transición)

Fase	
	Ampliar la comprensión de los requisitos del producto.
	Completar el desarrollo del producto.
	Completar las pruebas del producto para su lanzamiento.
	Definir la arquitectura del producto.

29- Complete la tabla con las disciplinas de **AUP**: Modelo, Implementación, Prueba, Despliegue, Gestión de la configuración, Gestión del proyecto, Ambiente

Disciplina	
	Asegurarse que el proceso y las herramientas estén disponibles.
	Comprender el negocio de la organización y el dominio del problema
	Gestionar las actividades del proyecto, personas y entregas.
	Gestionar los cambios.
	Planificar la entrega del producto y ejecutar el plan.
	Realizar una evaluación objetiva para garantizar la calidad.
	Transformar los modelos en código ejecutable.

30- Según **Crystal**, complete la tabla con: Entregas frecuentes; Mejora reflexiva; Comunicación osmótica; Seguridad personal; Enfoque; Fácil acceso a usuarios expertos; Pruebas automatizadas.

Propiedad	Descripción
	Acceso mínimo semanalmente
	Ciclo de vida iterativo e incremental
	Equipo en el mismo lugar físico
	Gestión de la configuración e integración
	Mejora continua en cada iteración
	Todos pueden expresar su opinión
	Trabajo sin interrupciones durante 2 horas

31- Unir con flechas según la metodología **Crystal**.

Metodología Crystal
Amarillo
Claro
Marrón
Naranja
Rojo

Tamaño del equipo
1-6 personas
7-20 personas
21-40 personas
41-80 personas
81-200 personas

32- Marque la tabla con verdadero o falso según **Scrum of Scrums**.

	V	F
Es necesario asignar un coordinar para SoS		
La reunión SoS se recomienda que sea diaria		
La reunión SoS suele demorar 2 horas		
Los dueños del producto de cada equipo participan de SoS		
Los Scrum Masters son los únicos que participan en SoS		
Todos los miembros de cada equipo Scrum participan de SoS		

33- Indique cuál de los siguientes ítems se mantiene según Scrum y cuáles serían nuevos agregados de **LeSS**.

	Se mantiene	Se agrega
A mitad de la iteración se refina el product backlog		
Dueño del producto único para todos		
Equipos multifuncionales completos en cada equipo		
Incremento del mismo producto al final de cada iteración		
La planificación del Sprint se divide en dos partes		
Los equipos comparten información de lo que están realizando		
Product backlog único para todos		
Retrospectiva global de la iteración		
Varios equipos Scrum trabajan sobre el mismo producto		

34- Marque los 3 principales marcos en los que se basa **SAFe**

Marco	Utiliza SAFe
Ágil	
AUP	
DA	
DevOps	
FDD	
Kanban	
Lean	
Scrum	
XP	

35- Marque los 4 valores fundamentales de **SAFe**.

Valor fundamental	SAFe
Alineación	
Calidad incorporada	
Comunicación	
Coraje	
Ejecución del programa	
Respeto	
Retroalimentación	
Sencillez	
Transparencia	

36- Coloque en la tabla los siguientes principios de **SAFe**: Visión económica; Asumir variabilidad; Visualizar y limitar WIP; Desbloquear la motivación intrínseca; Descentralizar la toma de decisiones; Organizar alrededor del valor.

Principio	Descripción
	Ajustar la demanda a la capacidad real.
	Cuando las demandas del mercado y del cliente cambian, la empresa se reorganiza rápidamente.
	Empoderar a los trabajadores.
	Mantener múltiples opciones de diseño durante el ciclo de vida del proyecto.
	Otorgar a los trabajadores autonomía y propósito.
	Tomar decisiones de desarrollo que consideren los riesgos y los costos de demora, fabricación, operación y desarrollo.

37- Coloque en la tabla los siguientes principios de **Disciplined Agile** (DA): Deleite a los clientes; Sea impresionante; Pragmatismo; El contexto cuenta; La elección es buena; Optimizar el flujo; Conciencia empresarial.

Principio	Descripción
	Los productos superan las necesidades y expectativas del cliente
	Personas motivadas que reciben apoyo
	Ser lo más efectivo posible
	Cada persona, cada equipo y cada organización es única
	Los equipos experimentan opciones
	Equipos alineados dentro del sistema adaptativo complejo
	Considerar las necesidades generales de la organización

38- Marque los roles primarios y de soporte de **Disciplined Agile** (DA).

Rol	Primario	Soporte
Dueño de arquitectura		
Dueño del producto		
Especialista		
Experto de Dominio		
Experto Técnico		
Integrador		
Interesado		
Líder del equipo		
Miembro del equipo		
Probador independiente		

39- Marque en la tabla cuáles enfoques utiliza **Disciplined Agile**

Metodología	
AUP	
Crystal	
DSDM	
FDD	
Kanban	
Lean	
LeSS	
SAFe	
Scrum	
XP	

40- Completar en la tabla los distintos tipos de **agilidad organizacional**: estratégica, portafolio, operativa.

Agilidad	Concepto
	Detectar y cuantificar las oportunidades del mercado con rapidez, flexibilidad e innovación
	Tomar decisiones rápidas y efectivas para aprovechar las oportunidades de la compañía
	Gestionar los recursos de manera rápida y eficaz desde todas las áreas del negocio

41- Coloque en cada uno de los cuadrantes las siguientes metodologías: Lean, Kanban, Scrum, XP, FDD, DSDM, AUP, Crystal, Scrum of Scrums, LeSS, SAFe, DA.

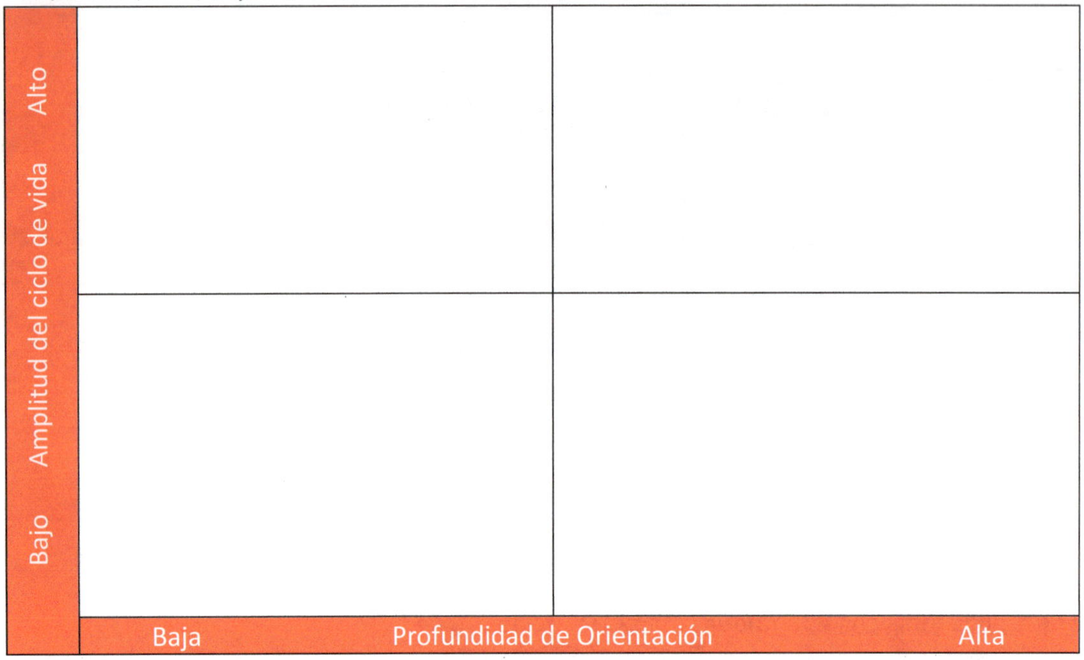

Respuesta Ejercicios – Mentalidad

R1- Ciclo de vida del proyecto.

	Ciclo de vida
Combina ciclos iterativos e incrementales, realizando iteraciones sobre un producto para obtener entregables intermedios listos para usar en cada lanzamiento a lo largo del ciclo del proyecto.	Ágil
En las primeras iteraciones se entrega una funcionalidad básica y se va agregando mayor funcionalidad al producto a medida que avanzan las fases del proyecto	Incremental
En las primeras iteraciones se va construyendo un borrador del producto final mediante el análisis-desarrollo-reflexión y en las fases sucesivas se va agregando calidad al producto con más análisis-desarrollo-reflexión.	Iterativo
Hasta que no finaliza o está avanzada la fase predecesora, no comienza su sucesora	Predictivo

R2- Ciclo de vida del proyecto.

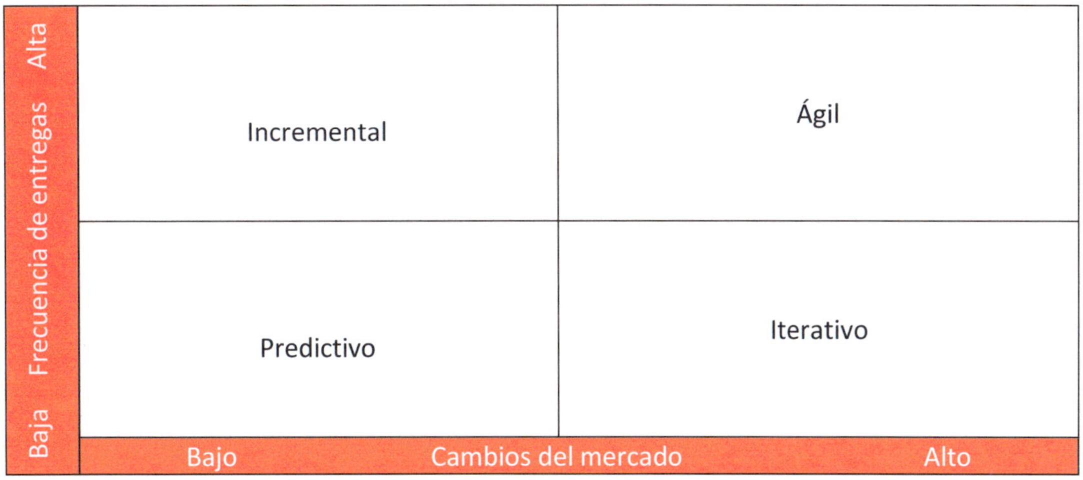

R3- Ciclos de vida.

Ciclo de vida	Costo	Tiempo	Alcance
Predictivo	flexible	flexible	fijo
Adaptativo	fijo	fijo	flexible

R4- Manifiesto Ágil.

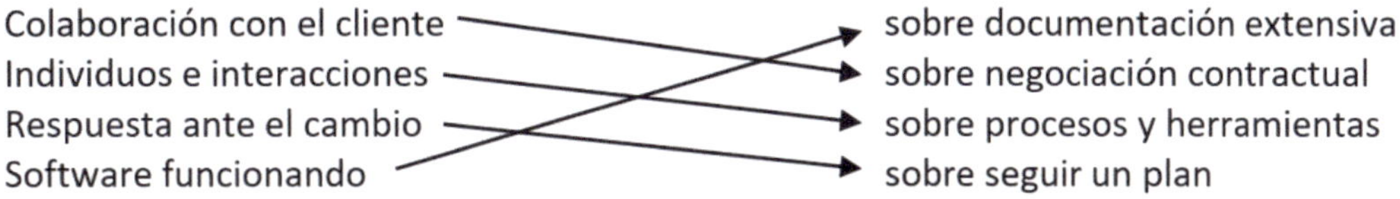

R5- Manifiesto Ágil y Declaración de la Interdependencia.

Principio	Manifiesto Ágil	Declaración de la Interdependencia
Aceptamos que los requisitos cambien, incluso en etapas tardías del desarrollo.	√	
Disparamos el rendimiento mediante la responsabilidad común sobre los resultados y sobre la propia efectividad del equipo.		√
Entregamos software funcional frecuentemente, entre dos semanas y dos meses.	√	
Esperamos lo inesperado y lo gestionamos mediante iteraciones, anticipación y adaptación.		√
Incrementamos el retorno de la inversión centrándonos en un flujo continuo de valor.		√
La simplicidad, o el arte de maximizar la cantidad de trabajo no realizado, es esencial.	√	
Nuestra mayor prioridad es satisfacer al cliente mediante la entrega temprana y continua con valor.	√	

R6- Marco Ágil.

#	Fases
4º	Adaptación (Adapt)
5º	Cierre (Close)
2º	Especulación (Speculate)
3º	Exploración (Explore)
1º	Visualización (Envision)

R7- Marco Ágil.

Fase	Actividad
Cierre	Aprender e incorporar el aprendizaje al siguiente equipo de proyecto
Visualización	Crear una declaración del alcance del producto y sus criterios de éxito
Especulación	Desarrollar un plan de lanzamientos, hitos e iteraciones
Exploración	Entregar funcionalidades en un corto período de tiempo
Adaptación	Realizar correcciones, incorporar y retener las lecciones aprendidas

R8- Cebolla de planificación ágil.

#	Capa
1	Estrategia
2	Portafolio
3	Producto
4	Lanzamiento
5	Iteración
6	Día

R9- Pensamiento Lean.

Especificar con precisión el valor de cada proyecto
Definir el flujo de valor del proyecto
Permitir que el valor fluya sin interrupciones
Permitir que el cliente participe en la identificación de "valor"
Buscar de manera continua la perfección

R10- Desechos a eliminar del flujo de valor.

Transporte	Inventarios	Defectos

Los "7 desechos" más comunes que hay que eliminar del flujo de valor son: transporte, inventarios, movimiento, esperas, sobre procesamiento, sobreproducción y defectos.

R11- Filosofía Lean.

Para no entorpecer el flujo de valor con demoras, deberíamos decidir en el último momento responsable buscando el punto óptimo de la compensación entre el tiempo disponible para una decisión y la necesidad de desarrollar un producto.

R12- Kanban.

	Principio	Práctica
Comenzar aplicando el método en los procesos actuales y luego estimular cambios.	√	
Limitar el trabajo en progreso (WIP) para estimular los cambios.		√
Perseguir el cambio incremental, gradual y evolutivo.	√	
Reconocer oportunidades de mejora mediante cambios continuos, graduales y evolutivos.		√
Respetar el proceso actual, los roles las responsabilidades y los cargos.	√	
Visualizar el flujo de trabajo en columnas y hacerlo visible para comprender cómo avanza el trabajo.		√

R13- Kanban.

Frecuencia	Bucle de retroalimentación
semanal	Reunión de reabastecimiento: identificar los elementos en los que trabajará el equipo a continuación.
diaria	Reunión diaria: El equipo coordina sus actividades para el día.
quincenal	Revisión de entrega de servicio: examinar y mejorar la efectividad de un servicio.
trimestral	Revisión de estrategia: definir servicios y el contexto.
mensual	Revisión de operaciones: evaluar el equilibrio entre servicios, personas y recursos para maximizar la entrega de valor.
mensual	Revisión de riesgos: evaluar y responder a los riesgos de entrega en los servicios.

R14- Scrum.

	Artefacto	Evento
Incremento del producto (Increment)	√	
Planificación de la iteración (Sprint planning)		√
Retrospectiva de la iteración (Sprint retrospective)		√
Reunión diaria (Daily Scrum)		√
Revisión de la iteración (Sprint review)		√
Trabajo pendiente asociado al producto (Product backlog)	√	
Trabajo pendiente de la iteración (Sprint backlog)	√	

R15- Scrum.

#	
6º	Incremento del producto (Increment)
2º	Planificación de la iteración (Sprint planning)
7º	Retrospectiva de la iteración (Sprint retrospective)
4º	Reunión diaria (Daily Scrum)
5º	Revisión de la iteración (Sprint review)
1º	Trabajo pendiente asociado al producto (Product backlog)
3º	Trabajo pendiente de la iteración (Sprint backlog)

R16- Scrum.

Reunión	Duración
Diaria	15 minutos
Revisión de la iteración	2 horas (1 hora por semana de iteración)
Retrospectiva de la iteración	1,5 horas (45 minutos por semana de iteración)

R17- Scrum.

Rol	Dueño del producto	Equipo de desarrollo	Scrum Master
Acepta o rechaza el incremento del producto	√		
Aísla al equipo de interferencias externas			√
Asegura que el product backlog sea visible	√		
Decide cómo desarrollar el producto		√	
Entrena a la organización en la adopción de Scrum			√
Prioriza los componentes del product backlog	√		

R18- ScrumBan.

	V	F
El desencadenante de planificación está asociado con la cantidad de tareas que quedan en la sección "Tareas pendientes" del tablero.	√	
Las reuniones de planificación se llevan a cabo sólo cuando sea necesario determinar qué historias de usuarios se completarán en la próxima iteración.	√	
Los roles que tiene un equipo antes de adoptar Scrumban se mantienen.	√	
Para mantener las iteraciones cortas, se mantiene alto el límite de trabajo en progreso (WIP).		√
Requiere un número máximo de miembros del equipo.		√

R19- XP.

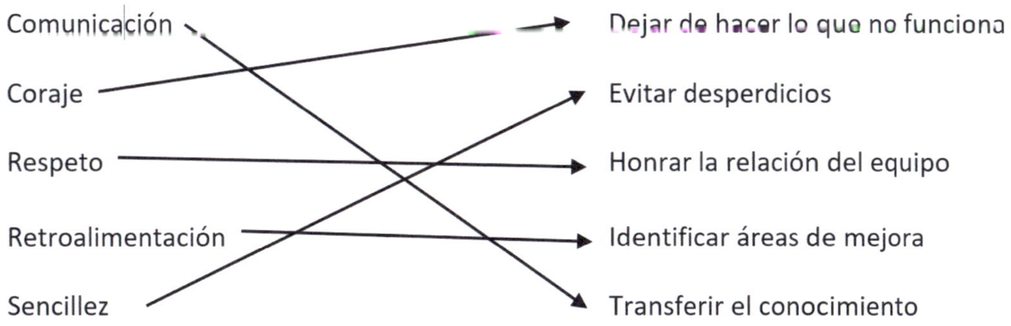

Comunicación: transferir el conocimiento entre los miembros del equipo mediante discusiones cara a cara y dibujos. / Sencillez: evitar desperdicios realizando sólo las cosas absolutamente necesarias. / Retroalimentación: recibir comentarios constantes sobre el trabajo para identificar áreas de mejora y revisar las prácticas. / Coraje: plantear problemas que reducen la eficacia de su equipo; dejar de hacer lo que no funciona y probar otra cosa. / Respeto: compartir comentarios que honren la relación del equipo, trabajando juntos para identificar soluciones simples.

R20- XP.

	V	F
Cada iteración es de 2 semanas		√
Cada persona debe trabajar un máximo de 40 horas semanales	√	
Construir el sistema y ejecutar todas las pruebas en diez minutos	√	
El software lo desarrollan dos personas sentadas en la misma máquina	√	
La refactorización forma parte del diseño incremental	√	
Se suelen agregar historias de baja prioridad en los ciclos semanales	√	
Seguir el ciclo "desarrollar código -> escribir pruebas -> ejecutar pruebas"		√
Utilizar radiadores de información para comunicar actualizaciones.	√	

R21- XP.

Rol de XP	SI	NO
Cliente	√	
Desarrollador	√	
Dueño de arquitectura		√
El entrenador	√	
Experto de dominio		√
Integrador		√
Patrocinador		√
Rastreador	√	

R22- Feature Driven Development (FDD).

#	Proceso
5º	Construir por funcionalidad
2º	Desarrollar lista de funcionalidades
1º	Desarrollar modelo general
4º	Diseñar por funcionalidad
3º	Planificar por funcionalidad

R23- FDD.

Desarrollando por funcionalidad	Cualquier función demasiado compleja para implementarse en dos semanas se descompone en funciones más pequeñas.
Construcciones regulares	Demostraciones frecuentes del producto al cliente para detectar errores de integración de manera temprana.
Inspecciones	Detección de defectos para garantizar un diseño de buena calidad.
Equipos por funcionalidad	Equipos pequeños desarrollan cada funcionalidad.
Modelado de objetos de dominio	Explorar y explicar el dominio del problema a resolver
Gestión de la configuración	Identificar el código fuente de todas las características que van completando y a mantener un historial de cambios.
Visibilidad de progreso y resultados	Informes de avance frecuentes, apropiados y precisos
Propiedad de código individual	Se asignan distintas piezas de códigos a un solo propietario responsable de la coherencia, el rendimiento y la integridad.

R24- Dynamic System Development Method (DSDM).

#	Fase
3º	Caso de negocios
5º	Diseñar y construir iteraciones
2º	Estudio de factibilidad
7º	Fase posterior al proyecto
6º	Implementación
4º	Iteración del modelo funcional
1º	Pre Proyecto

R25- DSDM – MoSCoW.

Inglés		Español
Must	have	DEBE tener este requisito de manera obligatoria
Should	have	DEBERÍA tener este requisito si fuera posible
Could	have	PODRÍA tener este requisito si se puede entregar
Would	like to have	ME GUSTARÍA agregar estos requisitos si queda tiempo

R26- DSDM.

	V	F
Apoyo entre el cliente y el proveedor	√	
Creación de prototipos funcionales	√	
El equipo escribe propuestas formales a la alta gerencia		√
Los cambios son reversibles	√	
Pruebas integradas durante todo el ciclo de vida	√	
Retroalimentación de los usuarios sobre los requisitos	√	

R27- AUP.

El Agile Unified Process (AUP) es un proceso de desarrollo de software iterativo e incremental; "serial en lo grande" e "iterativo en lo pequeño".

R28- AUP.

Fase	
Elaboración	Ampliar la comprensión de los requisitos del producto.
Construcción	Completar el desarrollo del producto.
Transición	Completar las pruebas del producto para su lanzamiento.
Inicio	Definir la arquitectura del producto.

R29- AUP.

Disciplina	
Ambiente	Asegurarse que el proceso y las herramientas estén disponibles.
Modelo	Comprender el negocio de la organización y el dominio del problema
Gestión proyecto	Gestionar las actividades del proyecto, personas y entregas.
Gestión configuración	Gestionar los cambios.
Despliegue	Planificar la entrega del producto y ejecutar el plan.
Prueba	Realizar una evaluación objetiva para garantizar la calidad.
Implementación	Transformar los modelos en código ejecutable.

R30- Crystal.

Propiedad	Descripción
Fácil acceso a usuarios expertos	Acceso mínimo semanalmente
Entregas frecuentes	Ciclo de vida iterativo e incremental
Comunicación osmótica	Equipo en el mismo lugar físico
Pruebas automatizadas	Gestión de la configuración e integración
Mejora reflexiva	Mejora continua en cada iteración
Seguridad personal	Todos pueden expresar su opinión
Enfoque	Trabajo sin interrupciones durante 2 horas

R31- Crystal.

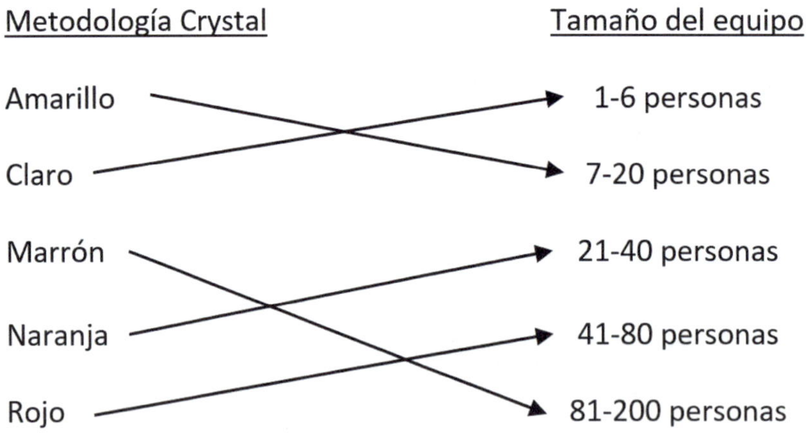

R32- Scrum of Scrums.

	V	F
Es necesario asignar un coordinar para SoS		√
La reunión SoS se recomienda que sea diaria		√
La reunión SoS suele demorar 2 horas		√
Los dueños del producto de cada equipo participan de SoS		√
Los Scrum Masters son los únicos que participan en SoS		√
Todos los miembros de cada equipo Scrum participan de SoS		√

R33- LeSS.

	Se mantiene	Se agrega
A mitad de la iteración se refina el product backlog		√
Dueño del producto único para todos	√	
Equipos multifuncionales completos en cada equipo	√	
Incremento del mismo producto al final de cada iteración	√	
La planificación del Sprint se divide en dos partes		√
Los equipos comparten información de lo que están realizando		√
Product backlog único para todos	√	
Retrospectiva global de la iteración		√
Varios equipos Scrum trabajan sobre el mismo producto		√

R34- SAFe.

Marco	Utiliza SAFe
Ágil	√
AUP	
DA	
DevOps	√
FDD	
Kanban	
Lean	√
Scrum	
XP	

R35- SAFe.

Valor fundamental	SAFe	XP
Alineación	√	
Calidad incorporada	√	
Comunicación		√
Coraje		√
Ejecución del programa	√	
Respeto		√
Retroalimentación		√
Sencillez		√
Transparencia	√	

R36- SAFe.

Principio	Descripción
Visualizar y limitar WIP	Ajustar la demanda a la capacidad real.
Organizar alrededor del valor	Cuando las demandas del mercado y del cliente cambian, la empresa se reorganiza rápidamente.
Descentralizar la toma de decisiones	Empoderar a los trabajadores.
Asumir variabilidad	Mantener múltiples opciones de diseño durante el ciclo de vida del proyecto.
Desbloquear la motivación intrínseca	Otorgar a los trabajadores autonomía y propósito.
Visión económica	Tomar decisiones de desarrollo que consideren los riesgos y los costos de demora, fabricación, operación y desarrollo.

R37- Disciplined Agile (DA).

Principio	Descripción
Deleite a los clientes	Los productos superan las necesidades y expectativas del cliente
Sea impresionante	Personas motivadas que reciben apoyo
Pragmatismo	Ser lo más efectivo posible
El contexto cuenta	Cada persona, cada equipo y cada organización es única
La elección es buena	Los equipos experimentan opciones
Optimizar el flujo	Equipos alineados dentro del sistema adaptativo complejo
Conciencia empresarial	Considerar las necesidades generales de la organización

R38- DA.

Rol	Primario	Soporte
Dueño de arquitectura	√	
Dueño del producto	√	
Especialista		√
Experto de Dominio		√
Experto Técnico		√
Integrador		√
Interesado	√	
Líder del equipo	√	
Miembro del equipo	√	
Probador independiente		√

R39- DA.

Metodología	
AUP	√
Crystal	√
DSDM	√
FDD	√
Kanban	√
Lean	√
LeSS	√
SAFe	√
Scrum	√
XP	√

R40- Agilidad organizacional.

Agilidad	Concepto
Estratégica	Detectar y cuantificar las oportunidades del mercado con rapidez, flexibilidad e innovación
Operativa	Tomar decisiones rápidas y efectivas para aprovechar las oportunidades de la compañía
Portafolio	Gestionar los recursos de manera rápida y eficaz desde todas las áreas del negocio

R41- Metodologías Ágiles.

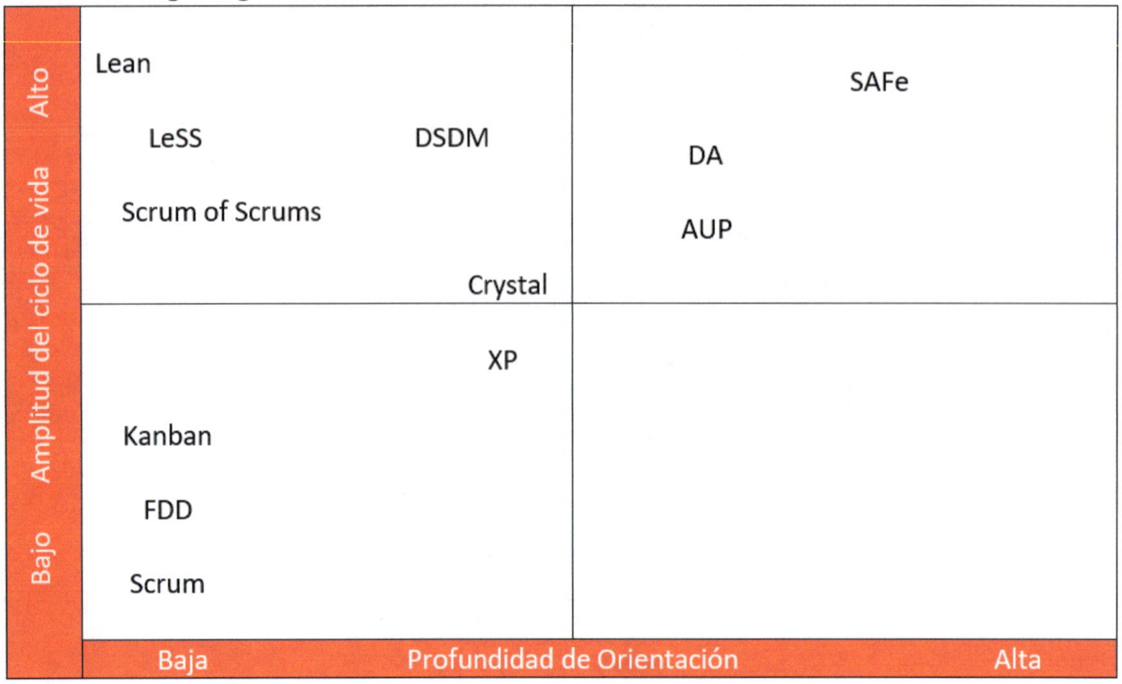

Examen – Mentalidad

1- En su organización están trabajando con dos proyectos en paralelo y dos equipos diferentes. Para el proyecto A se aplican técnicas Scrum y para B se aplica Lean Kanban. ¿Cuál será el tamaño de cada equipo?

A. Proyecto A 10 personas y Proyecto B 7 personas
B. Proyecto A 8 personas y Proyecto B 2 personas
C. Proyecto A 2 personas y Proyecto B 8 personas
D. Proyecto A 7 personas y Proyecto B 15 personas

2- En un proyecto sobre robótica, se van a implementar metodologías ágiles. Algunos ingenieros acostumbrados a trabajar con metodologías de ciclo predictivo están preocupados por la corrupción del alcance que tuvieron en otros proyectos. ¿Qué explicará usted a esos ingenieros?

A. Durante una iteración, no agregaremos nuevas tareas
B. No agregaremos alcance adicional al proyecto para evitar que ocurra lo mismo del pasado
C. La corrupción del alcance no existe en proyectos que aplican metodologías ágiles
D. Los desarrolladores priorizarán los nuevos trabajos para mitigar la corrupción del alcance

3- Durante el desarrollo de un producto para que vuelen personas de manera autónoma, se están utilizando metodologías ágiles. Uno de los interesados claves de este proyecto le pide explicaciones al scrum master de porqué han eliminado de esta iteración una de las funcionalidades que agrega muchísimo valor y tiene bajo costo. ¿Qué debería responder el scrum master a ese interesado?

A. Analizaremos la situación con los miembros del equipo y le daremos una respuesta lo antes posible
B. Solicite una reunión con el dueño del producto para que atienda su consulta
C. El analista de negocios podrá dar respuesta a su consulta
D. En esta iteración no tuvimos tiempo de incorporarlo, pero será la primera historia de usuario a considerar en la próxima iteración

4- En las primeras iteraciones de su proyecto están construyendo un borrador del producto final mediante el análisis-desarrollo-reflexión y en las fases sucesivas se va agregando calidad al producto con más análisis-desarrollo-reflexión. ¿Qué ciclo de vida están utilizando?

A. Ágil
B. Iterativo
C. Incremental
D. Predictivo

5- Usted está trabajando en un proyecto que requiere una alta frecuencia en las entregas y enfrenta un contexto de mercado cambiante. Señale los 2 ítems más importantes para tener en cuenta en este contexto.

A. Respuesta ante el cambio
B. Documentación
C. Colaboración con el cliente
D. Seguir el plan

6- Para no entorpecer el flujo de valor con demoras, deberíamos decidir __________ buscando el punto óptimo de la compensación entre el tiempo disponible para una decisión y la necesidad de desarrollar un producto.

A. Lo antes posible
B. Lo más tarde posible
C. Durante la priorización del producto backlog
D. En el último momento responsable

7- Usted está utilizando artefactos en un proyecto que aplica metodología Scrum. ¿Cuáles serán 2 de estos artefactos?

A. Planificación de la iteración
B. Retrospectiva
C. Incremento del producto
D. Trabajo pendiente asociado al producto (producto backlog)

8- En un proyecto ágil que aplica Scrum, ¿quién decide cómo elaborar el producto?

A. Dueño del producto (product owner)
B. Desarrolladores
C. Scrum master
D. Cliente

9- En su proyecto han limitado el tiempo de cada iteración a 2 semanas. ¿Cuánto tiempo debería planificar para las reuniones de retrospectiva?

A. 1 hora
B. 1,5 horas
C. 2 horas
D. Depende de la complejidad del proyecto

10- Usted está utilizando el kit de herramientas de Disciplined Agile para gestionar un proyecto de ciclos incrementales. Señale dos roles primarios del equipo.

A. Dueño de arquitectura
B. Miembro del equipo
C. Especialista
D. Experto de dominio

✅ Respuesta Examen – Mentalidad

R1- D. El equipo de desarrollo de Scrum (Proyecto A) debería contar entre 3 y 9 personas. Los equipos de Lean Kanban suelen ser más grandes que los de Scrum dependiendo del tamaño de los límites de WIP (Work In Progress) y del número de personas necesarias para acelerar cada entregable con un desperdicio mínimo.

R2- A. En metodologías ágiles, el alcance se gestiona de manera iterativa. Cada iteración tiene un alcance definido y no se permiten cambios una vez que la iteración ha comenzado. Esto asegura que el equipo se concentre en completar las tareas planificadas sin la interferencia de nuevos requerimientos, mitigando así la corrupción del alcance.

R3- B. En metodologías ágiles, el Scrum Master facilita el proceso y elimina impedimentos, pero no toma decisiones sobre el contenido del sprint. El Product Owner (dueño del producto) es responsable de la priorización y el contenido del backlog, y es la persona adecuada para atender consultas sobre la inclusión o exclusión de funcionalidades en las iteraciones.

R4- El ciclo de vida iterativo se enfoca en construir un borrador del producto final mediante un proceso repetitivo de análisis-desarrollo-reflexión, y en cada fase sucesiva se mejora la calidad del producto a través del mismo proceso.

R5- A y C. En un contexto de mercado cambiante y con la necesidad de entregas frecuentes, es crucial ser flexible y adaptable, lo que implica una fuerte respuesta ante el cambio. Además, la colaboración continua con el cliente asegura que el producto final cumpla con las expectativas y requisitos actualizados del mercado.

R6- D. Decidir en el último momento responsable permite recopilar la mayor cantidad de información posible antes de tomar una decisión, minimizando el riesgo de errores y cambios innecesarios. Esto es un principio fundamental de la filosofía Lean para mantener el flujo de valor sin interrupciones.

R7- C y D. En Scrum, los artefactos principales son el producto backlog, el sprint backlog y el incremento del producto. Estos artefactos ayudan a proporcionar transparencia y oportunidades para la inspección y adaptación. Los eventos de Scrum, que incluyen la planificación del sprint, el scrum diario, la revisión del sprint y la retrospectiva del sprint, son reuniones planificadas para que el equipo Scrum colabore, revise y mejore continuamente.

R8- B. En un proyecto ágil que aplica Scrum, son los desarrolladores quienes deciden cómo desarrollar o elaborar el producto. Ellos son responsables de seleccionar y organizar su propio trabajo para cumplir con los objetivos del sprint. El product owner prioriza el trabajo pendiente (backlog) y el scrum master facilita el proceso, pero no deciden cómo se debe desarrollar el producto.

R9- B. En Scrum, la duración recomendada para una reunión de retrospectiva es de 45 minutos por cada semana de iteración. Para iteraciones de 2 semanas, esto se traduce en aproximadamente 1,5 horas.

R10- A y B. Roles primarios: dueño del producto, dueño de arquitectura, miembro del equipo, líder del equipo e interesado. Roles de soporte: especialista, probador independiente, experto de dominio, experto técnico e integrador.

Capítulo 3 - Liderazgo

Capítulo 3 – Liderazgo

3.1 Liderazgo servicial

Independientemente del nivel de madurez ágil o del enfoque metodológico que utilice una organización para gestionar sus proyectos, en todos los casos el perfil esperado del líder —ya sea director de proyecto, entrenador ágil o coordinador de equipo— es el de un **líder servicial**.

El líder servicial antepone las necesidades de los miembros del equipo a las propias, concentrando sus esfuerzos en el desarrollo, el bienestar y el crecimiento de las personas.

Diez características fundamentales de un líder servicial

- **Escucha activa.** Demostrar al hablante que ha sido comprendido. Escuchar no solo lo que la persona expresa directamente, sino también los sentimientos, ideas o pensamientos que subyacen en sus palabras.
- **Empatía.** Capacidad de participar afectivamente en los sentimientos y perspectivas de otra persona.
- **Cuidado.** Ayudar a las personas a resolver problemas y conflictos en sus relaciones, fomentando el desarrollo de sus habilidades individuales.
- **Conciencia.** Ver las situaciones desde un enfoque holístico para comprender mejor los aspectos éticos y los valores involucrados.
- **Persuasión.** Influir positivamente a través de razones y argumentos, ayudando a otros a alcanzar sus objetivos sin recurrir al poder o la imposición.
- **Conceptualización.** Capacidad de mirar más allá de las operaciones diarias y enfocarse en los objetivos de largo plazo.
- **Prospectiva.** Habilidad para prever resultados probables a partir del aprendizaje del pasado y la comprensión del presente, modelando así un futuro deseable.
- **Corresponsabilidad.** Compromiso de servir y colaborar con los demás para contribuir al bienestar colectivo.
- **Compromiso con el crecimiento de las personas.** Fomentar e invertir en el desarrollo personal, profesional y hasta espiritual de los miembros del equipo.
- **Construcción de comunidad.** Fortalecer los lazos dentro del equipo y la organización, y promover vínculos colaborativos con otras instituciones o empresas.

Empoderar al equipo

Los métodos ágiles favorecen el empoderamiento del equipo por encima de la dirección basada en comando y control. Este enfoque incrementa la satisfacción y la productividad, pero requiere una toma de decisiones efectiva para evitar retrasos en el proyecto.

El líder servicial empodera al equipo y considera a todos sus miembros por igual, buscando atender las necesidades de cada uno. Para ello, aborda el trabajo del proyecto en este orden:

1. **Propósito:** definir junto al equipo el *por qué*, de modo que todos comprendan y se comprometan con los objetivos del proyecto.
2. **Personas:** motivar al equipo y promover un ambiente en el que todos puedan alcanzar el éxito.
3. **Proceso:** evitar diseñar un proceso ágil "perfecto"; en cambio, agregar valor con frecuencia y reflexionar colectivamente sobre el producto y el proceso para impulsar la mejora continua.

En la gestión tradicional, el director de proyecto suele tener la autoridad jerárquica para ejercer control directo sobre el equipo. En cambio, los equipos ágiles necesitan **autogestionarse y autoorganizarse** para alcanzar sus metas.

El líder servicial crea un **ambiente de confianza y respeto**, fomenta la motivación intrínseca y promueve la responsabilidad compartida.

Características de los equipos ágiles empoderados

- Autoorganizados y autodirigidos
- Capaces de tomar decisiones autónomas
- Comprometidos con el trabajo y las decisiones colectivas
- Responsables y dueños de sus actividades
- Motivados y orgullosos de sus logros
- Estructuras livianas con mínima supervisión
- Basados en el respeto y la comprensión mutua
- Entusiastas por contribuir y mejorar continuamente

3.2 Interesados

En la gestión tradicional de proyectos con ciclos predictivos, se entiende por **interesados** a todas las personas u organizaciones que se verán afectadas por el proyecto. Por ejemplo: el patrocinador, el director del proyecto, los miembros del equipo, los proveedores, los clientes o la comunidad.

Sin embargo, en el entorno de proyectos ágiles, **los miembros del equipo no forman parte de la definición de interesados**. En **Scrum**, un interesado es cualquier persona con interés o influencia sobre el producto que no forma parte del equipo Scrum (Dueño del Producto, Scrum Master o Equipo de Desarrollo). Ejemplos típicos de interesados en Scrum son el cliente, el patrocinador y los usuarios. El Dueño del Producto suele representar a los interesados ante el equipo.

En **Disciplined Agile**, los interesados tampoco forman parte del equipo principal (Dueño del Producto, Dueño de Arquitectura, Equipo de Desarrollo o Líder del Equipo) ni del equipo de soporte (especialistas, probadores, expertos de dominio o integradores).

Aun así, los interesados —como clientes o usuarios— interactúan frecuentemente con el equipo para facilitar la creación del producto, influyendo durante todo el desarrollo. Por lo tanto, se los considera roles primarios en Disciplined Agile.

Involucrar a los interesados de manera exitosa requiere **colaboración y comunicación continua** y clara.

Acciones para involucrar a los interesados

1. Identificar los interesados clave para asegurar su participación sostenida.
2. Conocer sus necesidades mediante una comunicación cercana, alineando sus expectativas con los objetivos del proyecto.
3. Invitarlos a las discusiones iniciales para fortalecer su compromiso.
4. Explicar los beneficios globales del proyecto para aumentar el sentido de pertenencia.
5. Mantener una comunicación fluida que permita obtener su aporte antes de definir prioridades.
6. Solicitar comentarios durante las reuniones de revisión para escuchar su retroalimentación.
7. Comunicar los avances y cambios de manera oportuna y transparente.

Participación de los interesados en las reuniones

Cada metodología ágil puede tener enfoques distintos sobre cómo y cuándo deben participar los interesados externos en las reuniones. Por ello, no es posible establecer una regla única que aplique a todos los casos.

La siguiente tabla resume, de manera general, el nivel de participación esperado de los interesados en diferentes reuniones ágiles.

Reunión	Tipo de participación de los interesados externos al equipo	
Estimación de historias	Alta ★★★	Fundamentales en las discusiones preliminares sobre requisitos y definición de historias de usuario.
Priorización del backlog	Media ★★	Pueden aportar información antes de que el Dueño del Producto defina prioridades.
Planificación de la iteración	Media ★★	Pueden participar aportando datos sobre dependencias, riesgos, oportunidades, recursos o valor.
Diaria	Baja ★	Pueden asistir como oyentes, pero cualquier consulta debe canalizarse con el líder ágil luego de la reunión.
Revisión de la iteración	Alta ★★★	Clave para brindar retroalimentación sobre el producto y mantener su involucramiento.
Retrospectiva	Baja ★	Podrían participar algunos interesados claves vinculados directamente al proyecto.

Usuarios

Los usuarios suelen formar parte de los interesados clave, por lo que es fundamental involucrarlos activamente en el proyecto.

Una herramienta útil para visualizar los usuarios de un sistema es el **diagrama de caso de uso**, cuyos tres elementos principales son: los usuarios, los casos de uso y sus interrelaciones.

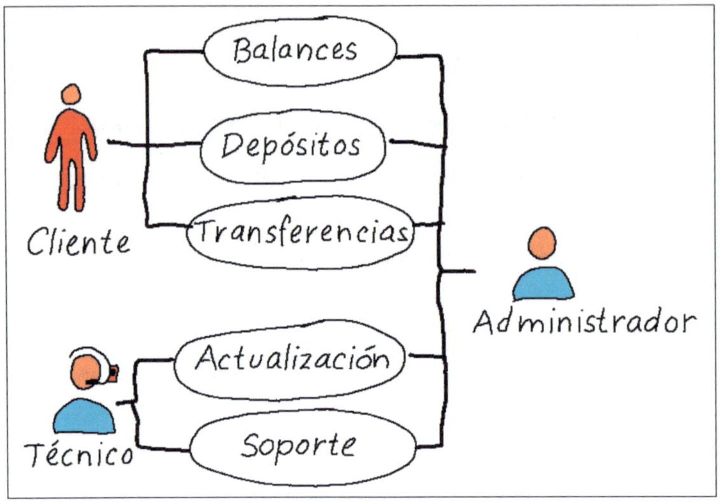

El **caso de uso** es la descripción escrita de una funcionalidad del sistema que puede incluir varias historias de usuario y requerir múltiples iteraciones. Describe, desde el punto de vista del usuario, el comportamiento del sistema al responder a una solicitud. El **diagrama de caso de uso** muestra cómo el usuario utiliza el sistema para alcanzar un objetivo específico.

Persona

A veces, no se dispone de acceso directo a los usuarios reales durante el desarrollo o las pruebas del producto. En esos casos se recurre al concepto de **persona**.

Una persona es un **personaje ficticio basado en usuarios reales** que representa un arquetipo del usuario del sistema en desarrollo. Cada persona se documenta en una ficha con información relevante: nombre, imagen, personalidad, motivaciones, edad, hobbies, experiencia laboral, entorno familiar, etc.

Ejemplo de persona:

Laura Martínez, de 34 años, es Analista de Marketing con 10 años de experiencia y una Licenciatura en Comunicación. En su tiempo libre disfruta de la lectura y la fotografía. Laura busca mejorar la eficiencia y aprender nuevas herramientas, pero se frustra con procesos lentos y la falta de integración entre sistemas. Sus objetivos incluyen optimizar campañas de marketing y mantener un mejor equilibrio entre su vida personal y profesional. Utiliza software de gestión de campañas y espera facilidad de uso, integración y soporte rápido. Su día típico incluye revisar correos, organizar su agenda, asistir a reuniones, analizar datos, implementar campañas y preparar informes. Laura afirma: "Necesito una herramienta que no solo me ahorre tiempo, sino que también me ayude a tomar decisiones basadas en datos reales."

Describir personas de forma efectiva requiere **investigar y comprender a los usuarios reales**. Las personas ayudan a guiar las decisiones sobre funcionalidad y diseño del producto. No deben inventarse: se descubren mediante investigación y observación.

La persona principal debe quedar satisfecha con el producto, y no puede estarlo con una funcionalidad diseñada para otra persona distinta.

3.3 Equipo

El primer valor del Manifiesto Ágil señala que es más importante enfocarse en los individuos y sus interacciones que en los procesos y herramientas. En otras palabras, deberíamos invertir más tiempo en desarrollar al equipo que en perfeccionar los procesos.

Los procesos y herramientas son relativamente simples de explicar. En cambio, trabajar con personas implica comprender diferentes culturas, habilidades, expectativas y personalidades.

A continuación, se describen los roles fundamentales de un equipo ágil: Dueño del Producto, Equipo de Desarrollo, Líder Ágil (Scrum Master) y Patrocinador.

Dueño del Producto (Product Owner)

El **Dueño del Producto** representa los intereses del cliente y del equipo responsable de la gestión del valor.

Responsabilidades:

- Definir y priorizar las historias de usuario para maximizar el valor del producto.
- Gestionar el listado de trabajos pendientes (*Product Backlog*).
- Asegurar que el equipo comparta una visión clara del producto y su propósito.
- Proveer los criterios de aceptación al equipo de desarrollo.
- Aceptar, rechazar o solicitar mejoras en cada incremento del producto.
- Gestionar los cambios en funcionalidades y prioridades.
- Mantener la relación con los interesados externos y alinear sus expectativas.
- Proveer las fechas de lanzamiento o finalización del proyecto.
- Participar activamente en las reuniones de planificación y retrospectiva.
- Ser responsable final del éxito del producto.
- Administrar el presupuesto cuando no exista un gerente del producto.

En grandes organizaciones, además del Dueño del Producto, existe el **Gerente del Producto (Product Manager)**, quien tiene una responsabilidad ejecutiva sobre los resultados. El gerente del producto adopta una **visión estratégica**, enfocada en los objetivos de la empresa y el mercado; mientras que el **Dueño del Producto** cumple un rol **táctico**, traduciendo esa estrategia en entregables y colaborando con los equipos ágiles para cumplir los requisitos del proyecto.

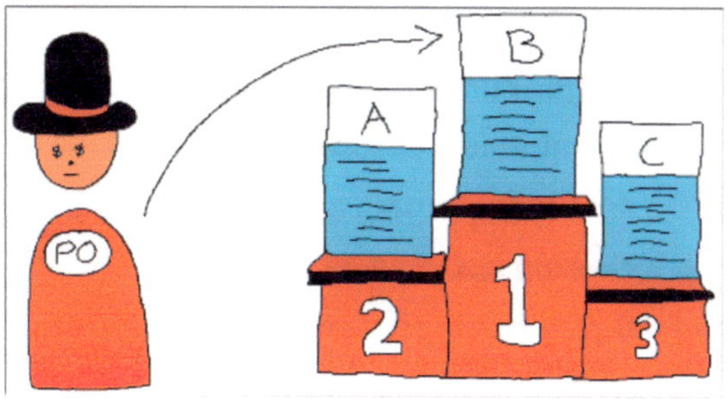

Equipo de Desarrollo o Entregas

El **Equipo de Desarrollo** —a veces llamado *Squad*— reúne todas las habilidades necesarias para cubrir la cadena de valor completa dentro del proyecto. Sus miembros comparten un propósito común, conocen al cliente y al dominio del producto, y definen conjuntamente el problema que deben resolver.

Responsabilidades:

- Planificar el trabajo de cada iteración.
- Autoorganizarse y autodirigir sus procesos de trabajo.
- Desarrollar los incrementos del producto.
- Compartir avances en las reuniones diarias.
- Actualizar los radiadores de información.
- Escribir y ejecutar pruebas de aceptación.
- Asegurar la calidad de cada incremento.
- Demostrar al cliente el trabajo completado.
- Participar en las retrospectivas para mejorar continuamente.

Líder del Equipo (Scrum Master)

El **Líder del Equipo**, también conocido como **Scrum Master**, es un **líder servicial** que actúa como facilitador, no como jefe o director. No asigna tareas ni da órdenes, sino que crea las condiciones para que el equipo se autoorganice, elimine impedimentos y mantenga la motivación.

Responsabilidades:

- Asegurar que el equipo aplique correctamente las prácticas ágiles.
- Ayudar al equipo a autoorganizarse y autodirigirse.
- Colaborar con el Dueño del Producto para compartir la visión del producto.
- Facilitar la gestión y priorización del *Product Backlog*.
- Asegurar la visibilidad del plan y del progreso del proyecto.
- Proteger al equipo de interferencias y distracciones.
- Eliminar obstáculos que limiten el desempeño del equipo.
- Facilitar reuniones productivas y con propósito.
- Mantener relaciones fluidas entre el equipo y el Dueño del Producto.
- Alinear los intereses individuales con los objetivos del proyecto.
- Mantener conversaciones uno a uno para comprender las motivaciones personales.
- Proveer recursos para la capacitación y el desarrollo profesional.
- Realizar *coaching* y *mentoring* al equipo.
- Identificar y gestionar desvíos respecto a lo planificado.
- Resolver conflictos y promover la comunicación abierta.
- Comunicar, comunicar y comunicar.

En algunos entornos, el **Coach Ágil** cumple funciones similares, guiando y capacitando equipos y organizaciones durante su transformación.

En contextos de flujo continuo o **Kanban**, el rol equivalente se denomina **Flow Master**, responsable de administrar las solicitudes de servicio y mantener la fluidez del trabajo.

Patrocinador

El **Patrocinador** es el principal defensor del proyecto dentro de la organización. Proporciona recursos, apoyo institucional y actúa como enlace con la alta dirección.

Responsabilidades:

- Autorizar formalmente el inicio del proyecto.
- Comunicar su importancia dentro de la organización.
- Defender el proyecto como fuente de valor para la empresa.
- Transmitir al Dueño del Producto los objetivos generales.
- Supervisar la alineación estratégica sin interferir en la labor del equipo.
- Evaluar resultados y, si el proyecto deja de cumplir sus objetivos, decidir su cancelación o redirección.

3.4 Organización del equipo

Un equipo ágil se caracteriza por ser autoorganizado, responsable y adaptable.

Autoorganizado. El equipo se dirige y organiza por sí mismo, dentro de los límites establecidos por la gerencia, para alcanzar los objetivos del proyecto. No existe un único líder permanente: la persona que guía al equipo puede variar según la actividad o la etapa. La gerencia puede conformar el equipo, pero no debería dictar las soluciones ni los procesos que el equipo elige para realizar su trabajo.

Responsable. El equipo se organiza para lograr los objetivos y comparte la responsabilidad de los resultados. Si bien cada miembro puede tener habilidades especializadas, la responsabilidad es colectiva, no individual. El éxito o el fracaso pertenece al equipo como un todo.

Adaptable. El equipo sabe ajustarse a los cambios, corregir problemas y mejorar su desempeño de manera continua. El aprendizaje y la retroalimentación son parte del proceso.

Equipos Dedicados

Los equipos ágiles suelen estar **100% dedicados a un solo proyecto** y no inician nuevos trabajos hasta completar las actividades en curso.

Cuando una persona realiza **multitareas (multitasking)** o cambia constantemente entre tareas (**task switching**), su productividad disminuye considerablemente. Por ejemplo, si una persona pudiera completar 10 tareas por semana trabajando de forma concentrada, al dividir su tiempo entre dos proyectos su productividad efectiva podría reducirse a unas 6 tareas semanales. Esto se debe al **costo cognitivo de cambiar de contexto** y a las ineficiencias de la multitarea.

Especialistas genéricos

Una de las claves del éxito de los equipos ágiles es contar con personas **versátiles y colaborativas**, conocidas como **especialistas genéricos**. Este enfoque busca evitar cuellos de botella o dependencias excesivas de un solo experto.

Perfil "I": personas con gran profundidad en un área específica, pero poca contribución fuera de su especialidad.

Perfil "T": especialistas en un área, pero con amplitud suficiente para colaborar en otras tareas y apoyar a sus compañeros.

Perfil "Peine roto": una evolución del perfil "T". Imaginemos un peine con algunos dientes largos (áreas de gran experiencia), otros cortos (habilidades en desarrollo) y algunos ausentes (áreas aún desconocidas). Este tipo de profesional combina profundidad en ciertos temas con apertura al aprendizaje continuo.

En equipos ágiles pequeños, los perfiles de "peine roto" resultan especialmente valiosos, ya que **aumentan la flexibilidad** y permiten reemplazar temporalmente a otros miembros cuando sea necesario. Con el tiempo, el equipo amplía su base de conocimientos y mejora su capacidad de adaptación.

3.5 Ubicación del equipo

Coubicación (Colocación)

Según los principios del Manifiesto Ágil, el método más eficiente y efectivo para comunicar información al equipo de desarrollo y entre sus miembros es la **conversación cara a cara**. Este principio ha llevado a que las metodologías ágiles recomienden colocar a todos los miembros del equipo en un mismo lugar físico.

La coubicación favorece el **soporte proactivo, las discusiones abiertas, la colaboración espontánea, el intercambio de conocimiento tácito** y la llamada **comunicación osmótica**.

El espacio de trabajo debería contar con:

- Áreas visibles para los radiadores de información
- Pizarras, rotafolios, notas adhesivas y materiales de trabajo visual
- Mesas redondas, proyector y pantalla grande
- Tecnología para videoconferencias grupales
- Elementos que fomenten la convivencia (café, snacks, juegos, etc.)

Desde la creación del Manifiesto Ágil en 2001, el contexto laboral cambió profundamente. A partir de 2020, con la pandemia de COVID-19 y las normas de distanciamiento social, muchas organizaciones adoptaron **modelos de trabajo remoto**.

Cuando la colocación física no es posible, se puede implementar una **coubicación virtual**, utilizando herramientas como videoconferencias, plataformas colaborativas, chats y espacios compartidos (*sharepoints*, tableros virtuales, etc.).

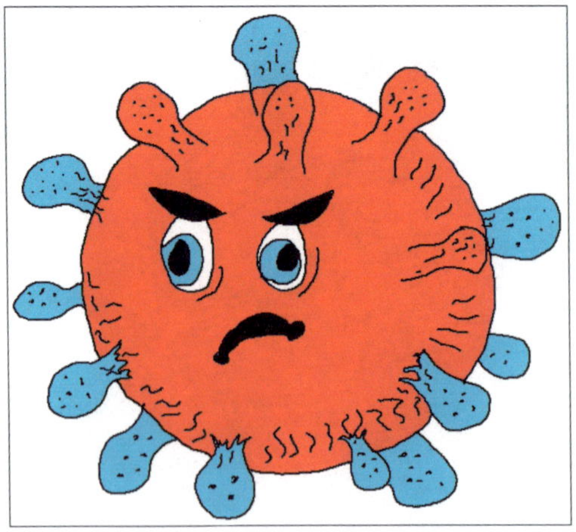

Comunicación osmótica

La comunicación osmótica ocurre cuando las personas trabajan lo suficientemente cerca —sin barreras físicas— como para escuchar y asimilar las conversaciones de los demás. La información fluye de manera natural en el entorno auditivo del equipo, permitiendo que cada miembro capte datos relevantes "por ósmosis".

Este fenómeno se da principalmente en equipos colocados en una misma sala, aunque también puede recrearse parcialmente en espacios virtuales mediante micrófonos abiertos o canales de audio compartidos.

Cuando alguien formula una pregunta, los demás pueden intervenir si el tema es relevante o continuar trabajando si no lo es.

Ventajas: bajo costo de comunicación y alta tasa de retroalimentación, lo que facilita la corrección temprana de errores y la difusión rápida del conocimiento.

Desventajas:

- Ruido ambiental que dificulta la concentración
- Menor productividad de expertos interrumpidos con frecuencia
- Falta de privacidad para tratar temas personales o confidenciales

Equipos distribuidos (virtuales)

Cuando los equipos están distribuidos en diferentes lugares, es necesario **invertir más esfuerzo en mantener la comunicación efectiva**.

Desventajas:

- Dificultad para percibir lenguaje corporal, tono de voz o matices emocionales
- Problemas de coordinación por diferencias horarias
- Menor interacción social o construcción de vínculos informales

Ventajas:

- Reducción de costos de oficina
- Acceso a talento global y mayor diversidad cultural
- Creatividad potenciada por distintas perspectivas
- Flexibilidad horaria
- Ahorro de tiempo y costos de traslado, mejorando la calidad de vida

Para trabajar eficazmente con equipos virtuales se requiere **inversión tecnológica**: videoconferencias, chats grupales, pizarras electrónicas, salas virtuales y plataformas colaborativas (*SharePoint*, *Miro*, *Mural*, etc.).

Equipos multiculturales

Cada vez más proyectos ágiles se desarrollan con **equipos distribuidos globalmente**, donde las diferencias culturales, idiomáticas, generacionales y horarias pueden generar desafíos en la comunicación.

Por ejemplo, en muchas culturas occidentales (América o Europa) es habitual levantar la mano en una reunión para expresar una crítica constructiva. En cambio, en algunas culturas orientales esa acción podría interpretarse como una falta de respeto hacia el líder del proyecto.

Los equipos multiculturales aportan una enorme riqueza de perspectivas y habilidades. Estas diferencias pueden aprovecharse positivamente si se promueve una comunicación efectiva y una cultura de respeto mutuo.

Acciones recomendadas:

- Realizar una reunión inicial presencial o virtual para que el equipo se conozca y socialice.
- Mantener conversaciones individuales (uno a uno) previas a las reuniones grupales, para obtener retroalimentación más sincera.
- Involucrar al equipo y a los interesados clave en la reunión de planificación de lanzamiento (kick-off).
- Rotar los horarios de las reuniones cuando hay distintos husos horarios (por ejemplo, Brasil, Suiza, Australia e India).
- Capacitar al equipo sobre diferencias culturales y comportamientos aceptables en cada contexto.
- Ofrecer formación sobre construcción de equipos e interrelaciones personales.
- Promover una cultura donde informar problemas sea una práctica positiva y nadie sea culpado por hacerlo.

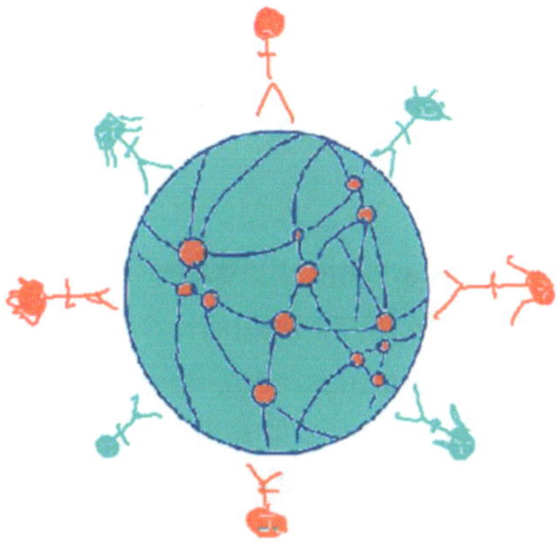

3.6 Colaboración

La colaboración es el acto de trabajar con otras personas hacia un objetivo común, logrando mejores resultados que los que cualquier individuo podría alcanzar por sí solo. Para que sea efectiva, los miembros del equipo e interesados deben poseer **buenas habilidades de comunicación, coordinación y escucha activa**.

Matriz de colaboración

Una herramienta útil para fomentar la colaboración es la matriz de colaboración, una tabla de doble entrada con los nombres de los miembros del equipo tanto en la primera fila como en la primera columna. El facilitador o coordinador del proyecto no forma parte de esta tabla.

La diagonal de la tabla, donde coincide el nombre de cada miembro, se divide en dos partes: la primera se marca con el signo **+** y la segunda con **–**.

Proceso:

1. **Identificación de preferencias:** cada miembro escribe en un *post-it* verde lo que desea hacer más y en uno rojo lo que prefiere hacer menos.
2. **Propuestas de ayuda:** en *post-its* azules, cada miembro anota cómo puede ayudar a otros a hacer más de lo que desean y menos de lo que no disfrutan.
3. **Recolección de acciones:** se recopilan todas las acciones y se analizan en grupo para mejorar la colaboración interna.

Tormenta de ideas

La tormenta de ideas es una técnica colaborativa para generar nuevas ideas, identificar alternativas, resolver problemas o mejorar procesos.

Ejemplos de uso:

- Definir las funcionalidades de un producto mínimo viable.
- Estimar el esfuerzo de historias de usuario.
- Identificar oportunidades y amenazas del proyecto.
- Analizar soluciones técnicas a un problema.

Reglas básicas:

- Todas las ideas son válidas al inicio; no se critican hasta después.
- Pensar libremente, incluso ideas inusuales o "locas".
- Generar muchas ideas antes de analizarlas.
- Combinar o mejorar ideas de otros.

Proceso:

1. Generar la mayor cantidad posible de ideas.
2. Agrupar las similares y eliminar duplicadas.
3. Priorizar las más prometedoras.
4. Implementar las seleccionadas.

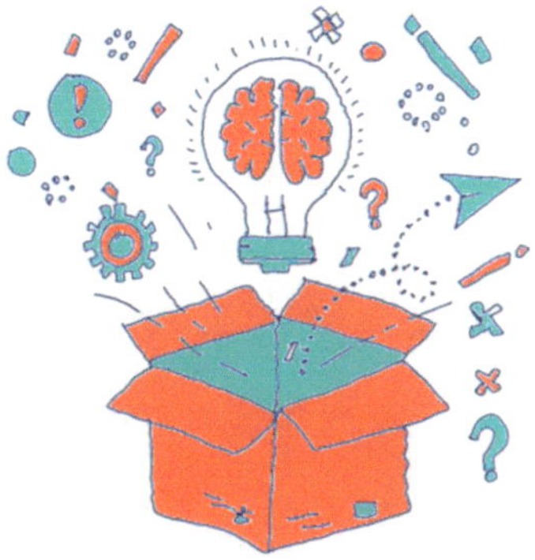

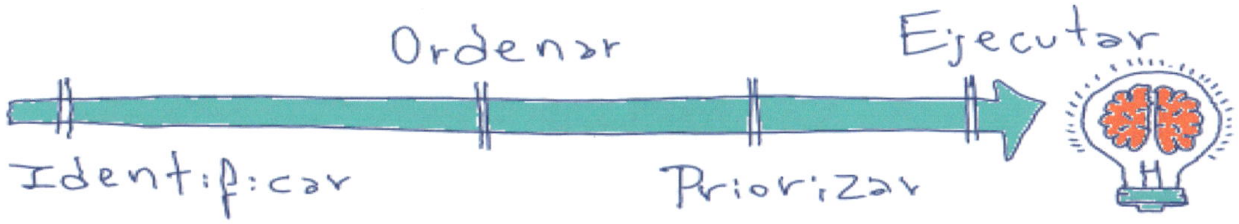

Técnicas de colaboración para ideas

Round-Robin: los participantes escriben ideas en tarjetas, las pasan a su vecino y crean nuevas ideas inspiradas en la anterior. El ciclo continúa hasta reunir todas las tarjetas.

SCAMPER: técnica para mejorar productos a partir de lo existente.

- *Sustituir*: ¿qué componentes podrían reemplazarse?
- *Combinar*: ¿qué funciones pueden integrarse?
- *Adaptar*: ¿qué elementos pueden reutilizarse?
- *Modificar*: ¿qué atributos se pueden alterar (tamaño, forma, color)?
- *Propósito*: ¿qué nuevo uso podría tener el producto?
- *Eliminar*: ¿qué funciones podrían simplificarse?
- *Reorganizar*: ¿qué se podría intercambiar o invertir?

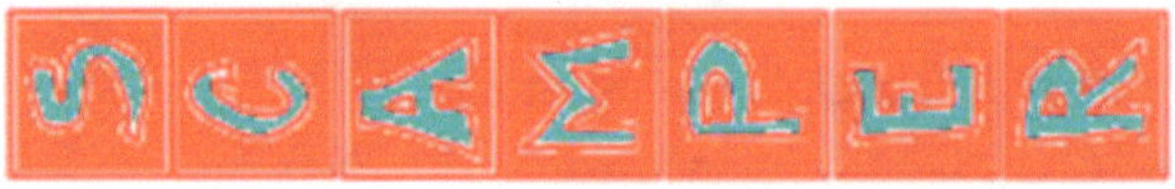

Crazy 8: los participantes dibujan ocho ideas en pocos minutos para estimular la creatividad.

Brainwriting: similar al *brainstorming*, pero los participantes escriben sus ideas antes de compartirlas, favoreciendo la participación de los más introvertidos.

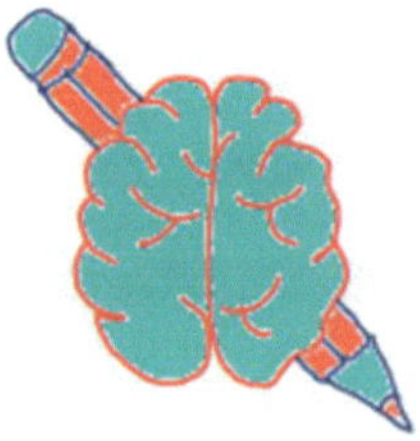

Juegos de colaboración (Innovation games) [6]

Los juegos de innovación (Luke Hohmann) son dinámicas que involucran a clientes y partes interesadas para descubrir qué valoran realmente de un producto o servicio. Se utilizan para obtener retroalimentación, definir funcionalidades, priorizar historias de usuario o evaluar alternativas.

Ejemplos destacados:

1 - Caja de producto: los clientes diseñan una caja con logotipo, slogan y beneficios, como si fueran a vender el producto. 🎯 *Objetivo:* identificar las características más atractivas.

2 - Mi sombra y yo: los observadores acompañan a un usuario real para registrar qué hace, piensa o siente al usar el producto. 🎯 *Objetivo:* descubrir necesidades ocultas.

3 - Compre una característica: los clientes negocian en grupo cómo gastar un presupuesto limitado en las funciones más valiosas. 🎯 *Objetivo:* priorizar funcionalidades.

4 - Bríndeles un jacuzzi: se presentan características "escandalosas" para provocar reacciones que revelen innovaciones ocultas. 🎯 *Objetivo:* estimular la creatividad disruptiva.

5 - Recuerde el futuro: los clientes imaginan que el producto ya existe y describen qué los haría sentir exitosos. 🎯 *Objetivo:* comprender la definición de éxito del cliente.

[6] Luke Hohmann, Innovation Games: Creating breakthrough products through collaborative play.

6 - Telaraña: se dibuja el producto en el centro de un círculo y se conectan otros productos relacionados. *Objetivo:* visualizar relaciones y dependencias.

7 - Comience su día: los usuarios describen cuándo y cómo usan el producto en su rutina diaria. *Objetivo:* entender el contexto de uso.

8 - Mostrar y decir: los clientes presentan los artefactos generados con el producto (por ejemplo, prototipos). *Objetivo:* identificar resultados esperados y no esperados.

9 - El aprendiz: los desarrolladores se ponen en el rol del cliente (por ejemplo, trabajando en la industria). *Objetivo:* desarrollar empatía y comprensión real del contexto.

10 - Visión 20/20: los clientes ordenan tarjetas con características según su importancia relativa. *Objetivo:* entender las prioridades del cliente.

11 - Pode el árbol de productos: los clientes agregan "hojas" (características) a un árbol dibujado, definiendo futuras evoluciones del producto. *Objetivo:* planificar la evolución del producto.

12 - Lancha rápida: los clientes escriben en "anclas" los problemas que impiden avanzar rápido. 🎯 *Objetivo:* identificar y eliminar impedimentos.

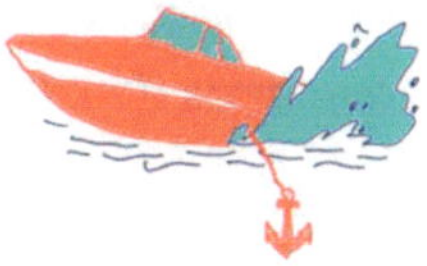

13 - Mi peor pesadilla: los clientes dibujan el peor escenario posible del producto. 🎯 *Objetivo:* detectar riesgos y preocupaciones no expresadas.

Responsabilidad compartida

Las técnicas de swarming, mobbing y pairing promueven la responsabilidad colectiva en el desarrollo.

- **Swarming**: todos trabajan en paralelo en una misma historia (análisis, desarrollo y pruebas simultáneas).
- **Mobbing**: el equipo comparte un único teclado, rotando cada 15 minutos mientras todos observan en una pantalla común.
- **Pairing**: dos miembros trabajan juntos compartiendo teclado; uno escribe (conductor) y otro revisa (navegante), intercambiando roles con frecuencia.

Propiedad de código compartido: todos pueden modificar cualquier archivo.

- *Ventajas*: reduce dependencias, mejora la calidad global y fomenta la responsabilidad colectiva.
- *Riesgo*: la responsabilidad diluida puede llevar a falta de control si no hay disciplina técnica.

Especificación mediante ejemplos (SBE)

La **Specification by Example (SBE)** define requisitos de software a través de **ejemplos reales**, no de descripciones abstractas. El dueño del producto y los interesados proporcionan escenarios de uso, mientras el equipo garantiza que cada especificación sea comprobable.

Ventajas:

- Fomenta la comunicación entre negocio y desarrollo.
- Alinea las especificaciones con las pruebas de aceptación.
- Simplifica el diseño y evita código innecesario.
- Reduce tiempos al acortar los ciclos de retroalimentación.

Liderazgo colaborativo

Los proyectos ágiles funcionan como **sistemas complejos adaptativos (CAS)**, con muchos individuos que aprenden y actúan en paralelo. En este contexto, el control no puede centralizarse en una sola persona: **el liderazgo se distribuye y emerge de la colaboración y el aprendizaje compartido**.

El comportamiento coherente del proyecto surge de la interacción entre los miembros del equipo y los interesados, donde el **liderazgo es poliárquico**: no hay un único líder, sino varios que influyen en distintos momentos según su experiencia, conocimiento o iniciativa.

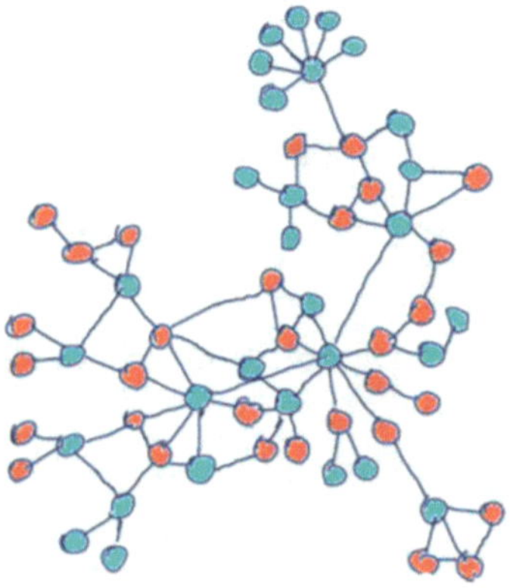

3.7 Habilidades poderosas

Además de la colaboración, para un involucramiento exitoso de los interesados se requieren habilidades blandas como comunicación, inteligencia emocional, escucha activa, negociación, resolución de conflictos, toma de decisiones, etc.

Comunicación

La comunicación es la base de todo proyecto exitoso. En entornos ágiles se recomienda la comunicación cara a cara para promover la confianza y la bidireccionalidad. Si el equipo trabaja de forma remota, se deben usar otros canales digitales que simulen la presencialidad.

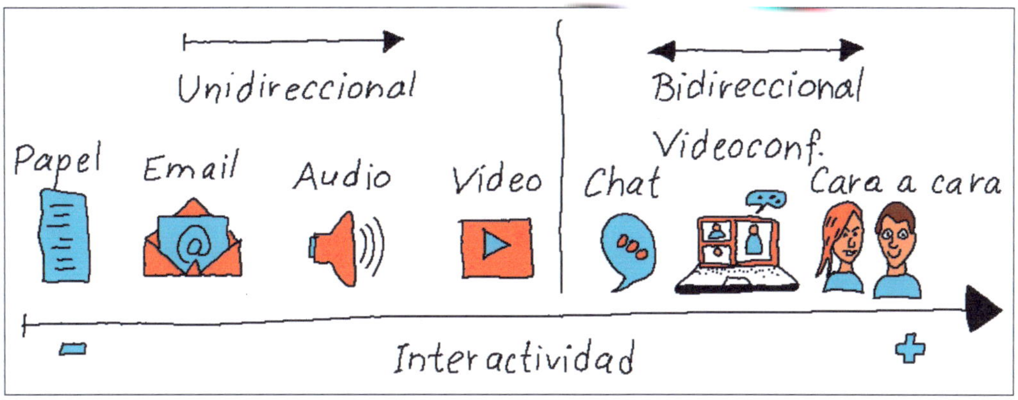

Una comunicación efectiva no se limita al intercambio de información, sino también al **compartir conocimiento**, fomentar la **transparencia** y mantener a todos los interesados alineados con los objetivos del proyecto.

- **Conocimiento compartido**

Compartir el conocimiento dentro del equipo y con los interesados asegura la continuidad del proyecto cuando alguien se ausenta o deja la organización. Este intercambio incluye no solo información operativa (planes, avances, problemas), sino también **lecciones aprendidas** y **mejores prácticas** que fortalecen la madurez del equipo.

- **Transparencia con radiadores de información**

Los radiadores de información son tableros físicos o electrónicos colocados en lugares visibles para mostrar el estado del proyecto "de un vistazo". Permiten que tanto el equipo como los interesados conozcan el progreso y participen activamente.

Ejemplos:

- **Tableros electrónicos:** muestran métricas en tiempo real (pruebas automatizadas, velocidad del equipo, backlog, riesgos).
- **Tableros Kanban:** tarjetas de baja tecnología y alto contacto (*low tech – high touch*).
- **Diagramas Burndown:** muestran el trabajo pendiente a lo largo del tiempo.
- **Registro de impedimentos:** lista de obstáculos resueltos y pendientes.

¿Cuándo son útiles?

- Los interesados se detienen a leerlos.
- El equipo los actualiza con naturalidad.
- Reflejan la realidad del proyecto de forma actualizada.
- Fomentan la **transparencia** y conversaciones constructivas.
- Son simples, claros y visibles.

Los radiadores de información ayudan a **gestionar las expectativas**, promueven la **confianza** y generan conversaciones que impulsan la **mejora continua**.

Inteligencia emocional [7]

La **inteligencia emocional (IE)** es la capacidad de sentir, entender, regular y orientar las emociones propias y ajenas para favorecer el crecimiento personal y colectivo. Se puede desarrollar y fortalecer con el tiempo.

Componentes de la IE:

- **Autocontrol:** regular impulsos y pensar antes de actuar.
- **Autoconocimiento:** reconocer emociones y sus detonantes.
- **Automotivación:** mantener el impulso interno incluso en la adversidad.
- **Empatía:** comprender los sentimientos de los demás.
- **Habilidades sociales:** comunicación asertiva, paciencia y respeto.

La **inteligencia social** complementa la IE, enfocándose en comprender el estado emocional del grupo y cómo el entorno influye en su desempeño.

---

[7] Daniel Goleman, Inteligencia emocional.

Escucha activa [8]

La escucha activa implica prestar atención plena a palabras, gestos, tono y emociones para comprender con empatía.

Niveles de escucha:

1. **Escucha interna:** centrada en la propia voz; útil para datos, no para profundidad.
2. **Escucha enfocada:** atención total en la otra persona, con preguntas aclaratorias.
3. **Escucha global:** comprensión del significado subyacente y conexión emocional profunda.

Un **coaching efectivo** combina los niveles 2 y 3.

Consejos para escuchar activamente:

- Eliminar distracciones.
- Mantener buena postura y contacto visual.
- Reconocer el mensaje verbal y no verbal.
- Mostrar interés con asentimientos y preguntas.
- Evitar juicios e interrupciones.
- Escuchar hasta el final y responder con sinceridad.

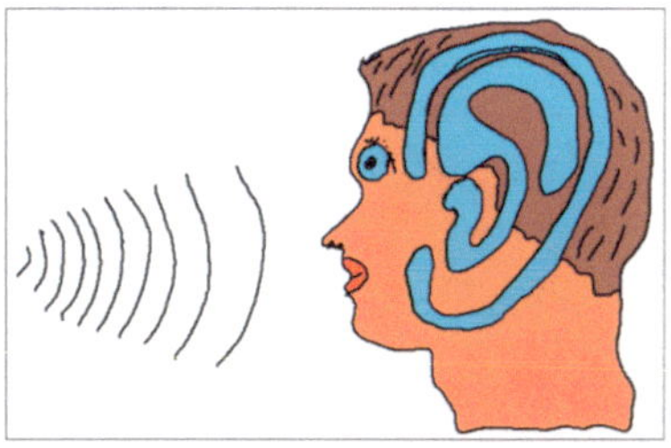

Negociación y resolución de conflictos

La negociación ágil busca **acuerdos justos y colaborativos** que beneficien a todas las partes.

Técnicas clave:

- **Separar a las personas del problema:** enfocarse en los hechos, no en las personalidades.
- **Concentrarse en intereses, no en posiciones.**
- **Buscar beneficios mutuos:** promover acuerdos "ganar-ganar".
- **Usar criterios objetivos:** basar decisiones en datos verificables.

[8] Karen Kimsey-House y otros, Co-active coaching.

Estilos de manejo de conflictos [9]:

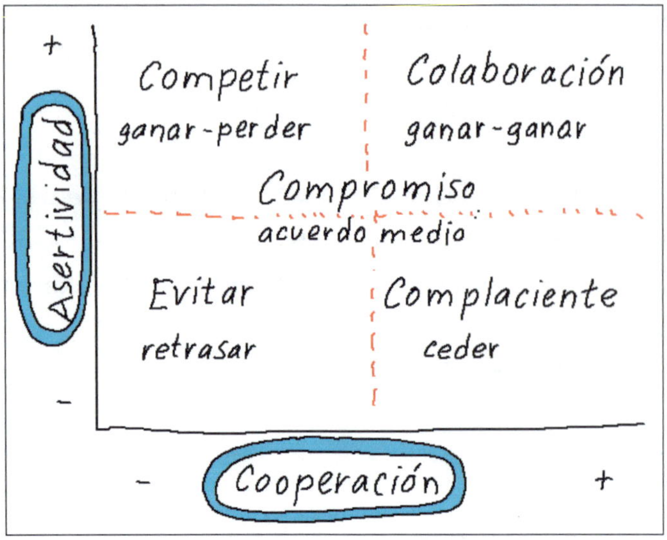

Toma de decisiones

En los proyectos ágiles, una **toma de decisiones rápida y efectiva** es esencial para mantener la fluidez del trabajo y la adaptabilidad del equipo. El líder ágil no busca imponer su punto de vista, sino **facilitar** la participación y generar acuerdos informados que cuenten con el compromiso de todos los involucrados.

- **Marco de decisión**

Identificar **a quién involucrar** es tan importante como determinar **quién decide**. Por ejemplo, el Dueño del Producto necesita aportes del equipo técnico y de los interesados clave para tomar decisiones con fundamento. Una decisión sólida se construye escuchando las perspectivas adecuadas, no acumulando opiniones de todos indiscriminadamente.

- **Herramientas de facilitación**

Las dinámicas colaborativas ayudan a aclarar expectativas, construir acuerdos y sostener el compromiso del grupo. Entre las más útiles se encuentran la **Caja de Producto** y los **Juegos de Innovación**, que permiten involucrar a los interesados de forma activa en la toma de decisiones.

[9] Thomas–Kilmann conflict mode instrument (TKI).

- **Modelos participativos**

Existen distintos enfoques para decidir en contextos ágiles, según el nivel de participación deseado:

- **Basado en insumos (consulta):** todos aportan información antes de que el líder tome la decisión final.
- **Colaboración compartida (consenso):** el grupo busca una decisión aceptable para todos, aunque no haya unanimidad.
- **Comando:** un líder o pequeño grupo decide y comunica la resolución al equipo.

La elección del modelo depende de la complejidad del problema, la madurez del equipo y la urgencia de la decisión.

- **Decisiones en equipo**

No consultar al equipo ni a los interesados puede reducir el **compromiso** y limitar la **diversidad de perspectivas**. Escuchar las preocupaciones antes de decidir mejora la calidad de los acuerdos y fortalece la cohesión del grupo.

- **Técnicas de decisión**

Los equipos ágiles utilizan técnicas simples y visuales para lograr acuerdos rápidos y transparentes:

- **Votación simple:** rápida, pero puede omitir matices intermedios.
- **Pulgares arriba, abajo o de lado:** identifica indecisos y permite indagar sus razones.
- **Puño a cinco:** mide el nivel de apoyo del grupo a una propuesta.

Escala Puño a Cinco:

- **Puño cerrado:** bloquearía la propuesta (la considera perjudicial).
- **1 dedo:** tiene reservas serias, pero no bloqueará.
- **2 dedos:** tiene reservas, pero apoyará.
- **3 dedos:** apoya la iniciativa.
- **4 dedos:** fuerte apoyo, sin intención de liderar.
- **5 dedos:** máximo apoyo, dispuesto a liderar.

(Nota: algunas organizaciones invierten la escala; conviene aclararlo antes de aplicarla).

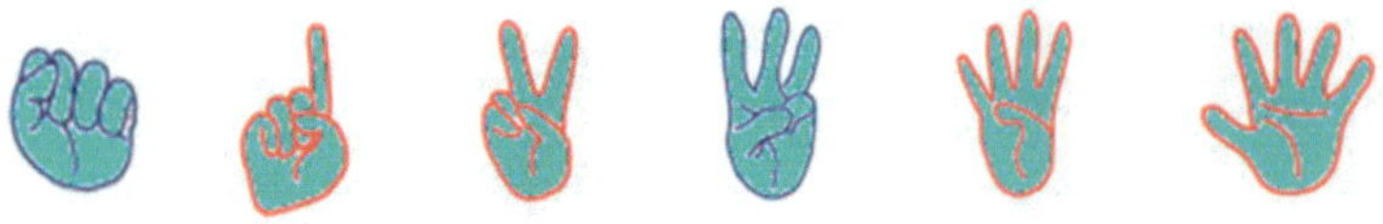

- **Espectro de decisiones de Jim Highsmith**

El espectro de decisiones permite que los miembros del equipo expresen con claridad su nivel de apoyo o desacuerdo ante una propuesta:

- Totalmente a favor
- De acuerdo, con reservas
- Indeciso, con sentimientos opuestos
- En contra, pero apoyará
- Totalmente en contra y vetará

Poder expresar diferencias abiertamente **fortalece el compromiso** con la decisión final y mejora la confianza en el proceso de equipo.

3.8 Desarrollo del equipo

Los equipos ágiles examinan su desempeño de manera continua y buscan **mejorar constantemente**, permaneciendo abiertos a la **mentoría**, el **coaching** y la **capacitación**. Sin embargo, no responden bien al control de la alta gerencia: prefieren **resolver las cosas por sí mismos**, ejerciendo autonomía y responsabilidad compartida.

Reflexión y mejora continua

El momento ideal para la reflexión del equipo es durante la **retrospectiva**, al finalizar cada iteración. En esta reunión se comparte lo que salió bien, lo que podría mejorarse y se definen acciones para la próxima iteración.

Las tres preguntas clave son:

- ¿Qué deberíamos **comenzar a hacer**?
- ¿Qué deberíamos **dejar de hacer**?
- ¿Qué deberíamos **seguir haciendo**?

Los equipos de alto rendimiento toman en serio esta reflexión y **ajustan su comportamiento** en consecuencia. Con el tiempo, desarrollan **mejores prácticas** que incrementan su productividad, cohesión y velocidad.

Mentoría y coaching

Ambas herramientas son fundamentales para el crecimiento profesional y el fortalecimiento del equipo:

- **Mentoría:** el mentor comparte sus experiencias, habilidades y conocimientos para guiar a los miembros del equipo en su desarrollo profesional.
- **Coaching:** el coach fomenta el **autoconocimiento** y ayuda a las personas a encontrar sus propias respuestas, sin imponer su punto de vista.

Mientras la mentoría se centra en **transferir conocimiento**, el coaching se enfoca en **desarrollar conciencia y autonomía**.

Equipos de alto rendimiento [10]

Un equipo ágil de alto rendimiento es un grupo pequeño —generalmente de hasta 12 personas— con habilidades complementarias, comprometido con un propósito común y responsable colectivamente por los resultados del proyecto.

Características del equipo:

- Autoorganizados
- Empoderados para tomar decisiones
- Capaces de resolver cualquier problema
- Comprometidos con el éxito del grupo
- Dueños de sus decisiones y compromisos
- Motivados por la confianza
- Orientados al consenso
- En constante desacuerdo constructivo

Los equipos de alto rendimiento no siempre llegan rápidamente a un consenso; suelen mantener **discusiones divergentes** que fomentan la creatividad y la exploración de alternativas antes de converger en una solución común.

Equipos de alto rendimiento	vs	Equipos de bajo rendimiento
▪ Tienen objetivos claros y realistas		▪ Falta de atención a los resultados
▪ Se basan en la confianza		▪ Ausencia de confianza
▪ Gestionan bien los conflictos		▪ Miedo al conflicto
▪ Comprometidos y autoorganizados		▪ Falta de compromiso
▪ Sentido de pertenencia		▪ Evitar rendir cuentas
▪ Toman decisiones por consenso		▪ Individualismo o pasividad
▪ Dedicados a tiempo completo		▪ Participación parcial o dispersa

[10] Lyssa Adkins, Coaching Agile Teams.

Escalera de Tuckman [11]

El psicólogo Bruce Tuckman propuso que los equipos atraviesan cuatro fases de madurez antes de alcanzar el alto rendimiento:

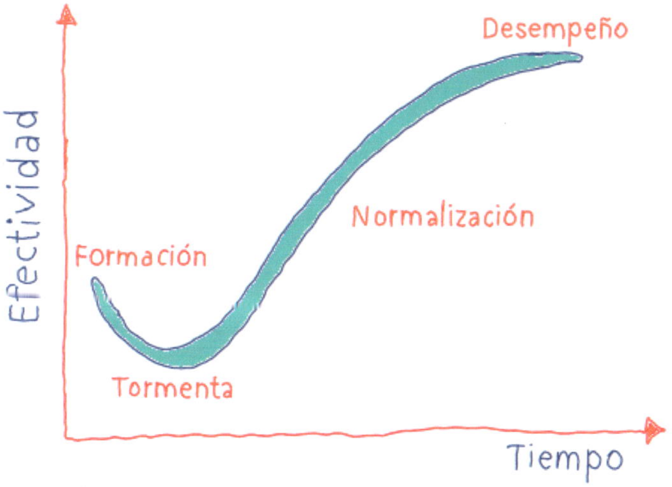

Fase	Descripción	Recomendación del líder
Formación	Se establece el equipo y las reglas básicas. Los miembros aún se ven como extraños.	Expresar claramente el propósito y los roles del proyecto.
Tormenta	Aparecen tensiones, resistencia y hostilidad al liderazgo.	Promover buenas relaciones y minimizar los conflictos.
Normalización	Los miembros se sienten parte del equipo y aceptan otros puntos de vista.	Ayudar a encontrar soluciones por sí mismos.
Desempeño	El equipo trabaja con confianza, flexibilidad y responsabilidad compartida.	Fomentar la autonomía y la toma de decisiones colectivas.

[11] Bruce Tuckman, Desarrollo secuencial en grupos pequeños.

Shu-Ha-Ri

El modelo japonés **Shu-Ha-Ri** describe las etapas del aprendizaje de una práctica o disciplina: **Shu (obedecer)**, **Ha (desprenderse)** y **Ri (superarse)**. Esta filosofía permite al equipo **entender, adaptar y evolucionar** sus metodologías ágiles.

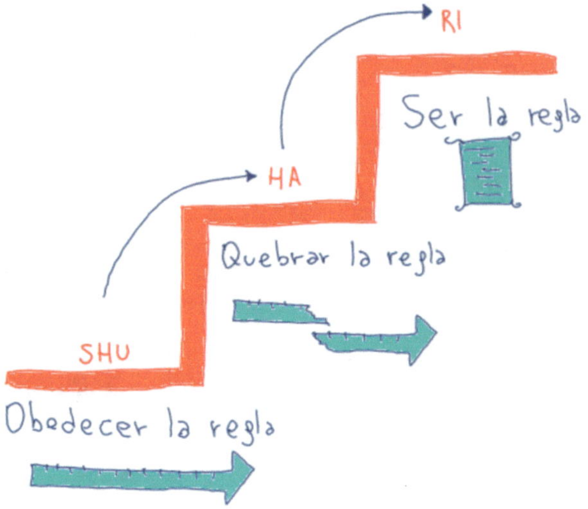

- **Shu – Obedecer:** el equipo sigue las reglas básicas sin modificaciones. Ejemplo: responder solo las tres preguntas clásicas en la reunión diaria. Recomendado para equipos con poca experiencia.

- **Ha – Desprenderse:** el equipo adapta las reglas conscientemente para mejorar la práctica. Ejemplo: agregar nuevas preguntas o cambiar el formato de la reunión. Recomendado para equipos competentes.

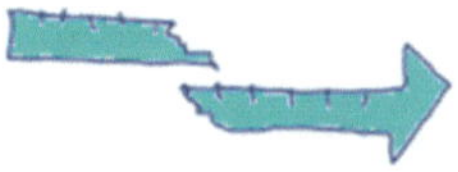

- **Ri – Superarse:** el equipo crea sus propias reglas y experimenta con lo aprendido. Ejemplo: rediseñar completamente las reuniones o los procesos. Solo aplicable a equipos maduros y expertos.

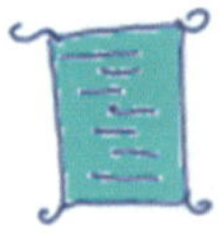

Modelo de Dreyfus

El modelo Dreyfus de **adquisición de competencias** describe cómo las personas avanzan desde la instrucción formal hasta la maestría práctica. Identifica cinco niveles: **Novato, Principiante, Competente, Proficiente y Experto.**

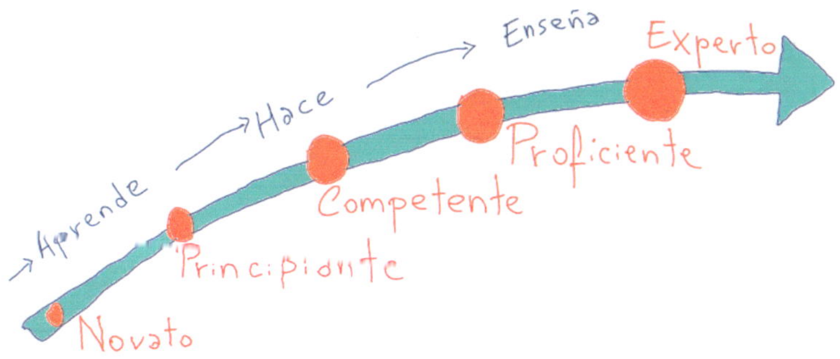

Habilidad	Descripción general
Novato	Sigue reglas rígidas sin aplicar juicio propio.
Principiante	Tiene percepción situacional limitada; trata todos los aspectos con igual peso.
Competente	Planifica deliberadamente, organiza rutinas y comprende objetivos.
Proficiente	Percibe patrones, prioriza aspectos relevantes y se adapta a cada situación.
Experto	Actúa por intuición, domina el contexto y aplica análisis solo en casos nuevos.

Interpretación práctica de los criterios del modelo

• **Adquisición de conocimientos**: Significa cómo la persona aprende.
A partir del nivel Principiante, el aprendizaje se vuelve situacional, es decir, depende del contexto y no solo de reglas escritas.

• **Reconocimiento**: Se refiere a la forma en que el individuo percibe los problemas.
Los niveles bajos (Novato, Principiante) analizan partes aisladas del trabajo ("visión descompuesta"), mientras que los niveles altos (Competente, Proficiente, Experto) ven el todo ("visión holística").

• **Toma de decisiones**: Describe cómo el individuo elige sus acciones.
Los principiantes razonan de forma analítica, paso a paso, mientras que los expertos deciden de forma intuitiva, basándose en patrones aprendidos.

• **Conciencia**: Indica el grado de atención consciente que se requiere para actuar.
En los primeros niveles, la persona necesita monitorear constantemente lo que hace; en los niveles más altos, alcanza un estado de absorción, actuando con naturalidad y sin esfuerzo aparente.

Ejercicios – Liderazgo

1- Marque cuáles de las siguientes características aplican a un **Líder Servicial**.

Metodología	
Compromiso con el crecimiento de las personas	
Conceptualización	
Conciencia	
Construcción de la comunidad	
Corresponsabilidad	
Cura	
Empatía	
Escucha activa	
Persuasión	
Prospectiva	

2- Marque a quién corresponde principalmente cada una de las siguientes **responsabilidades**: Product owner (PO); Equipo de desarrollo (E); Scrum master (SM); Patrocinador (P).

Responsabilidad	PO	E	SM	P
Aceptar, rechazar o solicitar mejoras a cada incremento del producto				
Actualizar frecuentemente los radiadores de información				
Alinear los intereses individuales con los objetivos del proyecto				
Asegurar la visibilidad del plan y avances del proyecto				
Asegurar que el equipo aplique las prácticas ágiles correctamente				
Asegurar que el equipo tenga una visión compartida del producto				
Autorizar el inicio del proyecto				
Ayudar al equipo de desarrollo a autoorganizarse y autodirigirse				
Cancelar el proyecto si no está cumpliendo con sus objetivos				
Comunicar al dueño del producto los objetivos generales del proyecto				
Definir y priorizar las historias de usuario				
Demostrar al cliente que el incremento del producto está completo				
Desarrollar los incrementos del producto				
Difundir la importancia del proyecto en la organización				
Escribir las pruebas de aceptación				
Gestionar el listado de trabajos pendientes y sus cambios				
Gestionar los conflictos				
Planificar el trabajo de la iteración				
Proporcionar los recursos para la capacitación y desarrollo del equipo				
Proteger al equipo de interferencias, distracciones e interrupciones				
Proveer la fecha de finalización del proyecto o los lanzamientos				
Proveer los criterios de aceptación del producto al equipo de desarrollo				
Realizar coaching y mentoring al equipo				

3- Marque quiénes serían **interesados** de un proyecto que utiliza metodologías Scrum.

Cliente	
Dueño del producto	
Equipo de desarrollo	
Patrocinador	
Scrum master	
Usuario	

4- Coloque del 1 al 5 los pasos para la gestión de **interesados**.

Orden	Proceso
	Comunicar periódicamente el estado de avance del proyecto.
	Conocer las necesidades de los interesados y los requisitos del proyecto.
	Gestionar activamente las expectativas de los interesados.
	Identifique periódicamente a los interesados.
	Involucrar a los interesados en el proyecto mediante la comunicación activa.

5- ¿Cuáles son los 3 principales componentes del diagrama de **caso de uso**?

6- Marque verdadero o falso. **Persona**.

En relación con una "**persona**" en un proyecto ágil...	V o F
Ayudan a guiar las decisiones sobre la funcionalidad y diseño del producto.	
La persona principal podría quedar satisfecha con una funcionalidad diseñada para otra persona.	
Podemos inventar personas cuando no tenemos tiempo para una investigación.	
Representa a un individuo ficticio, que se basa en usuarios reales.	
Se describe en una ficha su nombre real, su imagen de rostro, sus gustos, etc.	

7- Ordene los siguientes **canales de comunicación** desde los menos interactivos y efectivos (# 1) hasta los más interactivos y bidireccionales (# 7).

Canal de comunicación	Interactividad (1 baja a 7 alta)
Audio	
Cara a cara	
Carta	
Chat	
Email	
Teléfono	
Video	

8- ¿En cuál de los siguientes canales se da la comunicación **osmótica**?

Canal de comunicación	
Audio	
Cara a cara	
Carta	
Chat	
Email	
Teléfono	
Video	

9- Marque cuáles serían ejemplos de **radiadores** de información

Radiador de información	
Diagrama de trabajo pendiente	
Registros de problemas	
Tablero Kanban	
Teleconferencia	
Videoconferencia	

10- Complete verdadero o falso. **Equipos multiculturales**.

En relación con "equipos multiculturales" ...	V o F
Capacitar sobre la construcción de equipos e interrelaciones personales para conocer la personalidad de los interesados.	
Crear una cultura dónde informar problemas no sea bien visto, en su lugar priorizar noticias alentadoras que suban la moral del equipo.	
Mantener reuniones privadas uno a uno, antes de la reunión formal con todo el equipo.	
Planificar el horario de las reuniones que vote la mayoría, aunque la minoría tenga que trabajar en horarios anormales.	

11- Complete la participación (alta, media, baja) de los **interesados** externos al equipo.

Tipo de reunión	Participación de interesados externos
Diaria	
Estimación de historias de usuario	
Planificación de la iteración	
Priorización del product backlog	
Retrospectiva	
Revisión de la iteración	

12- Marque las reglas básicas de la **tormenta de ideas**.

Regla	
Comenzar con pocas ideas para facilitar la reunión	
Proponer ideas descabelladas o impracticables	
Sugerir mejoras a las ideas de otros	
Todas las ideas son válidas y nadie puede criticarlas al inicio de la sesión	

13- Complete con número 1 a 7 el objetivo que corresponde con cada uno de los siguientes **juegos colaborativos**.

#	Juego	#	Objetivo
1	Caja de productos		Crear empatía con el cliente
2	Mi sombra y Yo		Descubrir avances ocultos
3	Bríndeles un jacuzzi		Descubrir los peores escenarios ocultos o no considerados
4	Mostrar y decir		Identificar las características más interesantes del producto
5	El aprendiz		Identificar las necesidades ocultas del cliente
6	Lancha rápida		Identificar lo que a los clientes no les gusta de su producto
7	Mi peor pesadilla		Identificar los artefactos creados por su producto

14- Complete cada ítem si corresponde a **Swarming, Mobbing o Pairing**

Ítem	S, M, P
Los miembros del equipo trabajan cada uno con su pc y teclado	
El equipo se sienta alrededor de una mesa con un solo teclado	
Cuando el analista, desarrollador y el probador trabajan en paralelo	
La salida del monitor va una pantalla grande para que todos puedan ver	
Dos miembros del equipo trabajan en la tarea compartiendo un solo teclado	
Dos programadores cambian los roles de conductor y navegador	
El conductor es "tácticos", mientras que el observador es "estratégico"	

15- Complete verdadero o falso. **SBE**.

En relación con la "**especificación mediante ejemplos (SBE)**" ...	V o F
Acelera la implementación al acortar los bucles de retroalimentación	
Alinea las especificaciones con las pruebas de aceptación del usuario	
Fomenta los juegos de innovación	
Los ejemplos deberían centrarse en detalles técnicos reales.	
Los ejemplos deberían centrarse en los objetivos que se quieren alcanzar.	
Simplifica el diseño y reduce el código innecesario en el desarrollo	

16- Marque los componentes de la **inteligencia emocional**

Componente	
Actitud	
Autocontrol	
Automotivación	
Capacidad cognitiva	
Conocimiento de uno mismo	
Empatía	
Factor G	
Habilidades sociales	
Inteligencia fluida	

17- Complete el nivel de **escucha** (1 Interna, 2 Enfocada o 3 Global) de cada uno de los siguientes ítems.

Ítem	Nivel
Descubrir el significado subyacente de las palabras ligadas a las emociones de la persona, lo que permite conectarse con la otra persona.	
Escuchar lo que ves, oyes, hueles y sientes de la otra persona. Escuchar todo el entorno de la persona, su lenguaje corporal, su energía y emociones	
Estamos enfocados únicamente en nosotros mismos para reunir información y satisfacer nuestras propias necesidades.	
La atención está en la otra persona para entender sus emociones.	
Mantiene un enfoque en lo que dice la persona, escuchando atentamente cada palabra y "escuchando" cada matiz de la conversación.	
Se profundiza lo que sabe sobre la otra persona al mantener la curiosidad y hacer preguntas aclaratorias durante el diálogo.	
Sirve para recopilar datos, pero no para tener conversaciones profundas.	
Tiende a escuchar más a su propia voz interior, formando opiniones, en lugar de centrarse en lo que se dice	

18- Complete en el gráfico los **estilos de conflicto** (competir, colaboración, evitar, complaciente, compromiso).

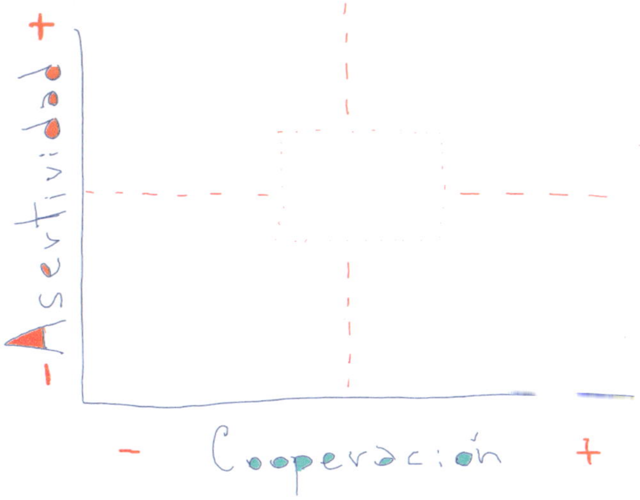

19- Complete que tipo de **resolución de conflicto** recomendado para cada nivel de conflicto. Opciones de resolución: a. Colaboración y consenso; b. Llevar a las partes a una discusión; c. Ceder, negociar y obtener hechos; d. Hablar con cada parte por separado; e. Evitar que las personas se lastimen.

Nivel de Conflicto	Resolución
Contienda	
Cruzada	
Desacuerdo	
Guerra	
Problema por resolver	

20- Marque el tipo de **decisión** (consulta, consenso, comando) para cada ítem.

ítem	Decisión
La decisión la toma un pequeño grupo de personas	
Los interesados aceptan la decisión tomada por el grupo	
Los miembros del equipo solamente son informados sobre la decisión	
Los participantes se involucran activamente para llegar a una decisión	
Los participantes tienen la oportunidad de brindar aportes	

21- Ordene (1 a 3) los pasos que aplica el **líder servicial** para empoderar a su equipo.

Ítem	Orden (1 a 3)
Personas	
Proceso	
Propósito	

22- Complete verdadero o falso. **Votación.**

En relación con los "**métodos de votación**" ...	V o F
A las personas con el pulgar hacia los lados se los considera en contra de la decisión	
La votación simple podría demorar demasiado tiempo	
La votación simple tiene la oportunidad de escuchar una tercera alternativa	
Votar con los pulgares es más lento que sondear a todos para obtener información	
Votar con un dedo significa que bloqueará la iniciativa	

23- Complete verdadero o falso. **Decisiones.**

En relación con al "**espectro de decisiones** de Jim Highsmith" ...	V o F
Poder expresar diferencias es suficiente para que las personas se involucren	
Quienes están en contra no apoyarán la iniciativa	
Quienes no estén totalmente a favor deberían buscar otros proyectos	
Utiliza seis escalas	

24- Marque verdadero (V) o falso (F). **Roles.**

Frase	V	F
El coach ágil es un mentor o entrenador con experiencia en metodologías ágiles		
El coach ágil guía a organizaciones y equipos a lo largo de su transformación		
El flow master administra las solicitudes de servicio en un contexto Kanban		
El flow master sería equivalente al scrum master		
El líder servicial del equipo siempre cumple el rol de coach ágil		
En Scrum el rol de coach ágil lo cumple el scrum master		

25- Marque el **perfil de especialistas** (I, T, Peine roto (PR) de las siguientes frases.

Frase	I	T	PR
El proyecto está sufriendo cuellos de botella al depender de un especialista			
Especialista en un área, pero al mismo tiempo tiene versatilidad			
Especialistas en un área en particular (gran profundidad)			
Experto en cierto temas y desarrollando otras especialidades			
Interesado en colaborar en otras áreas donde tiene menor experiencia			
Poca contribución en temas fueras de su especialidad (poca amplitud)			

26- Marque verdadero (V) o falso (F). **Ubicación**.

Frase	V	F
El lugar de trabajo requiere un espacio visible para los radiadores de información		
En una reunión de espacio abierto, si un participante no puede aprender o contribuir se trasladará a otra sala.		
Las ventanas de pecera son salas multiuso que facilitan la coubicación del equipo		
Los equipos distribuidos en diferentes usos horarios generan reuniones más eficientes		
Los equipos distribuidos virtualmente favorecen el conocimiento tácito		
Los equipos distribuidos virtualmente favorecen la comunicación osmótica		

27- Marque las características que corresponden a los **equipos de alto rendimiento**

Característica	√
Deciden de manera individual para acelerar el proyecto	
Enfrentan los conflictos	
Evitan la rendición de cuentas	
Evitan los conflictos	
Llegan siempre a un rápido consenso	
Se basan en la confianza	
Se basan en los procesos	
Tienen discusiones divergentes	
Toman decisiones por consenso	

28- Marque verdadero (V) o falso (F). **Empoderamiento**.

Frase	V	F
El líder ágil ejerce comando y control sobre los miembros de su equipo		
El scrum master es la persona con mayor autoridad del equipo		
Los equipos ágiles son empoderados		
Los equipos empoderados tienen estructuras livianas con mínima supervisión		

29- Marque a qué fase de la escalera de **Tuckman** (Formación, Tormenta, Normalización, Desempeño) corresponde cada una de las siguentes frases.

Frase	Fase
El equipo evoluciona más rápido si sus roles se expresan claramente	
El equipo toma posesión colectiva y no se culpa a nadie	
El equipo trabaja en un ambiente abierto con gran confianza	
El líder ayuda al equipo a que encuentren soluciones por sí mismos	
El líder promueve las buenas relaciones para minimizar los conflictos	
Las jerarquías no tienen importancia	
Las personas no se sienten parte del equipo	
Los individuos se resisten al control de los líderes	
Los miembros del equipo aceptan otros puntos de vista	
Los miembros del equipo son tratados como extraños	
Se establecen las reglas básicas	

30- Marque a qué parte de **Shu-Ha-Ri** corresponde cada una de las siguentes frases.

Frase	Shu	Ha	Ri
Aprender técnicas fundamentales que se aplican sin modificaciones			
Desarrollar nuevas reglas o metodologías			
Despegarse de las reglas para adaptar las metodologías			
Obedecer las reglas			
Quebrar las reglas			
Se libera al equipo de toda estructura guiadora			
Ser la regla			

31- Marque a qué fase (novato, principiante, competente, proficiente, experto) del modelo de **Dreyfus** corresponden las siguientes frases.

Frase	Fase
Acumula bastante información y trabaja en múltiples actividades	
Adherencia rígida a las reglas o planes sin aplicar su juicio discrecional	
Planifica deliberadamente y formula rutinas	
Prioriza los aspectos importantes y percibe desviaciones de lo normal	
Recolección de información no situacional	
Sabe lo que es posible	
Se mueve por la intuición y no necesita reglas o principios	
Tiene cierta percepción de sus acciones en relación con los objetivos	
Tiene una visión holística del problema	
Trata todos los aspectos del trabajo con igual importancia relativa	

Respuesta Ejercicios – Liderazgo

R1– Líder Servicial.

Metodología	
Compromiso con el crecimiento de las personas	√
Conceptualización	√
Conciencia	√
Construcción de la comunidad	√
Corresponsabilidad	√
Cura	√
Empatía	√
Escucha activa	√
Persuasión	√
Prospectiva	√

R2- Responsabilidades del equipo.

Responsabilidad	PO	E	SM	P
Aceptar, rechazar o solicitar mejoras a cada incremento del producto	√			
Actualizar frecuentemente los radiadores de información		√		
Alinear los intereses individuales con los objetivos del proyecto			√	
Asegurar la visibilidad del plan y avances del proyecto			√	
Asegurar que el equipo aplique las prácticas ágiles correctamente			√	
Asegurar que el equipo tenga una visión compartida del producto	√			
Autorizar el inicio del proyecto				√
Ayudar al equipo de desarrollo a autoorganizarse y autodirigirse			√	
Cancelar el proyecto si no está cumpliendo con sus objetivos				√
Comunicar al dueño del producto los objetivos generales del proyecto				√
Definir y priorizar las historias de usuario	√			
Demostrar al cliente que el incremento del producto está completo		√		
Desarrollar los incrementos del producto		√		
Difundir la importancia del proyecto en la organización				√
Escribir las pruebas de aceptación		√		
Gestionar el listado de trabajos pendientes y sus cambios	√			
Gestionar los conflictos			√	
Planificar el trabajo de la iteración		√		
Proporcionar los recursos para la capacitación y desarrollo del equipo			√	
Proteger al equipo de interferencias, distracciones e interrupciones			√	
Proveer la fecha de finalización del proyecto o los lanzamientos	√			
Proveer los criterios de aceptación del producto al equipo de desarrollo	√			
Realizar coaching y mentoring al equipo			√	

R3- En Scrum un interesado es cualquier persona con interés o influencia sobre el producto que no forma parte del equipo Scrum (dueño del producto, scrum master, equipo de desarrollo). Ejemplo de interesados en Scrum sería el cliente, el patrocinador y los usuarios.

Cliente	√
Dueño del producto	
Equipo de desarrollo	
Patrocinador	√
Scrum master	
Usuario	√

R4- Gestión de interesados.

Orden	Proceso
4º	Comunicar periódicamente el estado de avance del proyecto.
2º	Conocer las necesidades de los interesados y los requisitos del proyecto.
5º	Gestionar activamente las expectativas de los interesados.
1º	Identifique periódicamente a los interesados.
3º	Involucrar a los interesados en el proyecto mediante la comunicación activa.

R5- Diagrama del caso de uso. Componentes:

los usuarios
los casos de uso
las interrelaciones

R6- Persona.

En relación con una persona en un proyecto ágil...	V o F
Ayudan a guiar las decisiones sobre la funcionalidad y diseño del producto.	V
La persona principal podría quedar satisfecha con una funcionalidad diseñada para otra persona.	F
Podemos inventar personas cuando no tenemos tiempo para una investigación.	F
Representa a un individuo ficticio, que se basa en usuarios reales.	V
Se describe en una ficha su nombre real, su imagen de rostro, sus gustos, etc.	V

No deberíamos "inventar" personas, sino que la persona se descubre como resultado de una investigación para entender cuáles son las necesidades reales del usuario.
La persona principal debe quedar satisfecha con el producto, pero no puede estar satisfecho con una funcionalidad diseñada para otra persona.

R7- Canales de comunicación.

Canal de comunicación	Interactividad (1 baja a 7 alta)
Audio	3
Cara a cara	7
Carta	1
Chat	5
Email	2
Teléfono	6
Video	4

R8- Comunicación osmótica.

Canal de comunicación	
Audio	
Cara a cara	√
Carta	
Chat	
Email	
Teléfono	
Video	

R9- Radiador de información.

Radiador de información	
Diagrama de trabajo pendiente	√
Registros de problemas	√
Tablero Kanban	√
Teleconferencia	
Videoconferencia	

R10- Equipos multicultirales.

En relación con "equipos multiculturales" ...	V o F
Capacitar sobre la construcción de equipos e interrelaciones personales para conocer la personalidad de los interesados.	V
Crear una cultura dónde informar problemas no sea bien visto, en su lugar priorizar noticias alentadoras que suban la moral del equipo.	F
Mantener reuniones privadas uno a uno, antes de la reunión formal con todo el equipo.	V
Planificar el horario de las reuniones que vote la mayoría, aunque la minoría tenga que trabajar en horarios anormales.	F

R11- Participación de interesados en reuniones.

Tipo de reunión	Participación de interesados externos
Diaria	Baja
Estimación de historias de usuario	Alta
Planificación de la iteración	Media
Priorización del product backlog	Media
Retrospectiva	Baja
Revisión de la iteración	Alta

R12- Tormenta de ideas.

Regla	
Comenzar con pocas ideas para facilitar la reunión.	
Proponer ideas descabelladas o impracticables.	√
Sugerir mejoras a las ideas de otros.	√
Todas las ideas son válidas y nadie puede criticarlas al inicio de la sesión.	√

R13- Juegos colaborativos.

#	Juego	#	Objetivo
1	Caja de productos	5	Crear empatía con el cliente
2	Mi sombra y Yo	3	Descubrir avances ocultos
3	Bríndeles un jacuzzi	7	Descubrir los peores escenarios ocultos o no considerados
4	Mostrar y decir	1	Identificar las características más interesantes del producto
5	El aprendiz	2	Identificar las necesidades ocultas del cliente
6	Lancha rápida	6	Identificar lo que a los clientes no les gusta de su producto
7	Mi peor pesadilla	4	Identificar los artefactos creados por su producto

R14- Complete cada ítem si corresponde a Swarming, Mobbing o Pairing.

Ítem	S, M, P
Los miembros del equipo trabajan cada uno con su pc y teclado	Swarming
El equipo se sienta alrededor de una mesa con un solo teclado	Mobbing
Cuando el analista, desarrollador y el probador trabajan en paralelo	Swarming
La salida del monitor va una pantalla grande para que todos puedan ver	Mobbing
Dos miembros del equipo trabajan en la tarea compartiendo un solo teclado	Pairing
Dos programadores cambian los roles de conductor y navegador	Pairing
El conductor es "tácticos", mientras que el observador es "estratégico"	Pairing

R15- Especificación mediante ejemplos.

En relación con la "especificación mediante ejemplos (SBE)" ...	V o F
Acelera la implementación al acortar los bucles de retroalimentación	V
Alinea las especificaciones con las pruebas de aceptación del usuario	V
Fomenta los juegos de innovación	F
Los ejemplos deberían centrarse en detalles técnicos reales.	F
Los ejemplos deberían centrarse en los objetivos que se quieren alcanzar.	V
Simplifica el diseño y reduce el código innecesario en el desarrollo	V

R16- Inteligencia emocional.

Componente	
Actitud	
Autocontrol	√
Automotivación	√
Capacidad cognitiva	
Conocimiento de uno mismo	√
Empatía	√
Factor G	
Habilidades sociales	√
Inteligencia fluida	

R17- Escucha activa.

ítem	Nivel
Descubrir el significado subyacente de las palabras ligadas a las emociones de la persona, lo que permite conectarse con la otra persona.	3
Escuchar lo que ves, oyes, hueles y sientes de la otra persona. Escuchar todo el entorno de la persona, su lenguaje corporal, su energía y emociones	3
Estamos enfocados únicamente en nosotros mismos para reunir información y satisfacer nuestras propias necesidades.	1
La atención está en la otra persona para entender sus emociones.	2
Mantiene un enfoque en lo que dice la persona, escuchando atentamente cada palabra y "escuchando" cada matiz de la conversación.	2
Se profundiza lo que sabe sobre la otra persona al mantener la curiosidad y hacer preguntas aclaratorias durante el diálogo.	2
Sirve para recopilar datos, pero no para tener conversaciones profundas.	1
Tiende a escuchar más a su propia voz interior, formando opiniones, en lugar de centrarse en lo que se dice	1

R18- Estilos de conflicto.

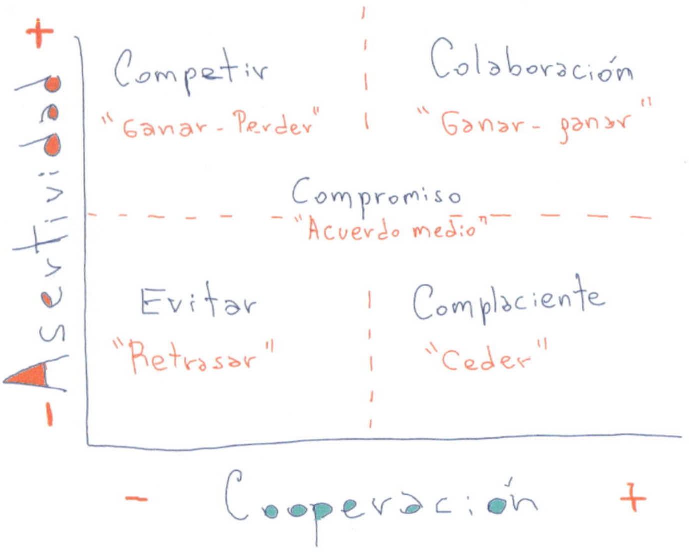

R19- Resolución de conflictos.

Nivel de Conflicto	Resolución
Contienda	Ceder, negociar y obtener hechos.
Cruzada	Hablar con cada parte por separado.
Desacuerdo	Llevar a las partes a una discusión
Guerra	Evitar que las personas se lastimen
Problema por resolver	Colaboración y consenso

R20- Tipo de decisión.

ítem	Decisión
La decisión la toma un pequeño grupo de personas	comando
Los interesados aceptan la decisión tomada por el grupo	consenso
Los miembros del equipo solamente son informados sobre la decisión	comando
Los participantes se involucran activamente para llegar a una decisión	consenso
Los participantes tienen la oportunidad de brindar aportes	consulta

R21- Líder servicial.

Ítem	Orden (1 a 3)
Personas	2º
Proceso	3º
Propósito	1º

R22- Métodos de votación.

En relación con los "métodos de votación" ...	V o F
A las personas con el pulgar hacia los lados se los considera en contra de la decisión	F
La votación simple podría demorar demasiado tiempo	F
La votación simple tiene la oportunidad de escuchar una tercera alternativa	F
Votar con los pulgares es más lento que sondear a todos para obtener información	F
Votar con un dedo significa que bloqueará la iniciativa	F

R23- Espectro de decisiones.

En relación con al "espectro de decisiones de Jim Highsmith" ...	V o F
Poder expresar diferencias es suficiente para que las personas se involucren	V
Quienes están en contra no apoyarán la iniciativa	F
Quienes no estén totalmente a favor deberían buscar otros proyectos	F
Utiliza seis escalas	F

R24- Roles.

Frase	V	F
El coach ágil es un mentor o entrenador con experiencia en metodologías ágiles	√	
El coach ágil guía a organizaciones y equipos a lo largo de su transformación	√	
El flow master administra las solicitudes de servicio en un contexto Kanban	√	
El flow master sería equivalente al scrum master	√	
El líder servicial del equipo siempre cumple el rol de coach ágil		√
En Scrum el rol de coach ágil lo cumple el scrum master		√

R25- Tipos de especialistas.

Frase	I	T	PR
El proyecto está sufriendo cuellos de botella al depender de un especialista	√		
Especialista en un área, pero al mismo tiempo tiene versatilidad		√	
Especialistas en un área en particular (gran profundidad)	√		
Experto en cierto temas y desarrollando otras especialidades			√
Interesado en colaborar en otras áreas donde tiene menor experiencia		√	
Poca contribución en temas fueras de su especialidad (poca amplitud)	√		

R26- Ubicación del equipo.

Frase	V	F
El lugar de trabajo requiere un espacio visible para los radiadores de información	√	
En una reunión de espacio abierto, si un participante no puede aprender o contribuir se trasladará a otra sala.	√	
Las ventanas de pecera son salas multiuso que facilitan la coubicación del equipo		√
Los equipos distribuidos en diferentes usos horarios generan reuniones más eficientes		√
Los equipos distribuidos virtualmente favorecen el conocimiento tácito		√
Los equipos distribuidos virtualmente favorecen la comunicación osmótica		√

R27- Equipos de alto rendimiento.

Característica	
Deciden de manera individual para acelerar el proyecto	
Enfrentan los conflictos	√
Evitan la rendición de cuentas	
Evitan los conflictos	
Llegan siempre a un rápido consenso	
Se basan en la confianza	√
Se basan en los procesos	
Tienen discusiones divergentes	√
Toman decisiones por consenso	√

R28- Equipo empoderado.

Frase	V	F
El líder ágil ejerce comando y control sobre los miembros de su equipo		√
El scrum master es la persona con mayor autoridad del equipo		√
Los equipos ágiles son empoderados	√	
Los equipos empoderados tienen estructuras livianas con mínima supervisión	√	

R29- Tuckman.

Frase	Fase
El equipo evoluciona más rápido si sus roles se expresan claramente	Formación
El equipo toma posesión colectiva y no se culpa a nadie	Desempeño
El equipo trabaja en un ambiente abierto con gran confianza	Desempeño
El líder ayuda al equipo a que encuentren soluciones por sí mismos	Normalización
El líder promueve las buenas relaciones para minimizar los conflictos	Tormenta
Las jerarquías no tienen importancia	Desempeño
Las personas no se sienten parte del equipo	Tormenta
Los individuos se resisten al control de los líderes	Tormenta
Los miembros del equipo aceptan otros puntos de vista	Normalización
Los miembros del equipo son tratados como extraños	Formación
Se establecen las reglas básicas	Formación

R30- Shu-Ha-Ri.

Frase	Shu	Ha	Ri
Aprender técnicas fundamentales que se aplican sin modificaciones	√		
Desarrollar nuevas reglas o metodologías			√
Despegarse de las reglas para adaptar las metodologías		√	
Obedecer las reglas	√		
Quebrar las reglas		√	
Se libera al equipo de toda estructura guiadora			√
Ser la regla			√

R31- Dreyfus.

Frase	Fase
Acumula bastante información y trabaja en múltiples actividades	Competente
Adherencia rígida a las reglas o planes sin aplicar su juicio discrecional	Novato
Planifica deliberadamente y formula rutinas	Competente
Prioriza los aspectos importantes y percibe desviaciones de lo normal	Proficiente
Recolección de información no situacional	Novato
Sabe lo que es posible	Experto
Se mueve por la intuición y no necesita reglas o principios	Experto
Tiene cierta percepción de sus acciones en relación con los objetivos	Competente
Tiene una visión holística del problema	Proficiente
Trata todos los aspectos del trabajo con igual importancia relativa	Principiante

Examen - Liderazgo

1- Marque 2 interesados de un proyecto de desarrollo de un producto innovador que utiliza metodologías Scrum.

A. Cliente

B. Scrum Master

C. Dueño del producto (Product Owner)

D. Usuario

2- Usted está trabajando en un proyecto de implementación de un nuevo sistema de gestión de inventarios y necesita crear un diagrama de caso de uso. ¿Cuáles son 2 componentes principales de este diagrama?

A. Persona

B. Usuarios

C. Interrelaciones

D. Especialistas de perfil T

3- En su proyecto han definido el perfil de una persona para que simule ser un usuario real. Señale 2 respuestas correctas. La persona _____

A. Debe quedar satisfecha con una funcionalidad diseñada para otra persona

B. Se puede inventar cuando no tenemos tiempo para una investigación

C. Ayuda a guiar las decisiones sobre la funcionalidad del producto

D. Representa a un individuo ficticio, que se basa en usuarios reales

4- El equipo ágil está compuesto por siete personas. ¿En qué caso se podría conseguir una comunicación osmótica? Cuando ___________

A. El sistema de comunicación virtual cuenta con tecnología osmótica

B. El equipo está colocado en la misma oficina

C. Se implementan reuniones diarias de 15 minutos

D. El líder del equipo tiene un perfil servicial y empodera al equipo

5- En su rol de líder servicial, ¿qué debería tener en cuenta si trabaja con un equipo multicultural? Señale 2 respuestas correctas.

A. Crear una cultura donde informar problemas no sea bien visto, en su lugar priorizar noticias alentadoras que suban la moral del equipo.

B. Capacitar sobre la construcción de equipos e interrelaciones personales para conocer la personalidad de los interesados.

C. Mantener reuniones privadas uno a uno, antes de la reunión formal con todo el equipo.

D. Planificar el horario de las reuniones que vote la mayoría, aunque la minoría tenga que trabajar en horarios anormales.

6- ¿Cuáles son 2 roles principales del dueño del producto?

A. Definir y priorizar las historias de usuario para maximizar el valor del producto
B. Gestionar el listado de trabajos pendientes (product backlog)
C. Difundir la importancia del proyecto en la organización
D. Planificar el trabajo de la iteración

7- ¿Cuál sería el mejor perfil para un equipo pequeño que está aplicando iteraciones fijas para gestionar los avances para el desarrollo de un producto?

A. Perfil I
B. Perfil T
C. Perfil peine roto
D. Perfil tecnológico

8- Señale 2 ventajas de la coubicación de un equipo para gestionar un proyecto.

A. Compartir el conocimiento tácito
B. Menor tiempo de traslado al lugar de trabajo
C. Comunicación osmótica
D. Facilitar el acceso de equipos multiculturales

9- Usted es el coach de un equipo ágil que está desarrollando un sistema de facenote para seguridad informática. Los miembros del equipo, mientras trabajan con acoso (mobbing), están atravesando discusiones técnicas divergentes de cómo avanzar con el desarrollo. ¿Qué debería hacer en esta situación?

A. Intervenir en la discusión para ayudar al equipo a encontrar una convergencia
B. Observar atentamente las discusiones y dejar que el equipo encuentre una solución
C. Recomendar al equipo que comiencen a trabajar en pares
D. Invitar al cliente y patrocinador para que participen de esa discusión

10- El líder del equipo de proyecto está consultando con los miembros del equipo si están de acuerdo o no con el enfoque a utilizar para agregar una nueva funcionalidad a un chatbox de atención al cliente que se encuentra en funcionamiento. ¿Qué herramienta será de utilidad para que los interesados expresen su apoyo, pero al mismo tiempo compartan sus reservas?

A. Voto simple de la mayoría
B. Espectro de decisiones
C. Pulgares arriba / abajo / de lado
D. Disciplined Agile (DA)

✅ Respuesta Examen – Liderazgo

R1- A y D. En Scrum, los interesados son personas u organizaciones que tienen interés o influencia sobre el producto, pero no forman parte del equipo Scrum. Esto incluye al cliente y al usuario. El Scrum Master y el Product Owner son roles dentro del equipo Scrum, por lo que no se consideran interesados externos.

R2- B y C. El diagrama de caso de uso se compone de tres elementos principales: usuarios, casos de uso e interrelaciones. Los usuarios representan a los actores que interactúan con el sistema, mientras que las interrelaciones muestran cómo los usuarios se relacionan con los casos de uso. Las "personas" y "especialistas de perfil T" no son componentes del diagrama de caso de uso.

R3- C y D. Las "personas" en un proyecto representan individuos ficticios basados en usuarios reales. Estas personas ayudan a guiar las decisiones sobre la funcionalidad y el diseño del producto para asegurar que se satisfacen las necesidades y expectativas de los usuarios reales. Inventar personas sin investigación no es una práctica recomendada, y una persona no debe quedar satisfecha con una funcionalidad diseñada para otra persona, ya que cada persona representa necesidades y expectativas específicas.

R4- B. La comunicación osmótica ocurre cuando los miembros del equipo están físicamente colocados en el mismo espacio, lo que permite que la información fluya naturalmente entre ellos mediante la proximidad. Estar en la misma oficina facilita que los miembros del equipo escuchen y capten información relevante de las conversaciones de los demás, promoviendo una alta tasa de retroalimentación y corrección rápida de errores.

R5- B y C. Capacitar sobre la construcción de equipos e interrelaciones personales ayuda a comprender la personalidad y motivaciones de los miembros del equipo, lo que es esencial en un entorno multicultural. Mantener reuniones privadas uno a uno antes de las reuniones formales permite obtener feedback sincero de los diferentes interesados, lo cual es necesario para manejar las diferencias culturales y asegurar una comunicación efectiva dentro del equipo. / Crear una cultura donde informar problemas no sea bien visto es contraproducente. / Ignorar los husos horarios de la minoría puede generar descontento y afectar la colaboración y productividad del equipo.

R6- A y B. Entre los principales roles del producto owner se encuentran priorizar las historias de usuario y gestionar el producto backlog. / Difundir la importancia del proyecto en la organización es una responsabilidad del patrocinador. / Planificar el trabajo de la iteración es una responsabilidad del equipo de desarrollo.

R7- C. El perfil "peine roto" es ideal para equipos pequeños porque sus miembros tienen habilidades variadas con diferentes niveles de profundidad en varios temas, lo que les permite adaptarse y cubrir múltiples roles según sea necesario. Esto evita cuellos de botella y asegura que el equipo pueda manejar diversas tareas y desafíos durante las iteraciones.

R8- A y C. La coubicación de un equipo facilita la comunicación osmótica, donde la información fluye naturalmente entre los miembros, y el compartir el conocimiento tácito, que es la comprensión no documentada adquirida a través de la experiencia y la interacción diaria. / La coubicación implica que el equipo está en el mismo lugar físico, lo que tiene de desventaja aumentar los tiempos de traslado para llegar al lugar de trabajo. / La coubicación no facilita el acceso a equipos multiculturales, ya que estos equipos suelen estar distribuidos geográficamente.

R9- A. El coach ágil tiene como rol principal facilitar la colaboración y resolver bloqueos del equipo, especialmente cuando las diferencias técnicas afectan el progreso o el clima de trabajo. En un contexto de mobbing (trabajo grupal frente a una misma tarea), las discusiones son saludables hasta cierto punto, pero cuando se tornan improductivas o tensionan al equipo, el coach debe intervenir como facilitador neutral, ayudando a reenfocar la conversación en hechos y objetivos, promoviendo decisiones colaborativas. / Solo observar no resuelve el conflicto. / El trabajo en pares no aborda desacuerdos grupales. / Involucrar al cliente rompe la autonomía del equipo.

R10- B. El espectro de decisiones es una herramienta participativa que permite a los miembros del equipo expresar grados de acuerdo o desacuerdo, en lugar de un voto binario. / El voto simple no muestra matices. / Pulgares es muy superficial. / DA es un marco metodológico, no una técnica de votación.

PO
SM

Capítulo 4 - Producto

٦

Capítulo 4 – Producto

4.1 Visión compartida

Para lograr un involucramiento activo de los interesados, es esencial que los miembros del equipo y las partes interesadas compartan una visión común del proyecto. Esta visión debe inspirar, guiar decisiones y dar sentido al trabajo diario.

Herramientas clave para construir una visión compartida:

- Carta del proyecto
- Caja de visión
- Discurso del ascensor
- Hoja de ruta del producto (Product roadmap)
- Product backlog
- Definición de terminado (Definition of Done)

Carta del proyecto (Acta de constitución)

El acta de constitución o carta del proyecto es un resumen de alto nivel elaborado por el equipo que incluye la visión, la misión, los factores clave de éxito y los acuerdos principales entre el equipo y los interesados externos. Su propósito es crear una comprensión común del proyecto y formalizar su inicio.

Formato: Idealmente una hoja de rotafolio visible en la sala del equipo (si están colocados) o un documento digital compartido (si trabajan de forma remota).

Propósito: Iniciar formalmente el proyecto y establecer una dirección clara.

Enfoque: Se centra en cómo se resolverá el problema o se gestionará el proyecto, más que en qué se desarrollará exactamente, evitando imponer límites innecesarios al alcance.

Contenido inicial:

- Visión: ¿Por qué existe el proyecto?
- Misión: ¿Cómo trabajará el equipo para alcanzar la visión?
- Criterios de éxito: ¿Qué se logrará con el proyecto?

Contenido adicional (en fases más avanzadas):

- Antecedentes
- Objetivos
- Interesados principales

El acta debe ser conocida y aprobada por todo el equipo, para asegurar compromiso y alineación. A medida que se obtiene nueva información, puede revisarse periódicamente para mantener actualizada la comprensión colectiva del proyecto.

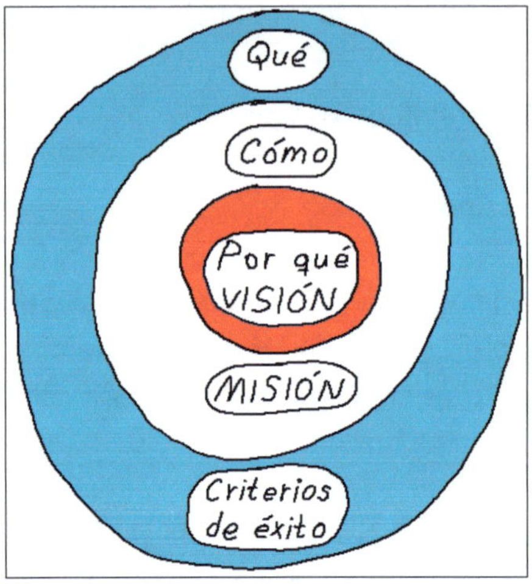

Caja de visión del producto

La caja de visión del producto o **arquitectura del proyecto** es una herramienta que simplifica la visualización del producto condensando la información en un espacio limitado. Ayuda a visualizar el producto y a alinear expectativas entre el equipo y los interesados.

Proceso: Se crea de forma colaborativa en un taller con el equipo y los interesados clave, antes de iniciar el proyecto.

Propósito: Obtener una visión compartida del producto y facilitar la aceptación o rechazo de requisitos futuros.

Formatos: Una hoja de una página o una caja física tipo "cereal box".

Contenido sugerido:

- Nombre del producto
- Descripción breve
- Beneficios clave
- Público objetivo
- Características destacadas
- Criterios de éxito

📝 *Ejemplo*:

- Frente: nombre del producto, logotipo y principales argumentos de valor.
- Laterales: características técnicas, usuarios, funcionalidades clave.
- Parte posterior: funcionalidades avanzadas y requisitos complementarios.

Discurso del ascensor (Elevator pitch)

El discurso del ascensor articula la visión del producto de forma breve, clara y convincente. Permite comunicar el valor del producto a cualquier persona en el tiempo que dura un viaje en ascensor.

Características:

- Brevedad: debe ser directo y conciso.
- Claridad: debe transmitir el valor, el público objetivo y la ventaja diferencial.

📝 *Ejemplo*:
"Para los gerentes financieros que necesitan seguir las operaciones de forma remota, el software Remoting es un sistema eficiente que genera reportes automatizados. A diferencia de otros sistemas, permite acceso remoto desde cualquier lugar y ofrece gráficos visuales exclusivos."

Este ejemplo identifica al público objetivo, el problema, la solución y la ventaja competitiva.

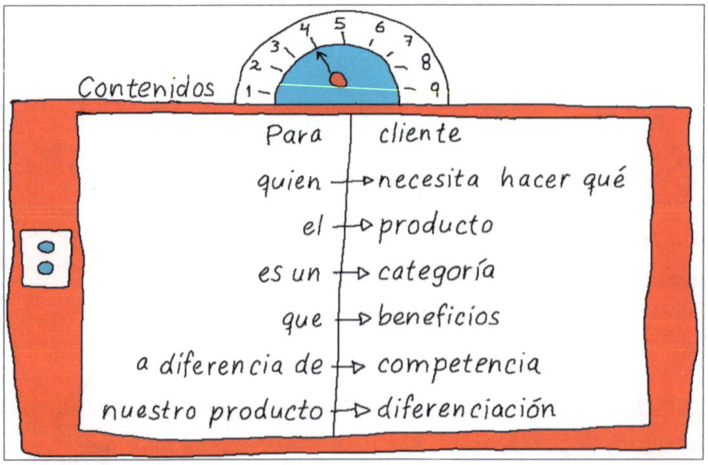

Hoja de ruta del producto (Product roadmap)

La hoja de ruta del producto describe cómo evolucionará el producto a lo largo del tiempo, reflejando la **visión de largo plazo** del proyecto. Es fundamental para alinear expectativas, planificar presupuestos y coordinar prioridades.

Características:

- Flexibilidad: debe ser un documento vivo, sujeto a revisión continua.
- Adaptabilidad: ante cambios de recursos, prioridades o contexto, debe ajustarse el alcance y la secuencia de entregas.

Ejemplo de roadmap: Fase 1: investigación y análisis de mercado. / Fase 2: desarrollo de características básicas. / Fase 3: pruebas beta y retroalimentación de usuarios. / Fase 4: lanzamiento inicial. / Fase 5: mejoras y actualizaciones basadas en feedback.

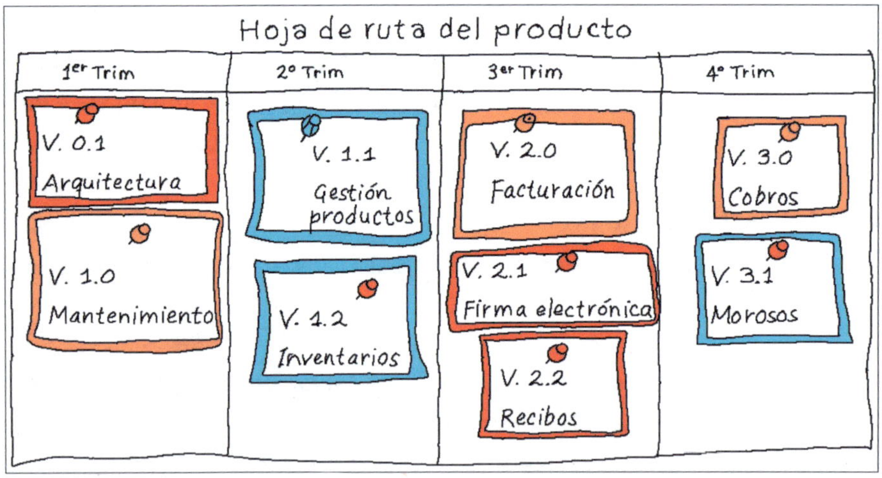

La hoja de ruta brinda una visión clara y compartida de las etapas del producto y permite una planificación eficiente y adaptable a los cambios.

4.2 Product backlog

El product backlog o **trabajo pendiente del producto** es una lista priorizada de características con descripciones breves del producto a desarrollar. Incluye requisitos funcionales y no funcionales, bugs, trabajo técnico y actividades de aprendizaje necesarias para el desarrollo.

Características

Historias de usuario: enumeran todas las características, funciones, requisitos, mejoras y arreglos necesarios para el lanzamiento del producto.

Atributos DEEP:

- Detallada: las historias deben ser comprensibles.
- Estimable: deben poder estimarse por esfuerzo relativo (por ejemplo, puntos de historia).
- Emergente: pueden agregarse, eliminarse o actualizarse en cualquier momento.
- Priorizada: deben ordenarse según su importancia relativa.

Responsabilidades y gestión: El Dueño del Producto (Product Owner) es responsable final de establecer las prioridades del backlog, representando los intereses del cliente. Sin embargo, es esencial involucrar al equipo y a los interesados clave para obtener sus opiniones y garantizar una visión integral del producto.

Estructura del producto backlog

El trabajo pendiente suele dividirse en **temas, épicas, historias de usuario y tareas**. Estas categorías permiten organizar el trabajo de manera jerárquica y progresiva.

- **Mapa de historias:** diagrama visual que organiza temas, épicas e historias, mostrando la secuencia de funcionalidades que se lanzarán con el tiempo.

- **Temas:** conjunto de épicas o historias relacionadas por un mismo propósito.

- **Épicas:** grandes historias de usuario que no pueden completarse en una sola iteración; se dividen en historias más pequeñas.
- **Historias de usuario:** breves descripciones escritas que representan requisitos o funcionalidades en lenguaje del usuario.
- **Tareas:** explican cómo se implementarán las historias. Deben ser **SMART** (específicas, medibles, alcanzables, relevantes y acotadas en el tiempo) y tener una duración máxima de 16 horas.

Historias de usuario

Las historias de usuario son descripciones cortas y simples de una característica desde la perspectiva del usuario o cliente. Definen un requisito a alto nivel y ofrecen suficiente información para que el equipo pueda estimar el esfuerzo necesario para implementarlo.

Las historias suelen escribirse en tarjetas o notas adhesivas y organizarse en tableros físicos o digitales para facilitar la planificación y el debate. Las conversaciones sobre las historias son más importantes que el texto escrito.

Formato típico: Como [quién], quiero [qué], para [objetivo].

📝 *Ejemplo*: *"Como vendedor, quiero registrar los productos y cantidades solicitadas por un cliente para generar un pedido de venta".*

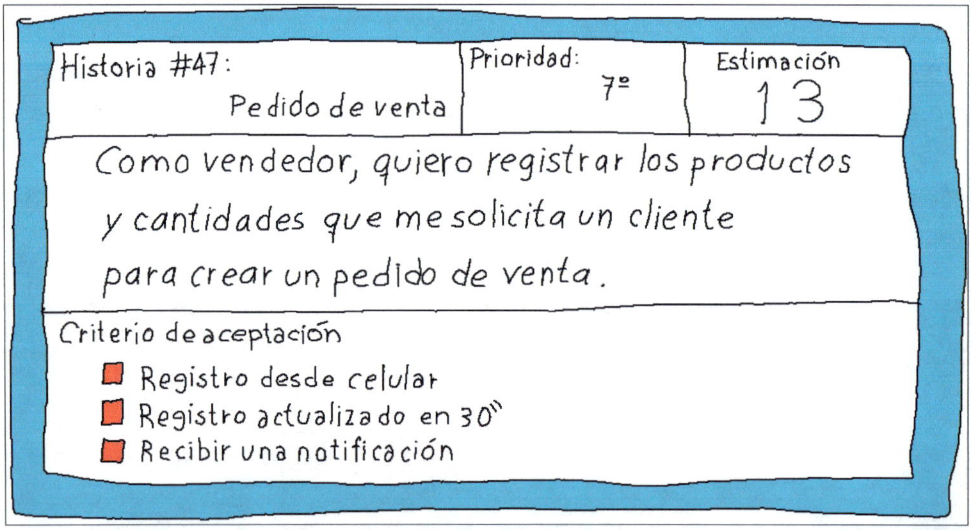

Las historias deben centrarse en **qué quiere lograr el usuario**, no en cómo se implementará técnicamente.

🚫 Mal ejemplo de historia: *"Como cliente, necesito completar un formulario hecho con jQuery para registrarme online y activar la cláusula de privacidad."*

👍 Buen ejemplo de historia: *"Como cliente, quiero registrarme online para recibir confirmación de mis compras."*

Las historias efectivas cumplen con los seis **atributos INVEST**:

- *Independiente*: debe entenderse por sí sola, sin depender de otras historias.
- *Negociable*: puede modificarse o reemplazarse antes de la iteración.
- *Valiosa*: aporta valor al cliente o usuario final.
- *Estimable*: permite calcular su tamaño relativo y esfuerzo requerido.
- *Pequeña (Small)*: puede completarse en una iteración.
- *Testeable:* contiene criterios claros para verificar si está completa.

Si una historia es demasiado grande, debe dividirse en historias más pequeñas. En cambio, si una historia es demasiado compleja para dividirse, se pueden definir hitos parciales que marquen avances tangibles del equipo.

Refinamiento del backlog

El refinamiento continuo (backlog refinement o **grooming**) es una práctica esencial donde el equipo y el Dueño del Producto revisan, detallan y priorizan los elementos del backlog. Suele ocupar entre 5% y 10% del tiempo de cada iteración.

Durante el refinamiento se puede:

- Dividir épicas en historias más pequeñas.
- Aclarar criterios de aceptación.
- Reordenar prioridades.
- Estimar el esfuerzo de las historias.
- Eliminar elementos obsoletos.

El backlog es **dinámico y evolutivo**: cambia a medida que surgen nuevas necesidades, se obtiene feedback o se ajustan las prioridades.

Un backlog demasiado detallado (fine-grained) puede volverse difícil de mantener, mientras que uno demasiado general (coarse-grained) no brinda orientación suficiente al equipo. Por eso, los ítems más prioritarios deben estar bien detallados, y los de menor prioridad pueden permanecer en formato más general (épicas o historias incompletas).

El nivel de detalle también evoluciona con el ciclo de vida del producto: al inicio, el backlog es más general; en fases avanzadas, más específico y preciso.

El product backlog se sigue refinando durante todo el proyecto, permitiendo la adición de nuevas funcionalidades y requisitos, así como la modificación o eliminación de historias existentes.

Definición de Terminado (DoD)

La Definición de Terminado (DoD – **Definition of Done**) es una lista de criterios objetivos que deben cumplirse para considerar que un producto, funcionalidad o incremento está completamente terminado y listo para ser utilizado por el cliente.

Beneficios de la DoD:

- **Alinear expectativas** entre el equipo y los interesados clave.
- **Evitar malentendidos** sobre qué significa que un producto esté realmente terminado.
- **Reducir riesgos**, asegurando que el trabajo entregado tenga valor para el cliente.

Ejemplos de DoD:

- Todo el código requerido está completado.
- El código cumple con los estándares de desarrollo definidos.
- Pruebas unitarias escritas y aprobadas.
- Cambios de configuración documentados y comunicados.

La DoD promueve transparencia, calidad constante y entregas predecibles, ayudando al equipo a mantener un flujo de trabajo profesional y sostenible.

Definición de Listo (DoR)

La Definición de Listo (DoR – **Definition of Ready**) es un concepto complementario que garantiza que las historias de usuario estén preparadas antes de comenzar a trabajarlas en una iteración.

Ejemplos de DoR:

- Historia de usuario clara, comprobable y factible.
- Criterios de aceptación y dependencias definidos.
- Persona responsable de la aceptación identificada.

En resumen:

- La **DoR** asegura que el trabajo esté **listo para empezar**.
- La **DoD** confirma que el trabajo está **listo para entregar**.

Ambas definiciones fortalecen la disciplina ágil y ayudan al equipo a entregar valor con mayor calidad y previsibilidad.

4.3 Planificación del producto

La planificación del producto se realiza en distintos **niveles de horizonte temporal** para asegurar que el equipo y los interesados estén alineados y que el proyecto avance de manera eficiente. Cada nivel permite ajustar la visión y el detalle según la etapa del producto.

Niveles de planificación

- **Visión del producto:** define qué es el producto, quién lo usará y por qué. Explica cómo respalda la estrategia de la organización. *Revisión anual.*
- **Hoja de ruta del producto:** mapa con los requisitos de alto nivel y los plazos estimados para los lanzamientos. Sirve para alinear a los interesados y obtener presupuesto. *Revisión semestral o bajo solicitud del cliente.*
- **Lanzamiento (Release):** cronograma de alto nivel que define las funcionalidades principales de cada release. *Revisión trimestral.*
- **Wave (u ola):** detalla épicas e historias para las próximas iteraciones y mantiene un nivel más general para las posteriores. *Revisión mensual.*
- **Iteración:** define objetivos, tareas y requisitos específicos para cada ciclo de trabajo. *Revisión al cierre de la iteración.*
- **Día:** planificación táctica de las actividades diarias. *Revisión en la reunión diaria.*

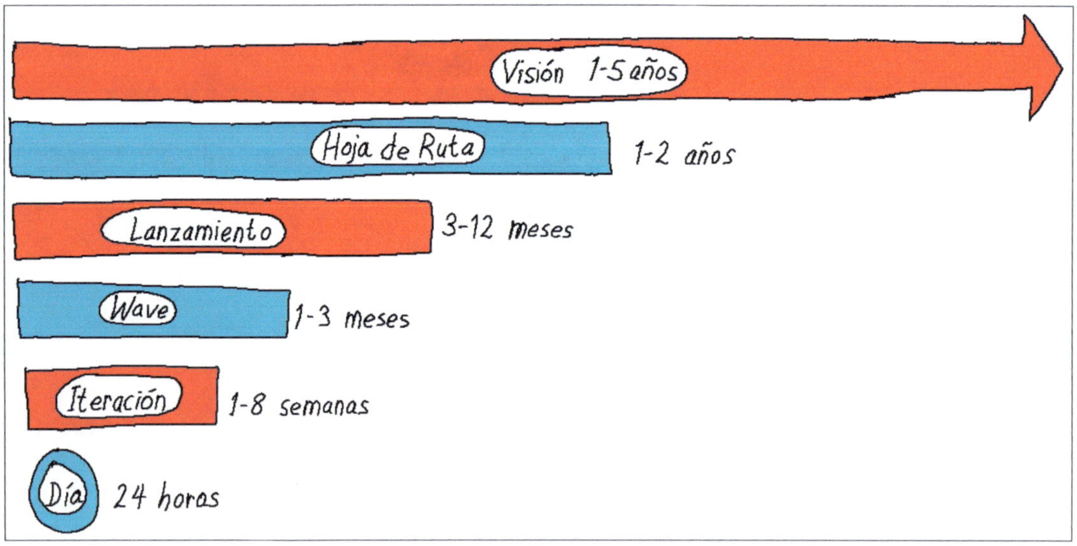

Nota: Estas duraciones son orientativas y dependen del tipo de proyecto.

Elaboración progresiva (Rolling wave planning)

La elaboración progresiva es un proceso iterativo que aumenta el nivel de detalle del plan a medida que se dispone de más información. Permite planificar con precisión las actividades inmediatas y mantener más generales las futuras.

Ejemplo: dividir épicas en historias de usuario y detallar esas historias a medida que se aproxima su desarrollo. Cada iteración aporta lecciones aprendidas que permiten ajustar el plan continuamente, mejorando la precisión y efectividad del proyecto.

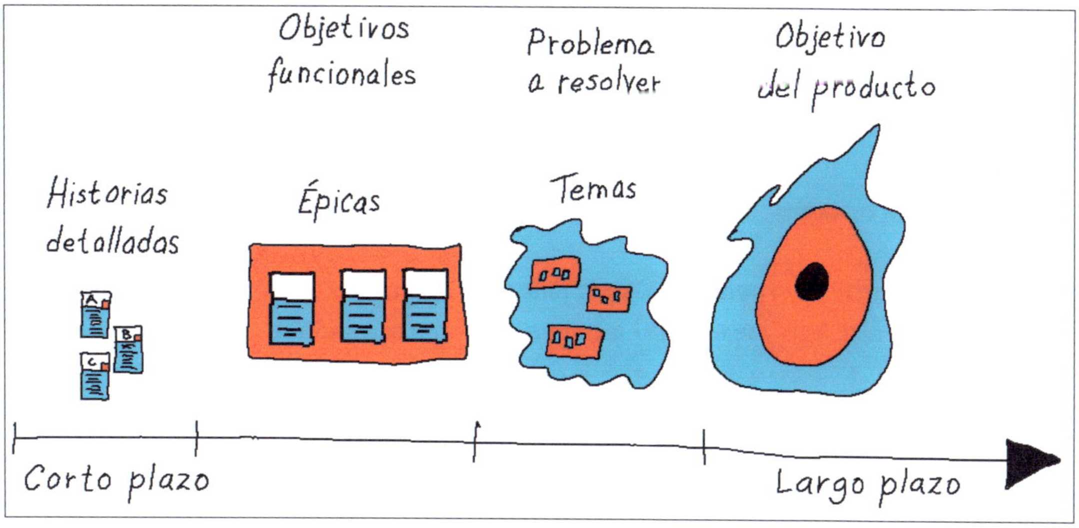

Adaptabilidad

Las metodologías ágiles valoran la adaptabilidad por encima de seguir un plan rígido. Los cambios en los requisitos son **naturales, inevitables y deseables**.

El enfoque ágil combina:

- *Desarrollo iterativo*: se construye una versión parcial del producto y se mejora en ciclos sucesivos.
- *Desarrollo incremental*: cada entrega agrega funcionalidades utilizables por el cliente.

El plan se ajusta cada vez que se aprende algo nuevo o cambian las prioridades, los requisitos o el entorno.

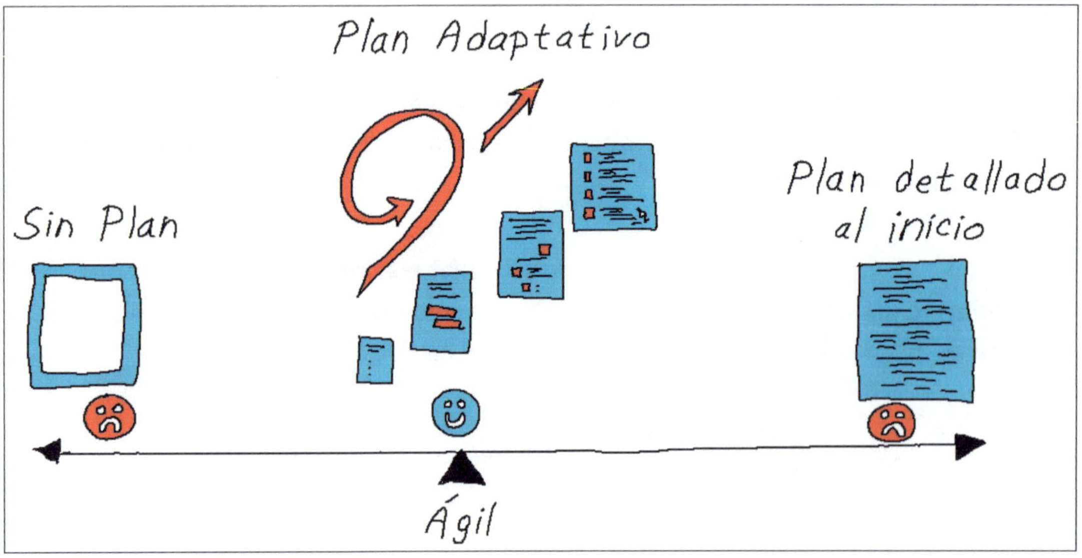

Timebox (tiempo preestablecido)

El timebox consiste en fijar un período máximo para lograr objetivos o completar tareas. En lugar de "trabajar hasta que esté listo", se trabaja hasta que el tiempo asignado se agote.

Esta restricción temporal impulsa la **priorización**, **focalización** y **entregas frecuentes**.

En **Scrum**, las iteraciones duran entre 1 y 4 semanas, y cada evento tiene un timebox definido:

- *Planificación de la iteración*: 2 horas por cada semana de iteración.
- *Reunión diaria*: 15 minutos.
- *Revisión de la iteración*: 1 hora por cada semana de iteración.
- *Retrospectiva*: 45 minutos por semana de iteración.

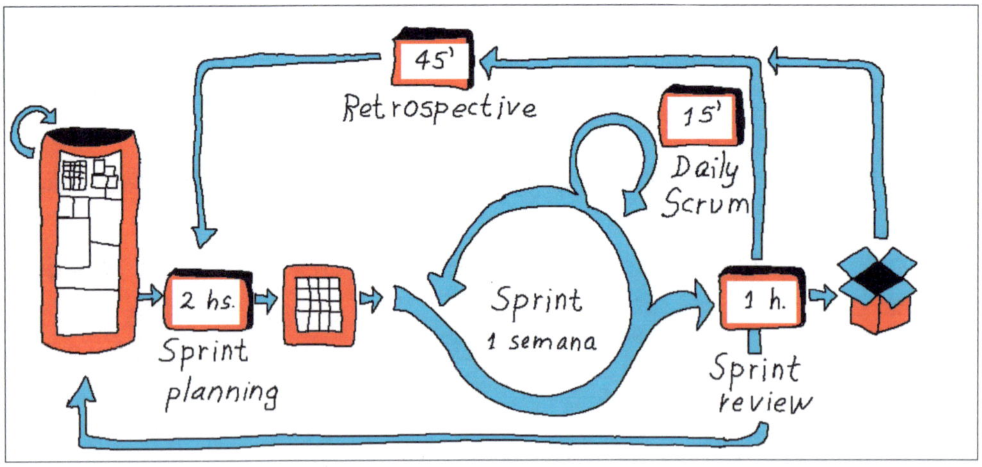

Producto Viable Mínimo (MVP)

El Producto Viable Mínimo (MVP – Minimum Viable Product) es la versión más simple y funcional de un producto que permite obtener retroalimentación temprana de los usuarios.

Conceptos clave:

- **Producto**: algo tangible que los clientes puedan usar o probar.
- **Viable**: ofrece suficiente valor a los primeros usuarios.
- **Mínimo**: incluye solo las funcionalidades esenciales.

El MVP busca validar hipótesis del producto con la menor inversión posible. Permite aprender rápidamente si el equipo está construyendo el producto correcto antes de desarrollar todas sus características.

👍 *MVP incluye*:

- Pruebas de nuevas ideas.
- Soluciones mínimas para un problema específico.
- Retroalimentación rápida con baja inversión.

🚫 MVP no incluye:

- Diseño para obtener beneficios inmediatos.
- Productos finales ni estéticamente terminados.
- Funcionalidades no esenciales.

El MVP puede ser un producto funcional o un prototipo exploratorio, como los prototipos de autos exhibidos en ferias para medir el interés del público antes de su producción.

El MVP no debería basarse solamente en las funcionalidades del producto, sino que debe incluir también algo de fiabilidad, usabilidad y diseño.

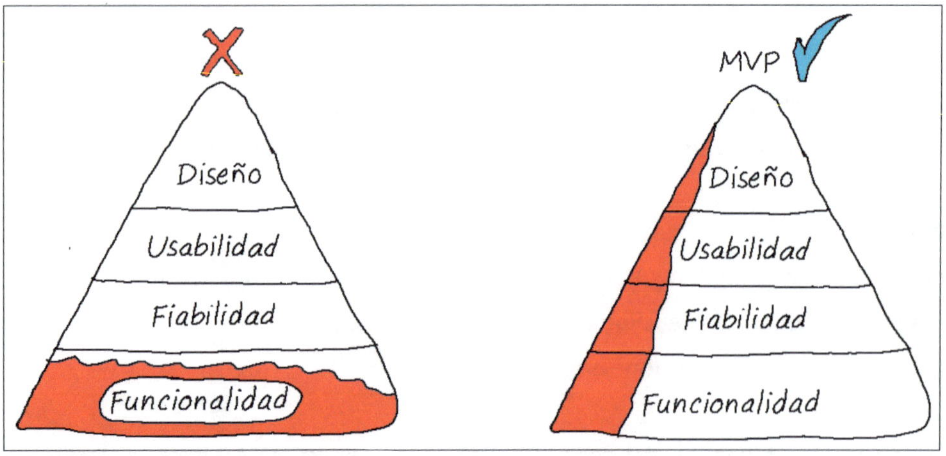

Con un MVP se busca minimizar el tiempo y esfuerzo invertidos por iteración, aprendiendo lo máximo posible con cada entrega. El proceso se repite de forma iterativa hasta lograr un producto que encaje con las necesidades del mercado, o bien hasta concluir que la propuesta no es viable y debe ajustarse o descartarse.

Característica comercializable mínima (MMF)

Aunque los conceptos de Producto Viable Mínimo (MVP) y Característica Comercializable Mínima (MMF) suelen usarse de forma similar, no significan lo mismo. La MMF (Minimum Marketable Feature) representa la **unidad más pequeña de funcionalidad** que entrega un valor tangible al cliente. A diferencia del MVP, que puede ser un prototipo o versión preliminar, la MMF siempre es un **producto terminado y utilizable**.

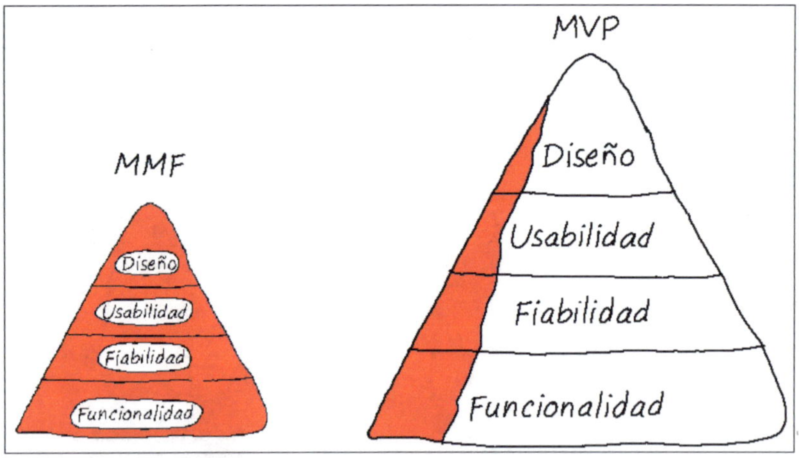

Ejemplo: El lanzamiento de un teléfono móvil con su software básico que incluye solo las funciones esenciales, agregando gradualmente nuevas características a través de actualizaciones. Este enfoque contrasta con desarrollar desde el inicio un producto complejo y con exceso de funcionalidades.

La MMF permite a las organizaciones entregar valor rápidamente, satisfacer necesidades específicas de los clientes y acelerar el retorno de inversión, asegurando una evolución del producto basada en resultados reales y no en suposiciones.

Wireframe, Mockup, Prototipo

Los wireframes, mockups y prototipos son herramientas fundamentales para involucrar a los interesados en la definición del producto antes de realizar grandes inversiones en su desarrollo. Permiten visualizar, discutir y validar el alcance del producto de manera temprana, reduciendo riesgos y malentendidos.

- **Wireframe:** esquema simple del producto (app, sitio web, etc.), centrado en la estructura y funcionalidad. Muestra *qué hace*, no *cómo se ve*.
- **Mockup:** maqueta visual con colores, tipografía y diseño. Se asemeja al producto final, pero no es interactiva.
- **Prototipo:** versión casi funcional donde pueden probarse procesos e interacciones. Es ideal para validar la experiencia del usuario y recolectar feedback.

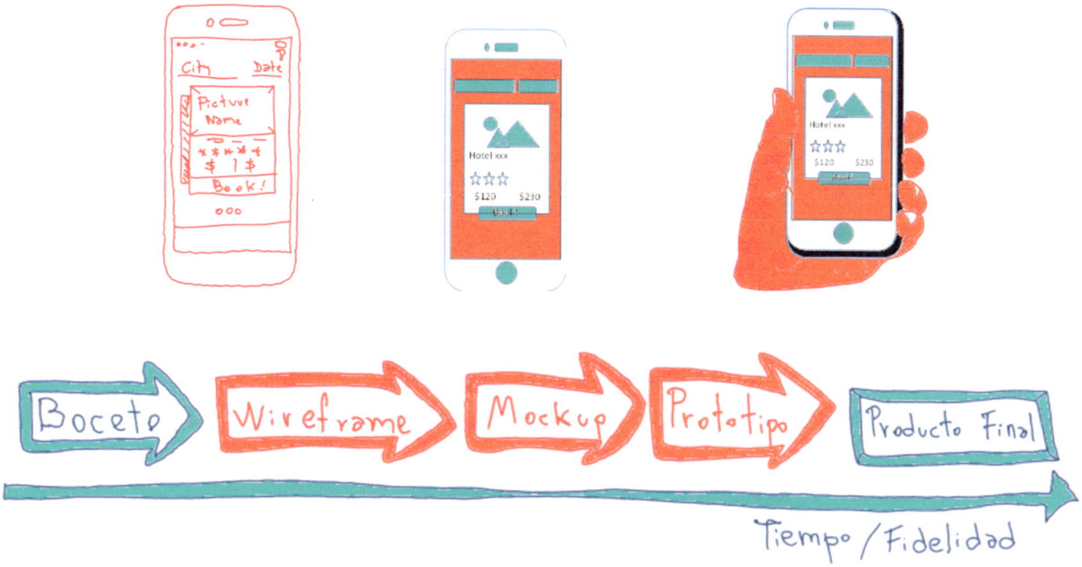

Planificar iteraciones

La planificación de iteraciones es el evento donde el equipo define qué parte del trabajo pendiente puede comprometerse a entregar en el próximo ciclo.

Resultados esperados:

- ✓ Sprint backlog: listado de historias seleccionadas con sus criterios de aceptación.
- ✓ Objetivo de la iteración: declaración del valor comercial a entregar.
- ✓ Compromiso del equipo: acuerdo colectivo sobre el trabajo y los resultados esperados.

Holgura (Slack)

Dado que las estimaciones nunca son exactas, se pueden planificar holguras: tareas de baja prioridad que pueden eliminarse si surge un atraso. Esto permite mantener las fechas sin afectar los entregables críticos.

Ejemplos de holguras:

- Agregar pruebas a código heredado.
- Mejorar la arquitectura
- Reducir deuda técnica: trabajo pendiente o decisiones técnicas subóptimas que generan retrabajo y mayor costo futuro
- Refactorizar componentes.
- Investigar nuevas tecnologías.

Spike (Pico o Ápice)

Cuando una historia tiene alta incertidumbre o falta de información, se puede realizar un spike: una tarea breve de investigación o exploración.

Objetivos de un spike:

- ✓ Reducir riesgos técnicos o funcionales.
- ✓ Mejorar la comprensión de un requisito.
- ✓ Aumentar la confiabilidad de las estimaciones.

Tipos:

- **Spikes funcionales:** analizan el comportamiento o descomposición de una solución.
- **Spikes técnicos:** investigan alternativas de implementación, rendimiento o arquitectura.

Ejemplos de spike:

- Estimar nuevas características o capacidades, analizando el comportamiento esperado de una funcionalidad.
- Definir estrategias para dividir una historia de usuario en partes más pequeñas y medibles.
- Evaluar la viabilidad técnica o funcional de una épica antes de comprometer recursos.
- Investigar nuevas tecnologías o herramientas para comprender su aplicabilidad en el proyecto.

Los spikes **no agregan valor directo al usuario**, por lo que deben usarse con moderación.

Planificación tipo bombardeo (Blitz Planning) [12]

Sesión colaborativa enfocada en planificar los primeros meses de un proyecto.

🎯 *Objetivo*: definir las actividades iniciales y obtener aprobación temprana del patrocinador.

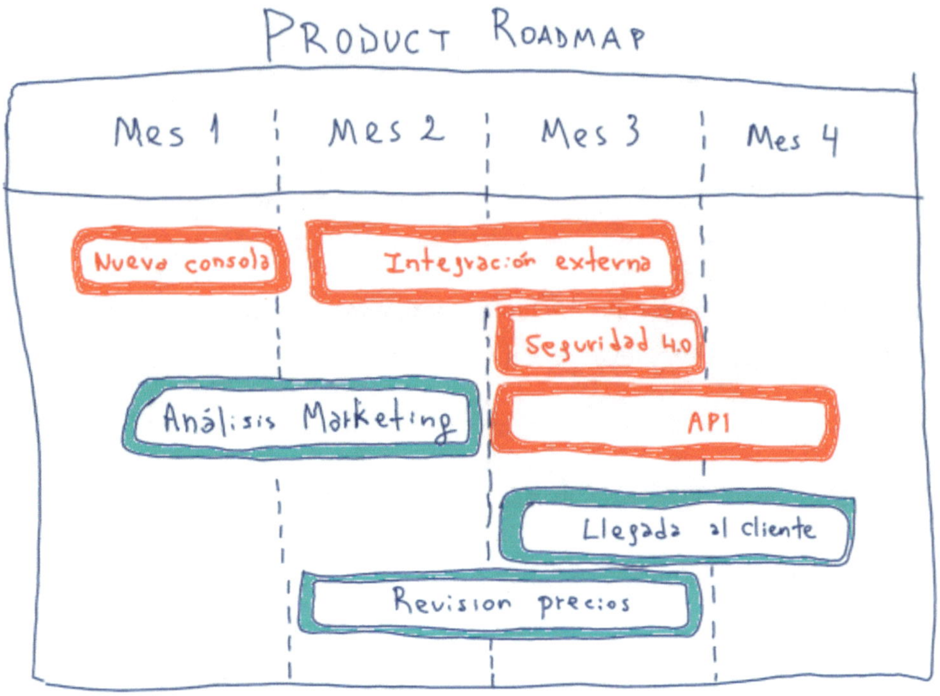

👣 Pasos principales:

1. Reunir al patrocinador, usuarios clave, analistas y desarrolladores.
2. Escribir las tareas principales en tarjetas de alto nivel.
3. Ordenar y revisar según dependencias.
4. Estimar duración y responsables.
5. Identificar las primeras funcionalidades para un lanzamiento temprano.
6. Construir la hoja de ruta agrupando futuras tareas.
7. Optimizar el plan eliminando tareas no esenciales.

Este enfoque promueve colaboración, transparencia y rapidez en la planificación inicial.

[12] Alistair Cockburn, Crystal Clear.

4.4 Técnicas de estimación

En los proyectos ágiles, donde el alcance se adapta continuamente, es difícil estimar una fecha de finalización exacta o un costo final del producto. En lugar de una única cifra, se utilizan **rangos aproximados de estimación**, por ejemplo:

- Lanzamiento del producto en 2 meses ±15 días.
- Costo total del proyecto $100 ±50%.

A medida que el proyecto avanza y se obtiene más información, las estimaciones iniciales deben refinarse y actualizarse continuamente para reflejar cambios en el alcance, la velocidad del equipo o el contexto del proyecto.

La técnica de estimación elegida dependerá de:

- El tamaño del equipo y número de historias.
- El nivel de incertidumbre o madurez del producto.
- La necesidad de velocidad o precisión.

En los entornos ágiles, lo importante no es el número exacto de la estimación, sino la conversación que genera. Las estimaciones son una herramienta para tomar decisiones, priorizar y aprender de forma continua.

Tiempo ideal

El tiempo ideal es el plazo estimado para completar una tarea o historia de usuario asumiendo que no habrá interrupciones y que el equipo puede trabajar con total concentración. En la práctica, el tiempo real suele ser mayor debido a ineficiencias y contingencias.

La relación entre ambos tiempos se denomina factor de carga (load factor):

Tiempo real = Tiempo ideal / Factor de carga

Ejemplo: Si una tarea tiene un tiempo ideal de 6 horas y el tiempo real fue de 8 horas, el factor de carga es 0,75 (6/8). El equipo puede estimar en tiempo ideal y luego dividir por el factor de carga para obtener una proyección realista.

Estimaciones relativas

En lugar de medir el tiempo ideal, las metodologías ágiles recomiendan estimar el esfuerzo relativo. Esto promueve una comprensión compartida del trabajo sin caer en una falsa sensación de precisión.

Ejemplos: puntos de historia, póker de planificación, por afinidad, bucket, talle de camisetas, pequeño-incierto-grande.

Puntos de historia (Story points)

Los puntos de historia indican la complejidad relativa de las historias de usuario.

Ejemplo:

- Historia simple → 1 punto
- Historia media → 8 puntos
- Historia compleja → 55 puntos

La secuencia más usada es la **serie de Fibonacci** (1, 2, 3, 5, 8, 13, 21, 34, 55...). Los puntos no representan horas ni días, sino esfuerzo, riesgo y complejidad combinados.

🛠️ Póker de planificación (Planning poker)

Técnica colaborativa basada en el consenso del equipo para estimar el tamaño relativo de pocas historias de usuario.

👣 *Pasos:*

1. El dueño del producto lee o explica una historia de usuario.
2. Cada miembro del equipo elige una carta con su estimación (1, 2, 3, 5, 8, 13, 20, 40 o 100). Cartas especiales: **"?"** (duda) y ☕ (pausa).
3. Todos muestran sus cartas al mismo tiempo para evitar influencias.
4. Si hay grandes diferencias, se discuten los motivos y se vuelve a votar.
5. Se repite hasta alcanzar consenso.

Si las diferencias persisten, conviene no priorizar esa historia por su alto riesgo o falta de claridad.

El póker de planificación ayuda a promover una estimación colaborativa y a identificar rápidamente las discrepancias en la comprensión de las historias de usuario.

🛠️ **Estimación por afinidad** (Affinity estimation)

Permite estimar rápidamente muchas historias del product backlog.

👣 *Pasos:*

1. Cada miembro del equipo de manera individual ordena las historias en un tablero según su tamaño relativo.
2. El equipo discute y reorganizan esas historias.
3. Se agrupan en "cubículos" o categorías (ej. XS, S, M, L, XL o puntos de historia).
4. El dueño del producto revisa y ajusta las posiciones.
5. Se registran los tamaños estimados.

🛠 Sistema de cubículos (Bucket system)

Más rápido que el póker de planificación cuando hay muchas historias o participantes.

👣 *Pasos:*

1. Preparar un tablero con cubículos etiquetados (1, 2, 3, 5, 8, 13, 20, etc.).
2. Colocar una historia al azar de referencia en el cubículo “8”.
3. Seleccionar dos historias más al azar, leerlas y ubicarlas según su esfuerzo relativo.
4. Reacomodar las tres historias según consenso.
5. Distribuir las historias restantes entre los participantes para ubicarlas en silencio.
6. Revisar y discutir las historias fuera de lugar.
7. Registrar las estimaciones finales.

🛠️ Talles de camisetas (T-shirt size)

Útil para épicas o historias grandes. El equipo asigna un talle según el esfuerzo: XS, S, M, L o XL. Este método brinda una visión rápida del tamaño y costo del backlog sin caer en detalles excesivos.

Talle	Plazo	Personas	Costo
XS	1-4 semanas	1-2	$1.000 - $10.000
S	2-3 meses	3-5	$10.000 - $50.000
M	4-6 meses	6-10	51.000 – 300.000
L	7-12 meses	11-20	301.000 – 1.000.000
XL	+1 año	+20	+ 1.000.000

🛠️ Pequeño / Incierto / Grande

Técnica rápida para clasificar historias de usuario:

- Pequeño: bajo esfuerzo.
- Grande: alto esfuerzo.
- Incierto: requiere análisis.

Primero se ubican las historias evidentes en las categorías extremas, luego se discuten las "inciertas" hasta asignarlas correctamente. Luego, se puede asignar tamaños relativos a estas 2 categorías (ej. Pequeño: XS, S, M; Grande: L, XL, XXL).

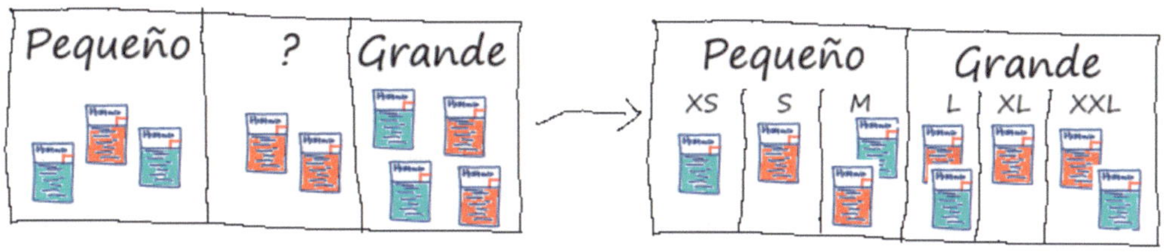

Votación de puntos (Dot voting)

Cada miembro recibe una cantidad limitada de puntos o pegatinas para distribuir entre las historias según el esfuerzo percibido. Las historias con más votos se consideran de mayor complejidad o esfuerzo.

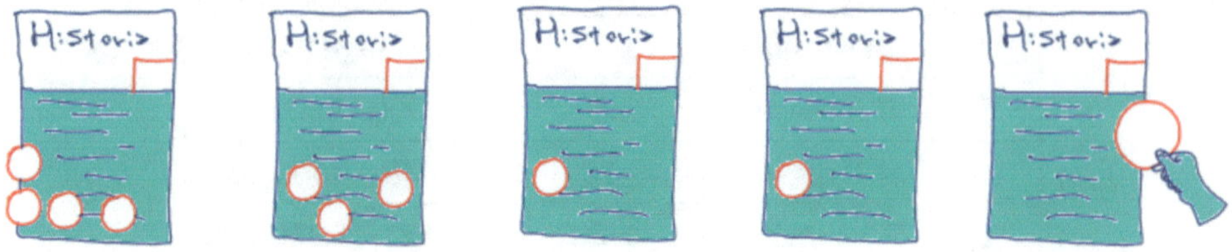

Triangulación (Triangulating)

Consiste en comparar la historia actual con otras previamente estimadas: ¿es más grande, igual o más pequeña? Sirve para validar estimaciones previas y mantener consistencia en el criterio del equipo.

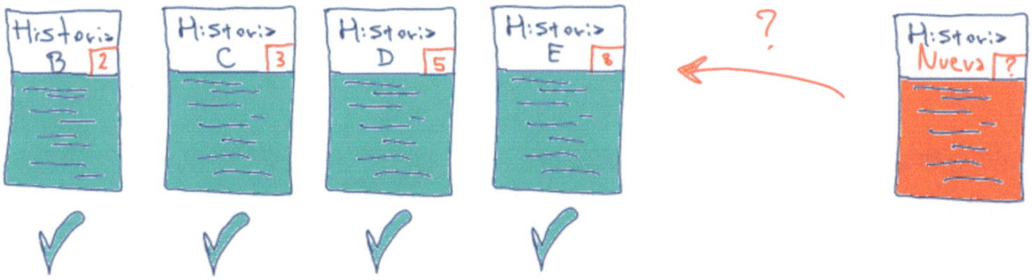

Delphi de banda ancha (Wideband Delphi Technique)

Técnica anónima y colaborativa donde cada miembro del equipo estima en privado. El facilitador recopila los resultados y los presenta para su discusión y revisión colectiva. Se denomina "banda ancha" porque incluye más interacción y comunicación que el método Delphi tradicional.

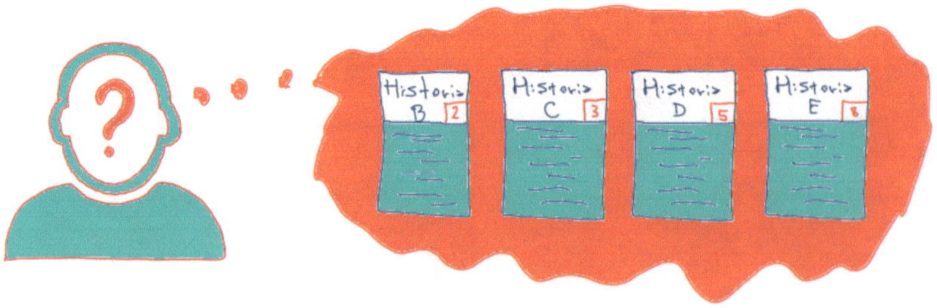

🛠️ **Mapeo mudo** (Mute mapping)

Después de una lluvia de ideas, el equipo agrupa las historias en silencio, utilizando categorías visuales (por ejemplo, talles). El ejercicio concluye cuando todos los participantes están conformes con la agrupación. Esta técnica promueve participación equitativa y evita sesgos de dominancia en la conversación.

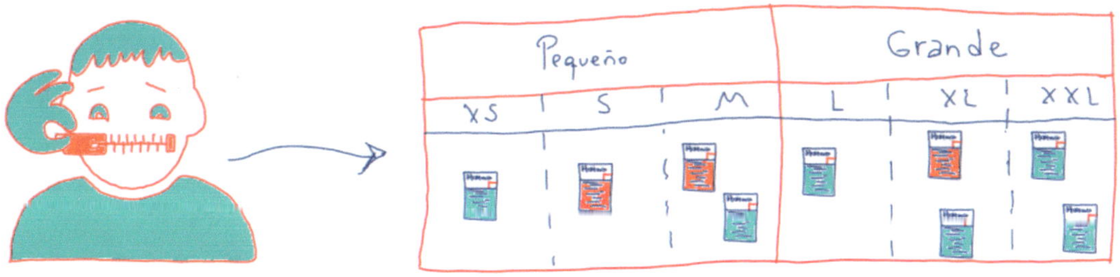

Métodos de consenso y validación

Las estimaciones en entornos ágiles no buscan una precisión matemática, sino alinear percepciones dentro del equipo. Después de realizar estimaciones iniciales (por ejemplo, mediante puntos de historia o talles de camisetas), es fundamental validarlas y consensuarlas colectivamente.

Estas técnicas permiten contrastar opiniones, detectar sesgos y construir acuerdos compartidos sobre el esfuerzo estimado. Su objetivo no es definir "el número correcto", sino fomentar la conversación y el entendimiento común del trabajo a realizar.

4.5 Priorización de los requisitos

En la gestión ágil de proyectos, el **alcance** del producto es definido por el cliente o su representante (dueño del producto) mediante **requisitos, funcionalidades, épicas o historias de usuario**. Todas las historias de usuario forman parte del product backlog, y las seleccionadas para cada iteración definen el alcance incremental del proyecto.

El esfuerzo de cada historia puede estimarse en horas, aunque en metodologías ágiles se prefiere utilizar puntos de historia (story points), que reflejan el esfuerzo relativo necesario para completarlas. El valor que cada historia aporta al cliente debe ser el factor principal para decidir el orden de desarrollo.

El dueño del producto prioriza las historias considerando su impacto en el negocio, con apoyo del equipo técnico para estimar esfuerzo, dependencias y riesgos.

Criterios para priorizar historias de usuario

Los factores más comunes para estimar el valor relativo de cada historia son:

- ✓ Generar un mayor retorno de la inversión (ROI).
- ✓ Resolver más problemas o necesidades del cliente.
- ✓ Optimizar procesos críticos del negocio.
- ✓ Reducir riesgos tecnológicos o de operación.
- ✓ Mejorar la imagen o reputación empresarial.
- ✓ Incrementar la participación de mercado.
- ✓ Considerar el esfuerzo o costo asociado a cada historia.

El refinamiento continuo del product backlog se apoya tanto en el valor como en el riesgo. Cuando cambia el contexto del negocio, también cambian las prioridades, y el backlog debe actualizarse en consecuencia.

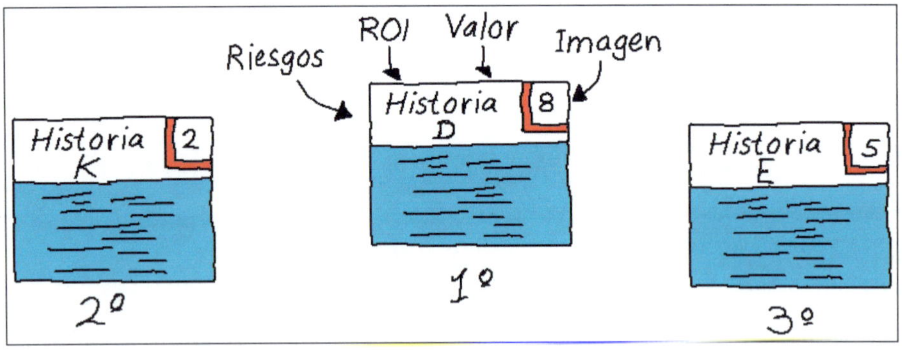

Técnicas de Priorización

Existen métodos **cuantitativos**, basados en análisis financieros, y **cualitativos**, usados cuando no se dispone de suficiente información económica o cuando la agilidad exige decisiones más rápidas.

1. Criterios financieros

🛠 Retorno de la inversión (ROI; Return on Investment)

El ROI mide la ganancia neta obtenida en relación con la inversión inicial. Por ejemplo, si invertir $100 genera $115 en cinco meses, el ROI es 15%.

ROI = (Ganancia neta / Inversión inicial) × 100

📝 *Ejemplo*: En la siguiente tabla se presentan los flujos de fondos estimados para cinco épicas, cada una con una inversión inicial de $100:

Flujo Fondos	Hoy	Mes 1	Mes 2	Mes 3	Mes 4	Mes 5	Ganancia	ROI
Épica A	-$ 100	$ 0	$ 0	$ 25	$ 40	$ 50	**$ 15**	**15%**
Épica B	-$ 100	$ 55	$ 40	$ 5	$ 5	$ 5	**$ 10**	**10%**
Épica C	-$ 100	$ 0	$ 0	$ 0	$ 0	$ 117	**$ 17**	**17%**
Épica D	-$ 100	$ 20	$ 20	$ 20	$ 20	$ 25	**$ 5**	**5%**

El ROI de la Épica A sería del 15% en cinco meses (ganancia neta de $15 sobre $100 de inversión inicial). La Épica C muestra el mejor ROI (17%) y la Épica D el peor (5%). Sin embargo, el ROI no considera el valor del dinero en el tiempo, es decir, que un dólar hoy vale más que un dólar mañana. Por esta razón, aunque es una métrica sencilla y útil, el ROI tiene limitaciones para seleccionar la mejor alternativa de inversión.

A continuación, veremos criterios más precisos como el Valor Actual Neto (VAN) y la Tasa Interna de Retorno (TIR), que incorporan el efecto del tiempo en la rentabilidad.

🛠 Valor actual neto (VAN)

Mientras antes se obtengan los ingresos, más beneficioso será para el proyecto. Para comparar alternativas de inversión, necesitamos considerar el valor del dinero en el tiempo: $100 mañana valen menos que $100 hoy.

El costo de oportunidad del dinero suele ser el retorno que podríamos obtener invirtiendo ese dinero en otros proyectos de riesgo similar.

Para calcular el **valor actual** de un ingreso futuro se utiliza la fórmula:

$$\text{Valor actual} = \text{Valor futuro} / (1 + i)^n$$

donde:

- i = tasa de interés (costo de oportunidad)
- n = número de períodos

Ejemplo: Si el costo de oportunidad fuera del 1% mensual y un lanzamiento del proyecto genera $100.000 dentro de 3 meses, su valor actual sería:

$$\text{Valor actual} = 100.000 / (1{,}01^3) \approx \$97.059$$

Es decir, $100.000 dentro de 3 meses equivalen hoy a $97.059.
Supongamos ahora que para desarrollar una épica debemos invertir $100 hoy para obtener ingresos de $30 en el mes 3, $40 en el mes 4 y $50 en el mes 5.

	Hoy	Mes 1	Mes 2	Mes 3	Mes 4	Mes 5	Total
Flujo Fondos	-$ 100	$ 0	$ 0	$ 30	$ 40	$ 50	**$ 20**
Valor actual	-$ 100	$ 0	$ 0	$ 29,12	$ 38,44	$ 47,57	**$ 15,13**

Si la tasa de descuento fuera del 1% mensual, el VAN sería:

$$\text{VAN} = -100 + 29{,}12 + 38{,}44 + 47{,}57 = \$15{,}13$$

Como el VAN es positivo, la inversión es rentable.

Para priorizar entre distintas épicas que generan ingresos en momentos distintos, podemos comparar sus VAN.

Retomemos las mismas cuatro épicas del ejemplo de ROI:

Flujo Fondos	Hoy	Mes 1	Mes 2	Mes 3	Mes 4	Mes 5	Total	ROI
Épica A	-$ 100	$ 0	$ 0	$ 25	$ 40	$ 50	**$ 15**	**15%**
Épica B	-$ 100	$ 55	$ 40	$ 5	$ 5	$ 5	**$ 10**	**10%**
Épica C	-$ 100	$ 0	$ 0	$ 0	$ 0	$ 117	**$ 17**	**17%**
Épica D	-$ 100	$ 20	$ 20	$ 20	$ 20	$ 25	**$ 5**	**5%**

Si el costo de oportunidad fuera, por ejemplo, 3% mensual, los valores actuales y VAN serían:

	Valor actual						VAN
	Hoy	Mes 1	Mes 2	Mes 3	Mes 4	Mes 5	Total
Épica A	-$ 100	$ 0	$ 0	$ 22,88	$ 35,54	$ 43,13	$ 1,55
Épica B	-$ 100	$ 53,40	$ 37,70	$ 4,58	$ 4,44	$ 4,31	$ 4,43
Épica C	-$ 100	$ 0	$ 0	$ 0	$ 0	$ 100,93	$ 0,93
Épica D	-$ 100	$ 19,4	$ 18,9	$ 18,3	$ 17,8	$ 21,6	- $ 4,09

A mayor VAN, mayor prioridad debería tener la épica. En este ejemplo:

- 1º Épica B (VAN = 4,43)
- 2º Épica A (VAN = 1,55)
- 3º Épica C (VAN = 0,93)

La Épica D, al tener un VAN negativo (-$4,09), no debería desarrollarse desde el punto de vista económico.

🛠 Tasa interna de retorno (TIR)

Otra forma de priorizar las épicas es comparar su Tasa Interna de Retorno (TIR). La TIR representa la tasa de interés que hace que el Valor Actual Neto (VAN) sea igual a cero. En otras palabras, es el rendimiento porcentual del proyecto.

Siguiendo con el mismo conjunto de épicas del ejemplo anterior:

Flujo Fondos	Hoy	Mes 1	Mes 2	Mes 3	Mes 4	Mes 5	TIR	Prioridad
Épica A	-$ 100	$ 0	$ 0	$ 25	$ 40	$ 50	3,38%	2º
Épica B	-$ 100	$ 55	$ 40	$ 5	$ 5	$ 5	5,62%	1º
Épica C	-$ 100	$ 0	$ 0	$ 0	$ 0	$ 117	3,19%	3º
Épica D	-$ 100	$ 20	$ 20	$ 20	$ 20	$ 25	1,60%	

La Épica B tiene la mayor TIR (5,62%), por lo que sería la más atractiva desde el punto de vista financiero.

📌 No te preocupes por intentar calcular las TIR manualmente, ya que eso no lo harás jamás en la vida real y tampoco lo necesita para rendir la certificación PMI-ACP®. ¡Podrías pedir la TIR a la inteligencia artificial o Excel y listo!

Cuando la TIR es mayor que el costo de oportunidad del dinero, el proyecto tiene un VAN positivo. Cuando la TIR es menor al costo del dinero, el VAN es negativo.

En el ejemplo, con un costo de oportunidad del 3% mensual:

- Épicas A, B y C → TIR > 3% → VAN positivo
- Épica D → TIR < 3% → VAN negativo

TIR > i → VAN > 0 ✓

TIR < i → VAN < 0 ✗

La TIR también puede utilizarse como criterio de priorización: a mayor TIR, mayor prioridad debería tener la épica para su desarrollo.

Si quisieras profundizar en los desafíos de comparar alternativas mediante la TIR, podrías consultar el libro *Evaluación Financiera de Proyectos de Pablo Lledó*, donde se abordan sus limitaciones y aplicaciones prácticas.

2. Métodos cualitativos

Cuando no se dispone de datos financieros precisos, pueden aplicarse métodos de priorización colaborativos y visuales.

🛠 Método de los 100 puntos (Monopoly Money)

Cada interesado recibe 100 puntos o dólares ficticios para distribuir entre las historias de usuario según el valor percibido. Luego se suman los puntajes y se ordenan las historias por prioridad.

📝 *Ejemplo*:

Historia	Roberto	María	Nurg	Total
A	$20	$40	$20	**$80**
B	$20	$30	$40	**$90**
C	$20	$20	$30	**$70**
D	$20	$10	$10	**$40**
E	$20	$0	$0	**$20**
Total	**$100**	**$100**	**$100**	

Cada persona distribuye sus $100 entre las historias, luego se suman los valores de todos los participantes para obtener la lista de historias priorizadas. Siguiendo con el ejemplo, las prioridades serían 1º B, 2º A y 3º C.

🛠 Modelo Kano

Clasifica las características del producto según su efecto en la satisfacción del cliente:

- *Calidad requerida (Must-be)*: básica, causa gran insatisfacción si falta.
- *Calidad unidimensional*: la satisfacción aumenta proporcionalmente al cumplimiento.
- *Calidad atractiva (Delighters)*: proporcionan satisfacción cuando se logran plenamente, pero no causan insatisfacción cuando no se logran porque no son esperados por el cliente.
- Calidad indiferente: no genera satisfacción ni insatisfacción.
- Calidad inversa: algunos clientes prefieren menos funcionalidades, demasiados atributos resultan en la insatisfacción.

Con el modelo Kano clasificamos los requisitos según los tipos de calidad para luego priorizarlos. Por ejemplo, la calidad requerida y unidimensional suele ser lo más prioritario.

🛠️ Método MoSCoW

Categoriza los requisitos en cuatro grupos para comunicar qué funcionalidades son esenciales y cuáles pueden esperar.

- **Mu**st have (Debe estar).
- **S**hould have (Debería estar).
- **Co**uld have (Podría implementarse).
- **W**on't have (No se incluirá por ahora).

🛠️ Puño a cinco (Fist to Five)

Técnica rápida para medir consenso sobre el valor o prioridad de una historia. Ayuda a detectar discrepancias antes de tomar decisiones.

- Puño cerrado: bloquear la propuesta porque es perjudicial.
- 1 dedo: reservas serias, pero sin bloquear.
- 2 dedos: reservas menores, apoyará la decisión.
- 3 dedos: apoya la iniciativa.
- 4 dedos: fuerte apoyo, sin intención de liderar.
- 5 dedos: máximo apoyo, dispuesto a liderar.

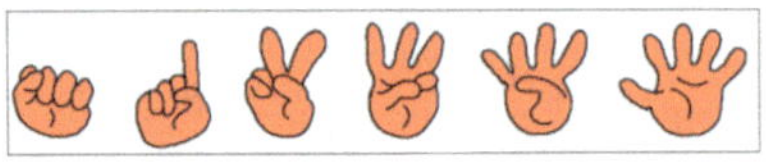

🛠️ Modelo de Karl Wiegers

Utiliza una escala cualitativa del 1 al 9 para calificar cuatro factores: beneficio, penalidad, costo y riesgo. Este método permite asignar prioridades objetivas combinando valor y esfuerzo.

Factor	Descripción	Escala
Beneficio	Satisfacción o retorno que genera la historia.	1 = no genera ingresos ni valor 9 = alta satisfacción del cliente o ROI
Penalidad	Consecuencia de no implementarla.	1 = sin impacto, se puede postergar 9 = problema grave o multa, no postergar
Costo	Esfuerzo o gasto necesario.	1 = bajo costo 9 = alto costo
Riesgo	Dificultad o incertidumbre técnica.	1 = bajo riesgo 9 = alto riesgo

Valor = Beneficio + Penalidad; Costo total = Costo + Riesgo.

Prioridad = Valor / Costos

Los ítems más prioritarios son aquellos de alto valor y bajo costo.

Ejemplo:

Historia	Beneficio (a)	Penalidad (b)	**Valor (c)** (a) + (b)	Costo (d)	Riesgo (e)	**Costos (f)** (d) + (e)	**Prioridad** (c) / (f)
A	7	4	11	9	7	16	**0,69**
B	2	1	3	1	1	2	**1,50**
C	5	3	8	2	1	3	**2,67**
D	9	8	17	7	8	15	**1,13**

Prioridad: 1º C, 2º B, 3º D, 4º A.

También es posible aplicar ponderaciones diferenciadas (por ejemplo, asignar más peso al beneficio que a la penalidad, o al costo que al riesgo, ajustando así el modelo a las características del proyecto.

Puntos de valor de negocio (Business Value Points)

Así como se asignan puntos de historia para estimar el esfuerzo relativo que requiere realizar cada épica o historia de usuario, también se pueden asignar puntos de valor de negocio (*business value points*) para reflejar el beneficio relativo que aporta cada épica al cliente o a la organización.

Ejemplo:

- Una épica de poco valor podría tener 3 puntos.
- Una épica de valor medio, 8 puntos.
- Una épica de gran valor, 21 puntos.

La priorización entre épicas puede calcularse comparando el valor con el esfuerzo estimado:

Priorización = Puntos de valor / Puntos de esfuerzo

Cuanto mayor sea esta relación, mayor prioridad tendrá la épica, ya que aporta más valor con menos esfuerzo.

En algunos casos, se puede aplicar una ponderación (por ejemplo, 70% valor y 30% esfuerzo) para reflejar la estrategia del negocio o la necesidad de entregar valor rápidamente.

📝 *Ejemplo*: El dueño del producto asigna puntos de valor a siete épicas, mientras que el equipo de desarrollo estima el esfuerzo relativo. Se decide ponderar el valor en un 70% y el esfuerzo en un 30%.

Épica	Valor	70% Valor	Esfuerzo	30% Esfuerzo	V / E	Prioridad
A	2	1,4	5	1,5	0,93	6º
B	3	2,1	5	1,5	1,40	5º
C	5	3,5	2	0,6	5,83	2º
D	8	5,6	13	3,9	1,44	4º
E	13	9,1	5	1,5	6,07	1º
F	21	14,7	21	6,3	2,33	3º

La épica E es la más prioritaria (6,07) porque combina alto valor y esfuerzo moderado. Le siguen las épicas C y F, mientras que A queda última por su bajo valor relativo.

🛠 Priorización según riesgos

Las historias de usuario del *product backlog* deberían priorizarse no solo por su valor comercial, sino también por su riesgo. Mientras mayor sea el valor y menor el riesgo, mayor debería ser la prioridad de esa historia.

Valor	Riesgo	Prioridad
Alto	Bajo	Alta
Alto	Alto	Media
Bajo	Bajo	Media
Bajo	Alto	Baja

Por ejemplo, la disponibilidad de recursos suele ser un factor de riesgo. Podría ser preferible completar una historia de menor valor comercial, pero con recursos disponibles, en lugar de dejar incompleta una historia de alto valor por falta de recursos. Una vez priorizadas las historias de alto valor y bajo riesgo, se podría avanzar con aquellas de alto valor y riesgo, para mitigar los riesgos tempranamente.

📌 *Fracasar rápido permite al equipo aprender y ajustar el rumbo.*

4.6 Contratos ágiles

En los proyectos que aplican metodologías ágiles, los contratos con proveedores para el desarrollo del producto suelen incluir cláusulas que incentivan la velocidad, fomentan la colaboración y facilitan la flexibilidad frente a los cambios del proyecto.

Una práctica común es **estructurar el contrato en varios niveles**, separando los elementos más estables de los más dinámicos, para permitir mayor adaptabilidad sin renegociar todo el acuerdo.

📝 *Ejemplo de contrato multinivel:*

- **Nivel 1 – Acuerdo marco:** Incluye los elementos comunes que no cambiarán, como garantías, propiedad intelectual y arbitraje.
- **Nivel 2 – Condiciones variables:** Contiene aspectos sujetos a cambios, como tarifas, descripción del producto o servicios.
- **Nivel 3 – Acuerdos operativos:** Define los elementos más dinámicos, como el alcance, el cronograma y el presupuesto, en un formato liviano y fácil de actualizar.

Además, el cliente puede modificar el alcance del producto en puntos predefinidos, manteniendo un contrato de precio fijo. Por ejemplo, si las horas destinadas a la funcionalidad *X* se reasignan a la funcionalidad *Z* con un esfuerzo equivalente, no se requiere un cambio contractual mayor.

Modelos de contratos ágiles

⚙️ **Incrementos de precio fijo**

El alcance del producto se descompone en entregables pequeños (historias de usuario o módulos) con precio fijo. El cliente puede seleccionar qué entregables desea desarrollar, sabiendo de antemano el costo de cada uno.

⏱️ **Tiempo y materiales graduados**

El proveedor cobra una tarifa horaria variable según el cumplimiento de los plazos para incentivar la eficiencia y el cumplimiento:

- Tarifa más alta si entrega antes de lo acordado.
- Tarifa reducida si se retrasa la entrega.

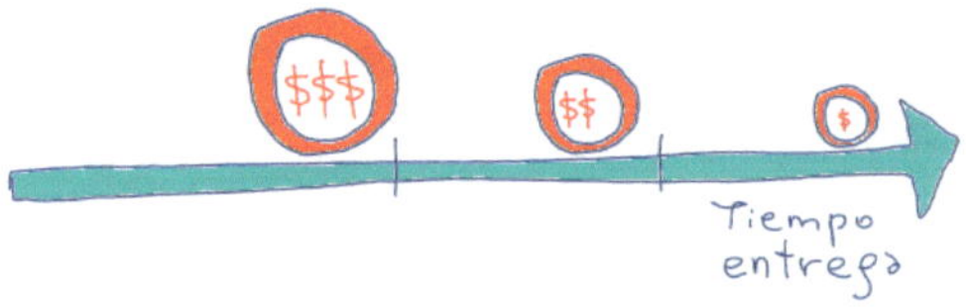

💡 **Cancelación anticipada**

Si el proveedor entrega valor antes de completar todo el alcance, el cliente puede cancelar el proyecto pagando solo una penalidad parcial. Así, ambas partes ganan:

- El cliente paga menos de lo planificado.
- El proveedor recibe una compensación razonable por el trabajo no ejecutado.

Ejercicios – Producto

1- Marque los componentes mínimos de un **acta de constitución** de un proyecto ágil al inicio de un proyecto.

Componente	
Antecedentes	
Criterios de éxito	
Hitos	
Interesados	
Misión	
Objetivos	
Restricciones	
Supuestos	
Visión	

2- Marque los componentes mínimos que se incluyen en la **caja visión** del producto con formato de una hoja.

Componente	
Grupo objetivo	
Hitos	
Necesidad	
Objetivos	
Producto	
Restricciones	
Supuestos	
Visión	

3- Marque a qué herramientas corresponden estos contenidos: *Para (cliente objetivo), quien (necesita hacer qué) el (producto o servicio) es un (categoría de producto) que (beneficios clave). A diferencia de (competencia), nuestro producto (diferenciación).*

Herramienta	
Acta de constitución	
Caja de visión	
Discurso del ascensor	
Esquema de página	
Hoja de ruta del producto	
Product backlog	

4- Complete con las palabras correctas. Opciones: Actividades, Épicas, Historias de usuario, Misión, Objetivos, Tareas, Temas.

*La **hoja de ruta** del producto se estructura en términos de ___________ y ___________ para reflejar la visión de largo plazo del proyecto.*

5- Marque verdadero o falso. **Product backlog**.

En relación con "el listado de trabajo pendiente asociado al producto" ...	V o F
El dueño del producto debe involucrar al equipo y a los interesados claves para que den su opinión sobre el producto a desarrollar.	
Está en constante evolución y permanece disponible para que el equipo y los interesados contribuyan con sugerencias.	
El equipo de desarrollo y el dueño del producto realizan un refinamiento continuo agregando detalles y estimaciones sobre las características a desarrollar.	
Las historias de usuario que definan los interesados durante la iniciación se mantendrán estables a lo largo de todo el proyecto.	

6- Marque si son ejemplos de **DoD** (Definición de terminado) o **DoR** (Definición de listo).

Ejemplos	DoD o DoR
Criterios de aceptación y dependencias de la historia de usuario definidos	
El código cumple con los estándares de desarrollo	
Historia de usuario clara, comprobable y factible	
Los cambios de configuración fueron documentados y comunicados	
Persona que aceptará la historia de usuario identificada	
Pruebas unitarias escritas y aprobadas	
Todos los elementos del código tienen que estar completados	

7- Complete si las siguientes ítems corresponden a "**wireframe**", "**mockup**" o "**prototipo**".

Ítem	W, M o P
Esqueleto o estructura visual de un producto (ej. página web, app, o pantallas).	
Esquematiza el diseño de contenidos generales y carece de color o aplicaciones gráficas.	
Está muy cerca del producto terminado donde los procesos pueden simularse y la interacción del usuario puede probarse.	
Proporciona detalles visuales, como colores y tipografía para dar al cliente una impresión más realista de cómo se verá el producto final.	
Se enfoca en "qué hace el producto, no cómo se ve".	
Se parece a un producto terminado, pero no es interactivo y no se puede hacer clic en él.	
Se parece mucho al producto terminado y es una herramienta excelente para obtener comentarios de los usuarios y probar el producto.	
Su principal objetivo reside en la funcionalidad, comportamiento y jerarquía de los contenidos.	

8- Marque con una X cuál de los siguientes ítems se incluyen en el **producto viable mínimo**.

Característica	Se incluye en MVP
Diseño para impresionar al usuario	
Diseño para obtener beneficios de manera inmediata	
Diseño para obtener una rápida retroalimentación	
Enfoque para resolver un problema	
Probar nuevas ideas para aprender	
Producto final	

9- Complete con las siglas **MVP** (Minimum viable product) o **MMF** (Minimum marketable producto), cada una de las siguientes frases.

A diferencia del M____ que podría ser un prototipo preliminar, M____ siempre es un producto terminado.

El M____ no puede estar basado solamente en las funcionalidades del producto, sino que debe incluir también algo de fiabilidad, usabilidad y diseño.

M____ es la unidad de funcionalidad más pequeña posible que proporciona un valor tangible a los clientes.

M____ prioriza las características de gran valor y menor tiempo de producción y comercialización, para lanzar productos más rápido al mercado y así aumentar el ROI.

10- Marque los criterios a considerar para estimar el valor de las **historias de usuario**.

Criterio	
Esfuerzo necesario o costos asociados a cada historia	
Generar un mayor retorno de la inversión	
Incrementar la participación de mercado	
Mejoras de la imagen empresarial	
Optimizar los procesos más importantes	
Reducir riesgos	
Resolver más problemas	
Resolver problemas tecnológicos para poder avanzar con el desarrollo del producto	

11- Calcule el **ROI** de cada una de las siguientes alternativas.

Épica	Inversión	Mes 1	Mes 2	Mes 3	ROI
A	-$ 100	$ 25	$ 25	$ 55	
B	-$ 50	$ 30	$ 20	$ 10	
C	-$ 200	$ 0	$ 0	$ 250	

12- En la tabla a continuación se presenta el valor actual de 3 alternativas de inversión. Calcule el **VAN** de cada alternativa.

Épica	Inversión	Mes 1	Mes 2	Mes 3	VAN
A	-$ 100	$ 24	$ 23	$ 48	
B	-$ 50	$ 29	$ 18	$ 9	
C	-$ 200	$ 0	$ 0	$ 216	

13- Conteste verdadero (V) o falso (F). **TIR**.

	V o F
La TIR es la tasa de interés que hace el ROI igual a cero	
Si la TIR es 15% y el costo de oportunidad del dinero es 5%, el VAN es negativo	
Si la TIR es 3% y el costo del dinero es 3,5%, el VAN es positivo	
A menor TIR mayor prioridad debería tener la épica a desarrollar	

14- En base al **método de los $100**, calcule la prioridad de las siguientes historias de usuario.

Historia	A	B	C	D	E
María	20	20	20	20	20
José	40	40	20	0	0
Juan	0	10	20	30	40
Josefina	30	30	0	20	20
Prioridad					

15- Según el modelo de **Kano**, a qué tipo de calidad (requerida, unidimensional, entusiasmo, indiferente, inversa) corresponde cada uno de los siguientes ítems.

	Calidad
Aspectos que no son ni buenos ni malos; no generan satisfacción o insatisfacción del cliente.	
Dan como resultado la satisfacción cuando se cumplen e insatisfacción cuando no se cumplen porque fueron ofrecidos por el vendedor.	
No generan satisfacción cuando se cumplen porque son atributos básicos, pero dan lugar a gran insatisfacción cuando no se cumplen.	
Proporcionan satisfacción cuando se logran plenamente, pero no causan insatisfacción cuando no se logran porque no son esperados por el cliente ni fueron mencionados antes de la compra.	
Un alto grado de atributos resulta en la insatisfacción de algunos clientes.	

16- Según el model de priorización de **MoSCoW**, coloque la prioridad de cada letra:

Letra	Prioridad
C	
M	
O	
S	
W	

17- Según el modelo **puño-cinco**, marque las opciones que bloquean una iniciativa.

Puño ___	1 ___	2 ___	3 ___	4 ___	5 ___

18- Según el modelo de priorización de **Karl Weiger**, ¿Cuál sería la prioridad de cada una de las siguientes historias de usuario?

Historia	Beneficio	Penalidad	Costo	Riesgo	**Prioridad**	
A	9	4	2	7		
B	2	8	7	3		
C	5	1	2	1		

19- Calcule la **prioridad** de las siguientes épicas ponderando en 80% el valor y en 20% el esfuerzo.

Épica	Valor (V)	Esfuerzo (E)	Prioridad
A	2	5	
B	8	5	
C	5	2	
D	13	13	

20- Complete con las palabras "fino" o "grueso" según corresponda.

Los elementos prioritarios del **product backlog** deben ser de grano _________, mientras que a medida que disminuye su prioridad, deberían volverse cada vez más de grano _________.

En las fases iniciales cuando el producto es joven, el product backlog suele ser de grano _____ relativo comparado con fases avanzadas donde el proyecto ya está más maduro y el grano es más _______.

21- Ordene los diferentes componentes de **planificación** de menor duración (1) a mayor duración (6), colocando la duración aproximada.

Componente de planificación	Orden (1 a 6)	Duración
Día		
Hoja de ruta		
Iteración		
Lanzamiento		
Visión		
Wave		

22- Conteste verdadero o falso con relación al **rolling wave planning**.

Frase	V	F
La elaboración progresiva es un proceso iterativo que disminuye el nivel de detalle de un plan a medida que se cuenta con mayor cantidad de información.		
La elaboración progresiva es un proceso iterativo que incrementa el nivel de detalle de un plan a medida que se cuenta con estimaciones menos precisas.		
Los paquetes de trabajo adquieren menor nivel de detalle cuanto más cerca estén de convertirse en actividades actuales.		
Se aprovechan las lecciones aprendidas de cada iteración para seguir ajustando el plan de manera continua.		
Se planifica a nivel agregado todas las actividades del proyecto.		

23- Conteste verdadero o falso con relación a la **adaptabilidad** del plan.

Frase	V	F
Adaptarse a los cambios de requisitos en cualquier momento del proyecto es más realista que intentar definir todos los requisitos al comienzo del proyecto.		
En el desarrollo iterativo se producen características del producto final que puedan implementarse al final de una o más de las iteraciones.		
Los cambios de requisitos son un aspecto inevitable y hasta deseable del desarrollo de proyectos ágiles.		
Mediante el desarrollo incremental construimos una versión parcial del producto y luego expandimos esa versión a través de cortos períodos de desarrollo sucesivos seguidos de revisiones y adaptaciones.		

24- Según Scrum, coloque el timebox recomendado de los siguientes eventos para un proyecto que ha definido iteraciones de 2 semanas.

Evento	Timebox
Planificación de la iteración	
Reunión diaria	
Revisión de la iteración	
Retrospectiva de la iteración	

25- Complete con una palabra. **Temas, Épicas, Historias.**

Las épicas se dividen en ________________

Las historias se dividen en ______________

Los temas se dividen en ________________

26- Complete las palabras de los atributos INVEST de las historias de usuario.

I __________

N _________

V _________

E _________

S _________

T __________

27- Complete las palabras de los atributos SMART de las tareas.

S __________

M _________

A _________

R _________

T _________

28- Conteste verdadero o falso con relación a las **historias de usuario**.

Frase	V	F
Cuando una historia demore más de 8 horas hay que descomponerla en historias más pequeñas.		
En las historias complejas deberíamos identificar puntos de progreso o hitos en las distintas iteraciones.		
Las historias complejas hay que dividirlas en menores historias de usuario.		
Si una historia no se puede completar en una iteración deberíamos descomponerla en historias más pequeñas.		

29- Complete los atributos DEEP del **trabajo pendiente asociado al producto**.

D __________

E _________

E _________

P _________

30- Conteste verdadero o falso con relación al refinamiento del **product backlog**.

Frase	V	F
El product backlog se sigue refinando durante todo el proyecto y siempre se pueden agregar nuevas funcionalidades y requisitos.		
El refinamiento continuo del product backlog no solo se basa en el valor de cada historia de usuario, sino en el riesgo asociado a cada historia.		
Las historias de usuario existentes pueden modificarse, definirse con más detalle o incluso eliminarse.		
Se llevan a cabo reuniones entre el dueño del producto y el equipo de entregas para desglosar, detallar, estimar y reorganizar el product backlog.		

31- Complete del 1 al 8 los pasos para **Blitz planning**.

Paso	Descripción
	Estime y etiquete las tareas. Plazo recursos necesarios de cada tarea.
	Hoja de ruta. Agrupar posibles lanzamientos futuros.
	Lanzamiento. Identificar las primeras funcionalidades de utilidad.
	Optimice el plan. El patrocinador reconsidera la necesidad comercial del proyecto.
	Ordene las tareas. Organizar las tareas según dependencias.
	Piense las tareas. Los participantes escriben en tarjetas las principales tareas.
	Reúna a los asistentes.
	Revise las tareas. Se revisan las tareas y se agregan las que sean necesarias.

32- Conteste verdadero o falso con relación al **tiempo ideal**.

Frase	V	F
El tiempo ideal es el plazo que tomaría completar una tarea o historia de usuario suponiendo que no existirán interrupciones en los miembros del equipo.		
La relación entre el tiempo ideal y el tiempo real transcurrido se lo denomina "factor de carga" (load factor).		
Tiempo ideal = Tiempo real / factor de carga		
Tiempo real = Tiempo ideal x factor de carga		

33- Complete los 3 números que faltan de los puntos de historia. **Fibonacci**.

0, 1, 2, 3, __ , 8, __ , 21, __ , 55.

34- Conteste verdadero o falso con relación al **póker de planificación**.

Frase	V	F
Cartas que se utilizan: 1, 2, 3, 5, 8, 13, 20, 40, 100, ? y		
Cuando existen grandes diferencias de estimación, se utiliza la estimación más alta.		
Los participantes muestran sus cartas de a uno por vez hasta que participen todos.		
SI fueran muy dispares las estimaciones se puede colocar esa historia entre las prioritarias.		
Sirve para estimar muchas historias de usuario con un gran número de participantes.		

35- Complete del 1 al 7 los pasos para el **bucket system**.

Paso	Descripción
	Asigne todas las historias restantes por igual entre los participantes. Cada participante coloca sus historias en los cubículos sin discutir con otros.
	Configure el entorno físico con cubículos para colocar las historias de usuario.
	Escribir los números de los cubículos en las tarjetas para registrar las estimaciones de las historias de usuario.
	Reacomodar las primeras 3 historias según su esfuerzo relativo en los cubículos que correspondan.
	Se elije al azar una historia del product backlog y se lee al grupo. Se coloca esa historia en el cubículo "8" como primer parámetro de referencia.
	Se elije otra historia al azar y llega a un consenso de su posición en el cubículo correspondiente. Se repite lo mismo con la tercer historia seleccionada al azar.
	Todos revisan en silencio las historias de los cubículos. Si alguien encuentra una historia fuera de lugar, el grupo busca un consenso sobre su ubicación relativa.

36- Conteste verdadero o falso con relación al **talle de camisetas**.

Frase	V	F
Cada una de las historias o épicas se estima en función de su esfuerzo relativo utilizando un talle de camisetas.		
La decisión sobre el tamaño se basa en la información anónima de los miembros del equipo.		
Permite estimar rápidamente el esfuerzo de un gran número de épicas o grandes historias de usuario del listado de trabajo pendiente		
Se puede vincular los talles de camisetas con una idea aproximada del impacto en plazo, recursos y presupuesto.		
Trabajar con talles de camisetas obliga al equipo a utilizar una baja precisión en la estimación.		

37- Complete del 1 al 5 los pasos para la **estimación por afinidad**.

Paso	Descripción
	El dueño del producto discute los tamaños relativos estimados por el equipo. El equipo puede decidir mover alguna historia a otro cubículo.
	El equipo de desarrollo discute sobre los tamaños relativos del paso anterior y reorganizan las historias solicitando aclaraciones al dueño del producto.
	Las historias se colocan en "cubículos" etiquetados. Las etiquetas podría ser el talle de camisetas (XS, S, M, L, XL) o puntos de historia (1, 2, 3, 5, 8, 13).
	Los miembros del equipo de desarrollo, de manera individual y en silencio, colocan las historias en una pared o tablero ordenadas según su tamaño relativo.
	Se etiquetan todas las historias de usuario con el tamaño estimado.

38- Complete cuál de las siguientes técnicas de **estimación** corresponde a cada caso: (Pequeño / Incierto / Grande); Dot voting; Triangulación; Wideband Delphi; Mute mapping

Frase	Técnica
El equipo estima por analogía comparando la historia del usuario que desea estimar con algunas historias previamente estimadas.	
Las estimaciones se consideran completas cuando cada participante deja de mover las historias.	
Las historias que reciben mayor cantidad de puntos de los participantes se consideran las de mayor esfuerzo relativo.	
Se mantiene la confidencialidad de esas estimaciones de cada miembro del equipo.	
Se puede asignar tamaños relativos a las 2 grandes categorías.	

39- Conteste si los siguientes ítems corresponden a **"slack" o "spike".**

Ejemplo	Planificación
Agregar pruebas a un código heredado	
Estimar nuevas características y capacidades para analizar el comportamiento implícito de una funcionalidad.	
Pagar una deuda técnica mejorando el sistema de construcción	
Proporcionar información sobre el enfoque para dividir una historia en piezas más pequeñas y cuantificables.	
Realizar análisis de viabilidad de una épica.	
Realizar investigación básica para familiarizarlos con una nueva tecnología.	
Refactorización arquitectónica	
Tiempo para investigación	

Respuesta Ejercicios - Producto

R1- Acta de constitución.

Componente	
Antecedentes	
Criterios de éxito	√
Hitos	
Interesados	
Misión	√
Objetivos	
Restricciones	
Supuestos	
Visión	√

Al principio del proyecto sabemos poco del producto o servicio final, por lo tanto, tendremos una versión resumida del acta que incluye solamente: Visión, Misión y Criterios de éxito. Cuando el proyecto está más avanzado, se podría agregar información adicional como: Antecedentes, Objetivos, Interesados. No se incluye información adicional como hitos, supuestos y restricciones que suelen formar parte del acta de constitución de proyectos de ciclos predictivos.

R2- Caja visión del producto.

Componente	
Grupo objetivo	√
Hitos	
Necesidad	√
Objetivos	√
Producto	√
Restricciones	
Supuestos	
Visión	√

R3- Discurso del ascensor (elevator picht): *Para (cliente objetivo), quien (necesita hacer qué) el (producto o servicio) es un (categoría de producto) que (beneficios clave). A diferencia de (competencia), nuestro producto (diferenciación).*

Herramienta	
Acta de constitución	
Caja de visión	
Discurso del ascensor	√
Esquema de página	
Hoja de ruta del producto	
Product backlog	

R4- Hoja de ruta del producto.

La hoja de ruta del producto se estructura en términos de <u>épicas</u> y <u>temas</u> para reflejar la visión de largo plazo del proyecto.

R5- Product backlog.

En relación con "el listado de trabajo pendiente asociado al producto" ...	V o F
El dueño del producto debe involucrar al equipo y a los interesados claves para que den su opinión sobre el producto a desarrollar.	V
Está en constante evolución y permanece disponible para que el equipo y los interesados contribuyan con sugerencias.	V
El equipo de desarrollo y el dueño del producto realizan un refinamiento continuo agregando detalles y estimaciones sobre las características a desarrollar.	V
Las historias de usuario que definan los interesados durante la iniciación se mantendrán estables a lo largo de todo el proyecto.	F

Las historias de usuario que definan los interesados durante la iniciación podrán ir cambiando a lo largo de cada iteración del proyecto, por lo que se podría terminar con un producto diferente a lo que se visualizó en las primeras iteraciones

R6- DoD y DoR.

Ejemplos	DoD o DoR
Criterios de aceptación y dependencias de la historia de usuario definidos	DoR
El código cumple con los estándares de desarrollo	DoD
Historia de usuario clara, comprobable y factible	DoR
Los cambios de configuración fueron documentados y comunicados	DoD
Persona que aceptará la historia de usuario identificada	DoR
Pruebas unitarias escritas y aprobadas	DoD
Todos los elementos del código tienen que estar completados	DoD

R7- Wireframe, Mockup y Prototipo.

Ítem	W, M o P
Esqueleto o estructura visual de un producto (ej. página web, app, o pantallas).	Wireframe
Esquematiza el diseño de contenidos generales y carece de color o aplicaciones gráficas.	Wireframe
Está muy cerca del producto terminado donde los procesos pueden simularse y la interacción del usuario puede probarse.	Prototipo
Proporciona detalles visuales, como colores y tipografía para dar al cliente una impresión más realista de cómo se verá el producto final.	Mockup
Se enfoca en "qué hace el producto, no cómo se ve".	Wireframe
Se parece a un producto terminado, pero no es interactivo y no se puede hacer clic en él.	Mockup
Se parece mucho al producto terminado y es una herramienta excelente para obtener comentarios de los usuarios y probar el producto.	Prototipo
Su principal objetivo reside en la funcionalidad, comportamiento y jerarquía de los contenidos.	Wireframe

R8- Producto viable mínimo (MVP).

Característica	Se incluye en MVP
Diseño para impresionar al usuario	
Diseño para obtener beneficios de manera inmediata	
Diseño para obtener una rápida retroalimentación	√
Enfoque para resolver un problema	√
Probar nuevas ideas para aprender	√
Producto final	

R9- MVP (Minimum viable product) vs MMF (Minimum marketable product).

A diferencia del MVP que podría ser un prototipo preliminar, MMF siempre es un producto terminado.

El MVP no puede estar basado solamente en las funcionalidades del producto, sino que debe incluir también algo de fiabilidad, usabilidad y diseño.

MMF es la unidad de funcionalidad más pequeña posible que proporciona un valor tangible a los clientes.

MMF prioriza las características de gran valor y menor tiempo de producción y comercialización, para lanzar productos más rápido al mercado y así aumentar el ROI.

R10- Criterios para estimar el valor de las historias de usuario.

Criterio	
Esfuerzo necesario o costos asociados a cada historia	√
Generar un mayor retorno de la inversión	√
Incrementar la participación de mercado	√
Mejoras de la imagen empresarial	√
Optimizar los procesos más importantes	√
Reducir riesgos	√
Resolver más problemas	√
Resolver problemas tecnológicos para poder avanzar con el desarrollo del producto	√

R11- ROI (Return on Investment).

Épica	Inversión	Mes 1	Mes 2	Mes 3	Ingresos	Ingreso neto	ROI
A	-$ 100	$ 25	$ 25	$ 55	$ 105	$ 5	$5 / $100 = 5%
B	-$ 50	$ 30	$ 20	$ 10	$60	$ 10	$10 / $50 = 20%
C	-$ 200	$ 0	$ 0	$ 250	$250	$ 50	$50 / $200 = 25%

R12- VAN (Valor actual neto).

Épica	Inversión	Mes 1	Mes 2	Mes 3	Valor actual Ingresos	VAN (VA Ingresos – Inversión)
A	-$ 100	$ 24	$ 23	$ 48	$ 94	-$ 6
B	-$ 50	$ 29	$ 18	$ 9	$ 55	$ 5
C	-$ 200	$ 0	$ 0	$ 216	$ 216	$ 16

R13- TIR (Tasa interna de retorno).

	V o F
La TIR es la tasa de interés que hace el ROI igual a cero Respuesta: TIR es la tasa de interés que hace el VAN igual a cero	Falso
Si la TIR es 15% y el costo de oportunidad del dinero es 5%, el VAN es negativo Respuesta: Si la TIR es mayor al costo del dinero, el VAN es positivo.	Falso
Si la TIR es 3% y el costo del dinero es 3,5%, el VAN es positivo Respuesta: Si la TIR es menor al costo del dinero, el VAN en negativo.	Falso
A menor TIR mayor prioridad debería tener la épica a desarrollar Respuesta: A mayor TIR, mayor prioridad.	Falso

R14- Método de los 100 puntos o $100.

Historia	A	B	C	D	E	Total
María	20	20	20	20	20	100
José	40	40	20	0	0	100
Juan	0	10	20	30	40	100
Josefina	30	30	0	20	20	100
Total	$ 90	$ 100	$ 60	$ 70	$ 80	
Prioridad	2º	1º	5º	4º	3º	

R15 - Modelo de Kano.

	Calidad
Aspectos que no son ni buenos ni malos; no generan satisfacción o insatisfacción del cliente.	Indiferente
Dan como resultado la satisfacción cuando se cumplen e insatisfacción cuando no se cumplen porque fueron ofrecidos por el vendedor.	Unidimensional
No generan satisfacción cuando se cumplen porque son atributos básicos, pero dan lugar a gran insatisfacción cuando no se cumplen.	Requerida
Proporcionan satisfacción cuando se logran plenamente, pero no causan insatisfacción cuando no se logran porque no son esperados por el cliente ni fueron mencionados antes de la compra.	Entusiasmo
Un alto grado de atributos resulta en la insatisfacción de algunos clientes.	Inversa

R16- Según el model de priorización de MoSCoW, coloque la prioridad de cada una de las siguientes letras:

Letra	Prioridad
C	3º - Could have (podría implementarse)
M	1º - Must have (obligatorio)
O	No aplica
S	2º - Should have (deberían estar)
W	4 º - Won´t have (no lo queremos por el momento)

R17- Modelo de votación puño-cinco.

Puño X	1 ___	2 ___	3 ___	4 ___	5 ___

Puño: bloqueará la propuesta porque cree que es perjudicial. A partir de un dedo no se bloqueará la iniciativa.

R18- Modelo de priorización de Karl Weiger.

Historia	Beneficio (a)	Penalidad (b)	**Valor (c)** (a) + (b)	Costo (d)	Riesgo (e)	**Costos (f)** (d) + (e)	**Prioridad** (c) / (f)	
A	9	4	13	2	7	9	**1,44**	2º
B	2	8	10	7	3	10	**1,00**	3º
C	5	1	6	2	1	3	**2,00**	1º

R19- Priorización según valor y esfuerzo.

Épica	Valor (V)	80% V	Esfuerzo (E)	20% E	80% V / 20% E	Prioridad
A	2	1,6	5	1	1,60	**4º**
B	8	6,4	5	1	6,40	**2º**
C	5	4	2	0,4	10,00	**1º**
D	13	10,4	13	2,6	4,00	**3º**

R20- Grano fino vs grano grueso.

Los elementos prioritarios del product backlog deben ser de grano fino, mientras que a medida que disminuye su prioridad, deberían volverse cada vez más de grano grueso.

En las fases iniciales cuando el producto es joven, el product backlog suele ser de grano grueso relativo comparado con fases avanzadas donde el proyecto ya está más maduro y el grano es más fino.

R21- Horizonte de planificación.

Componente de planificación	Orden (1 a 6)	Duración
Día	6	24 horas
Hoja de ruta	2	1 año
Iteración	5	15 días
Lanzamiento	3	6 meses
Visión	1	3 años
Wave	4	3 meses

R22- Rolling wave planning.

Frase	V	F
La elaboración progresiva es un proceso iterativo que disminuye el nivel de detalle de un plan a medida que se cuenta con mayor cantidad de información.		√
La elaboración progresiva es un proceso iterativo que incrementa el nivel de detalle de un plan a medida que se cuenta con estimaciones menos precisas.		√
Los paquetes de trabajo adquieren menor nivel de detalle cuanto más cerca estén de convertirse en actividades actuales.		√
Se aprovechan las lecciones aprendidas de cada iteración para seguir ajustando el plan de manera continua.	√	
Se planifica a nivel agregado todas las actividades del proyecto.		√

R23- Adaptabilidad.

Frase	V	F
Adaptarse a los cambios de requisitos en cualquier momento del proyecto es más realista que intentar definir todos los requisitos al comienzo del proyecto.	√	
En el desarrollo iterativo se producen características del producto final que puedan implementarse al final de una o más de las iteraciones.		√
Los cambios de requisitos son un aspecto inevitable y hasta deseable del desarrollo de proyectos ágiles.	√	
Mediante el desarrollo incremental construimos una versión parcial del producto y luego expandimos esa versión a través de cortos períodos de desarrollo sucesivos seguidos de revisiones y adaptaciones.		√

R24- Timebox.

Evento	Timebox
Planificación de la iteración	4 horas
Reunión diaria	15 minutos
Revisión de la iteración	2 horas
Retrospectiva de la iteración	1,5 horas

R25- Temas, épicas, historias.

Las épicas se dividen en historias

Las historias se dividen en tareas

Los temas se dividen en épicas

R26- Atributos de historias de usuario.

Independiente

Negociable

Valiosa

Estimable

Small (Pequeña)

Testeable

R27- Atributos de las tareas.

Specific (Específico)

Medible

Alcanzable

Relevante

Tiempo fijo

R28- Historias.

Frase	V	F
Cuando una historia demore más de 8 horas hay que descomponerla en historias más pequeñas.		√
En las historias complejas deberíamos identificar puntos de progreso o hitos en las distintas iteraciones.	√	
Las historias complejas hay que dividirlas en menores historias de usuario.		√
Si una historia no se puede completar en una iteración deberíamos descomponerla en historias más pequeñas.	√	

R29- Atributos del product backlog.

Detallada
Estimable
Emergente
Priorizada

R30- Refinamiento.

Frase	V	F
El product backlog se sigue refinando durante todo el proyecto y siempre se pueden agregar nuevas funcionalidades y requisitos.	√	
El refinamiento continuo del product backlog no solo se basa en el valor de cada historia de usuario, sino en el riesgo asociado a cada historia.	√	
Las historias de usuario existentes pueden modificarse, definirse con más detalle o incluso eliminarse.	√	
Se llevan a cabo reuniones entre el dueño del producto y el equipo de entregas para desglosar, detallar, estimar y reorganizar el product backlog.	√	

R31- Blitz planning.

Paso	Descripción
5	Estime y etiquete las tareas. Plazo recursos necesarios de cada tarea.
7	Hoja de ruta. Agrupar posibles lanzamientos futuros.
6	Lanzamiento. Identificar las primeras funcionalidades de utilidad.
8	Optimice el plan. El patrocinador reconsidera la necesidad comercial del proyecto.
3	Ordene las tareas. Organizar las tareas según dependencias.
2	Piense las tareas. Los participantes escriben en tarjetas las principales tareas.
1	Reúna a los asistentes.
4	Revise las tareas. Se revisan las tareas y se agregan las que sean necesarias.

R32- Tiempo ideal.

Frase	V	F
El tiempo ideal es el plazo que tomaría completar una tarea o historia de usuario suponiendo que no existirán interrupciones en los miembros del equipo.	√	
La relación entre el tiempo ideal y el tiempo real transcurrido se lo denomina “factor de carga” (load factor).	√	
Tiempo ideal = Tiempo real / factor de carga		√
Tiempo real = Tiempo ideal x factor de carga		√

R33- Fibonacci para puntos de historia.

0, 1, 2, 3, **5** , 8, **13** , 21, **34** , 55.

R34- Póker de planificación.

Frase	V	F
Cartas que se utilizan: 1, 2, 3, 5, 8, 13, 20, 40, 100, ? y 	√	
Cuando existen grandes diferencias de estimación, se utiliza la estimación más alta.		√
Los participantes muestran sus cartas de a uno por vez hasta que participen todos.		√
SI fueran muy dispares las estimaciones se puede colocar esa historia entre las prioritarias.		√
Sirve para estimar muchas historias de usuario con un gran número de participantes.		√

R35- Bucket system.

Paso	Descripción
5	Asigne todas las historias restantes por igual entre los participantes. Cada participante coloca sus historias en los cubículos sin discutir con otros.
1	Configure el entorno físico con cubículos para colocar las historias de usuario.
7	Escribir los números de los cubículos en las tarjetas para registrar las estimaciones de las historias de usuario.
4	Reacomodar las primeras 3 historias según su esfuerzo relativo en los cubículos que correspondan.
2	Se elije al azar una historia del product backlog y se lee al grupo. Se coloca esa historia en el cubículo "8" como primer parámetro de referencia.
3	Se elije otra historia al azar y llega a un consenso de su posición en el cubículo correspondiente. Se repite lo mismo con la tercer historia seleccionada al azar.
6	Todos revisan en silencio las historias de los cubículos. Si alguien encuentra una historia fuera de lugar, el grupo busca un consenso sobre su ubicación relativa.

R36- Talle de camisetas.

Frase	V	F
Cada una de las historias o épicas se estima en función de su esfuerzo relativo utilizando un talle de camisetas.	√	
La decisión sobre el tamaño se basa en la información anónima de los miembros del equipo.		√
Permite estimar rápidamente el esfuerzo de un gran número de épicas o grandes historias de usuario del listado de trabajo pendiente	√	
Se puede vincular los talles de camisetas con una idea aproximada del impacto en plazo, recursos y presupuesto.	√	
Trabajar con talles de camisetas obliga al equipo a utilizar una baja precisión en la estimación.	√	

R37- Estimación por afinidad.

Paso	Descripción
4	El dueño del producto discute los tamaños relativos estimados por el equipo. El equipo puede decidir mover alguna historia a otro cubículo.
2	El equipo de desarrollo discute sobre los tamaños relativos del paso anterior y reorganizan las historias solicitando aclaraciones al dueño del producto.
3	Las historias se colocan en "cubículos" etiquetados. Las etiquetas podría ser el talle de camisetas (XS, S, M, L, XL) o puntos de historia (1, 2, 3, 5, 8, 13).
1	Los miembros del equipo de desarrollo, de manera individual y en silencio, colocan las historias en una pared o tablero ordenadas según su tamaño relativo.
5	Se etiquetan todas las historias de usuario con el tamaño estimado.

R38- Técnicas de estimación

Frase	Técnica
El equipo estima por analogía comparando la historia del usuario que desea estimar con algunas historias previamente estimadas.	Triangulación
Las estimaciones se consideran completas cuando cada participante deja de mover las historias.	Mute mapping
Las historias que reciben mayor cantidad de puntos de los participantes se consideran las de mayor esfuerzo relativo.	Dot voting
Se mantiene la confidencialidad de esas estimaciones de cada miembro del equipo.	Wideband Delphi
Se puede asignar tamaños relativos a las 2 grandes categorías.	Pequeño / Incierto / Grande

R39- “Slack”, “Spike”

Ejemplo	Planificación
Agregar pruebas a un código heredado	Slack
Estimar nuevas características y capacidades para analizar el comportamiento implícito de una funcionalidad.	Spike
Pagar una deuda técnica mejorando el sistema de construcción	Slack
Proporcionar información sobre el enfoque para dividir una historia en piezas más pequeñas y cuantificables.	Spike
Realizar análisis de viabilidad de una épica.	Spike
Realizar investigación básica para familiarizarlos con una nueva tecnología.	Spike
Refactorización arquitectónica	Slack
Tiempo para investigación	Slack

Examen – Producto

1- Señale dos características que por lo general se incluyen en el desarrollo de un producto viable mínimo.

A. Diseño para obtener una rápida retroalimentación
B. Diseño para obtener beneficios de manera inmediata
C. Diseño para impresionar al usuario
D. Probar nuevas ideas para aprender

2- El mes próximo realizarán el lanzamiento del producto viable mínimo que tendrá suficientes características para poder venderlo y proporcionar retroalimentación para las futuras versiones de ese producto. ¿Señale 2 ítems más probables que ocurran en este proyecto?

A. Minimizar riesgos con relación al producto con más funcionalidades
B. Ofrecer las funcionalidades mínimas viables a la población total de clientes
C. Acelerar la entrega del producto final
D. Minimizar el tiempo invertido en una iteración

3- Hinato y los miembros de su equipo están refinando el listado de trabajo pendiente para comenzar con la tercera iteración de una semana en un proyecto que optimiza la carga de baterías. ¿Cuál de los siguientes ítems es correcto?

A. Las historias del listado de trabajo pendiente se estimaron con una granularidad similar
B. No se deberían agregar nuevas funcionalidades en la cuarta iteración
C. Las potenciales historias de la sexta iteración no tienen demasiado detalle
D. Después de la refinación del listado de trabajo pendiente, no deberían eliminarse historias de usuario

4- Marlene es la coach ágil de un proyecto que quiere desarrollar sensores para mejorar la calidad del aire, pero el equipo de desarrollo tiene dudas de cómo lograr ese objetivo y cuántos cambios tecnológicos podrían avecinarse. ¿Qué debería hacer Marlene?

A. Liderazgo adaptativo en base a los cambios tecnológicos
B. Planificar con ciclos predictivos
C. Elaboración progresiva de las historias de usuario
D. Sashimi detallado para cada épica

5- Usted está trabajando en un proyecto que tiene iteraciones de dos semanas. ¿Cuál es el timebox recomendado para la planificación de la iteración, la reunión diaria, la revisión de la iteración y la retrospectiva de la iteración?

A. 4 horas, 15 minutos, 1 hora, 1.5 horas
B. 2 horas, 15 minutos, 1 hora, 1 hora
C. 4 horas, 15 minutos, 2 horas, 1.5 horas
D. 3 horas, 10 minutos, 1 hora, 1.5 horas

6- Las épicas se dividen en ________, las historias se dividen en ________ y los temas se dividen en __________.

A. historias de usuario, tareas, épicas
B. caja visión del producto, carta del proyecto, historias de usuario
C. historias de usuario, sub-tareas, tareas
D. historias de usuario, tareas, hoja de ruta del producto

7- ¿Qué es lo que más llevará a cabo durante el refinamiento del producto backlog? Señale 2 respuestas correctas.

A. Negociar con los interesados que no agreguen funcionalidades de bajo valor una vez que comenzó el proyecto
B. Agregar nuevas funcionalidades y eliminar historias de usuario
C. Reuniones con el dueño del producto para re-priorización de historias de usuario
D. Priorizar las historias de usuario principalmente en función del valor y no tanto por el esfuerzo requerido

8- ¿Qué significa tiempo ideal?
A. Plazo más rápido en que puede completarse una tarea
B. Tiempo relativo para realizar una historia de usuario, como por ejemplo puntos de historia
C. El tiempo real en que se completará una tarea si la productividad es del 100%
D. Plazo que tomaría completar una tarea suponiendo que no existirán interrupciones en los miembros del equipo

9- Usted es el dueño del producto en un proyecto ágil que desarrolla una nueva aplicación móvil. Durante la revisión de la iteración, uno de los desarrolladores le muestra una funcionalidad que, según él, está terminada. Sin embargo, usted nota que no se han realizado las pruebas unitarias ni se ha actualizado la documentación del código. ¿Qué debería hacer para asegurar que la funcionalidad cumple con la "definición de terminado"?

A. Aceptar la funcionalidad ya que cumple con los requisitos principales.
B. Solicitar que se completen las pruebas unitarias y se actualice la documentación antes de considerar la funcionalidad como terminada.
C. Mover la funcionalidad al siguiente sprint para terminar los detalles restantes.
D. Marcar la funcionalidad como terminada y dejar las pruebas unitarias y la documentación para más adelante.

10- Usted es el scrum master de un proyecto ágil que está a punto de comenzar una nueva iteración. Durante la sesión de planificación, el equipo necesita estimar el esfuerzo requerido para varias nuevas historias de usuario. Uno de los desarrolladores sugiere utilizar la técnica de estimación por afinidad para agilizar el proceso. ¿Cuál sería el procedimiento adecuado para aplicar esta técnica en combinación con los puntos de historia?

A. El equipo selecciona una historia de usuario de referencia y asigna puntos de historia a todas las demás historias basándose en comparaciones con esa historia de referencia.

B. El equipo asigna puntos de historia a cada historia de usuario de manera individual y luego revisa las estimaciones con el scrum master para asegurar consistencia.

C. El dueño del producto asigna puntos de historia a cada historia de usuario antes de la reunión de planificación para facilitar la discusión.

D. El equipo ordena las historias de usuario por tamaño relativo y luego asigna puntos de historia basados en la comparación entre ellas y la historia de referencia.

✅ Respuesta Examen – Producto

R1- A y D. El MVP se enfoca en obtener retroalimentación temprana de los usuarios para aprender y mejorar el producto rápidamente. El objetivo principal del MVP es experimentar con nuevas ideas para aprender lo más pronto posible si la dirección del producto es la correcta. / El MVP no está diseñado para obtener beneficios inmediatos, sino para validar ideas y recibir retroalimentación. El MVP no busca impresionar con características completas, sino presentar lo mínimo necesario para recibir comentarios y validar conceptos.

R2- A y D. Lanzar un MVP ayuda a minimizar los riesgos al enfocarse en las características esenciales primero, reduciendo el desarrollo de funcionalidades innecesarias. El desarrollo de un MVP también implica iteraciones rápidas y cortas, buscando entregar una versión básica del producto en el menor tiempo posible para recibir feedback y realizar ajustes. / Los MVPs suelen lanzarse a un subconjunto específico de usuarios en lugar de a toda la población de clientes, y su objetivo principal es validar ideas y no necesariamente acelerar la entrega del producto final.

R3- C. Las historias de usuario para iteraciones futuras suelen tener un menor nivel de detalle y precisión. Esto se debe a la incertidumbre inherente a los proyectos ágiles, donde se espera que las historias se refinen y se detallen más a medida que se acerca su implementación. Las historias de usuario para las próximas iteraciones (en este caso, la tercera) estarán más detalladas y estimadas con mayor precisión. Las nuevas funcionalidades pueden agregarse en cualquier iteración si es necesario, y las historias de usuario pueden eliminarse o modificarse durante la refinación del backlog en función de las prioridades y necesidades cambiantes del proyecto.

R4- C. a elaboración progresiva permite descomponer las historias de usuario en detalles manejables a medida que se obtiene más información y se reduce la incertidumbre, adaptándose mejor a un entorno de cambio constante. /

R5- A. Planificación de la iteración: 2 horas por semana de iteración. Reunión diaria: 15 minutos. Revisión de la iteración: 1 hora por semana de iteración. Retrospectiva: 45 minutos por semana de iteración.

R6- A. Los temas se dividen en épicas, que son grandes bloques de trabajo que pueden agrupar múltiples historias de usuario relacionadas. Las épicas se dividen en historias de usuario, que son unidades más pequeñas y manejables de trabajo. Las historias de usuario se dividen en tareas, que son pasos específicos y concretos que se deben completar para realizar la historia de usuario.

R7- B y C. Durante el refinamiento del backlog, es común ajustar el listado de trabajo pendiente agregando nuevas funcionalidades que se han identificado como necesarias y eliminando aquellas que ya no son relevantes o de bajo valor. El refinamiento del backlog implica trabajar estrechamente con el dueño del producto para revisar y ajustar las prioridades de las historias de usuario en función de la información más reciente y las necesidades del negocio. / En el refinamiento del backlog se pueden agregar funcionalidades. Aunque el valor es un factor clave en la priorización, el esfuerzo también es una consideración importante.

R8- D. El tiempo ideal se refiere al tiempo estimado necesario para completar una tarea o una historia de usuario en un entorno perfecto, sin interrupciones ni distracciones. Este concepto es útil para estimar el esfuerzo necesario en condiciones óptimas, permitiendo luego ajustar las estimaciones teniendo en cuenta las interrupciones y otras actividades no planificadas.

R9- B. La "definición de terminado" (DoD) establece los criterios que deben cumplirse para que una funcionalidad sea considerada completada. Esto asegura que todos los aspectos necesarios, como pruebas, documentación y estándares de calidad, se han abordado. Asegurarse de que la funcionalidad cumpla con todos los elementos de la DoD antes de marcarla como terminada es crucial para mantener la calidad y consistencia del producto.

R10- D. La estimación por afinidad comienza con una comparación relativa, pero no se asignan puntos de historia directamente después de seleccionar una historia de referencia. Primero se ordenan las historias por tamaño relativo, y luego se asignan puntos de historia. / La estimación por afinidad se basa en la comparación relativa entre historias y no en la asignación individual seguida de revisión. El equipo de desarrollo es quien asigna los puntos de historia, no el dueño del producto.

Capítulo 5 - Entrega

Capítulo 5 – Entrega

5.1 Entregas rápidas y flexibles

Todo proyecto ágil persigue un triple objetivo: ser rápido, flexible y fluido.

- ***Rápido*** *(Fast)*: Para que los entregables lleguen al cliente lo antes posible, es necesario eliminar desperdicios, burocracias y sobreproducción. Esto se logra trabajando con lotes pequeños, ciclos incrementales cortos y manteniendo una relación cercana con los interesados.

- ***Flexible***: El desarrollo del producto debe permitir adaptaciones y personalización según las necesidades del cliente. En entornos ágiles, el cambio no se evita: se gestiona.

- ***Fluido*** *(Flow)*: Implica entregar incrementos de producto de manera continua, evitando interrupciones, bloqueos y acumulación de trabajo.

Una de las formas de lograr entregas rápidas y fluidas es aplicar el principio Lean que sostiene que el valor debe fluir sin interrupciones. Para ello, es fundamental comprender el concepto de tiempo de valor agregado y eliminar cualquier desperdicio que afecte el flujo de producción.

Tiempo valor agregado

El tiempo de valor agregado es aquel que realmente transforma el producto o servicio y mejora el resultado desde la perspectiva del cliente. En general, suele corresponder al tiempo efectivo de desarrollo o producción.

Por ejemplo, supongamos que para producir un entregable se necesitan 5 horas de trabajo efectivo. Sin embargo, existen otras actividades asociadas al proceso:

- Traslado de inventarios: 10 horas
- Espera por disponibilidad de recursos: 20 horas
- Movimientos entre estaciones de trabajo: 15 horas
- Almacenamiento antes de la entrega: 30 horas

En este caso, solamente las 5 horas de desarrollo generan valor directo. Las otras 75 horas no agregan valor al cliente. Desde la perspectiva Lean, constituyen desperdicios que deberían reducirse o eliminarse.

Tiempo total del proceso: 5 + 10 + 20 + 15 + 30 = 80 horas

Ratio de valor agregado: Tiempo de valor agregado / Tiempo total = 5 / 80 = 6%

Esto significa que solo el 6% del tiempo total genera valor real para el cliente, mientras que el 94% restante corresponde a esperas, traslados o actividades que no transforman el producto. El objetivo de la agilidad y de Lean es aumentar el ratio de valor agregado, mejorando el flujo y reduciendo interrupciones.

Eliminación de desperdicios

En Lean, desperdicio es todo aquello que no agrega valor al proyecto desde la perspectiva del cliente. Identificar y eliminar desperdicios permite acelerar el flujo, reducir costos y mejorar la calidad.

Los siete desperdicios clásicos de la producción se resumen en el acrónimo **TIMWOOD**:

T – Transporte: Traslado innecesario de productos, equipos o personas. Genera demoras, riesgos de daño y aumento de costos.

I – Inventario: Exceso de trabajo acumulado (materiales o tareas pendientes). Aumenta tiempos de entrega, costos de almacenamiento y riesgo de obsolescencia.

M – Movimiento: Movimientos innecesarios o ineficientes de personas o recursos. Puede generar fatiga, errores y pérdida de tiempo.

W – Waiting (Esperas y retrasos): Tiempo improductivo debido a bloqueos, dependencias o indisponibilidad de recursos.

O – Overproduction (Sobreproducción): Producir antes de que exista demanda real. Genera acumulación innecesaria y desperdicio de esfuerzo.

O – Overprocessing (Sobreprocesamiento): Agregar más características, documentación o complejidad de la necesaria. Incrementa costos sin aumentar valor.

D – Defects (Defectos): Productos que no cumplen con los estándares de calidad y requieren retrabajo o descarte.

Mary y Tom Poppendieck, en Lean Software Development, adaptaron estos conceptos al contexto del software:

Desperdicio en software		Cómo mitigarlo
T	Trabajo parcialmente realizado	Limitar el trabajo en progreso (WIP)
I	Funcionalidades innecesarias	Validar supuestos en ciclos cortos de retroalimentación
M	Reaprendizaje (aprender lo mismo varias veces)	Compartir conocimiento
W	Traspasos (handoffs)	Equipos autónomos y multifuncionales
O	Retrasos	Reducir dependencias
O	Cambio de contexto	Limitar WIP y definir prioridades claras
D	Defectos	Desarrollo guiado por pruebas (TDD)

La eliminación sistemática de desperdicios permite:

- Aumentar el ratio de valor agregado
- Reducir el tiempo de ciclo
- Mejorar la calidad
- Entregar valor más rápido

Fabricación ágil (Agile Manufacturing)

Mientras que los principios Lean se enfocan en eliminar desperdicios y optimizar el flujo, la filosofía ágil incorpora un elemento clave adicional: la flexibilidad. No solo se trata de producir rápido, sino de adaptarse con rapidez a contextos cambiantes y a nuevas necesidades del cliente.

La fabricación ágil combina velocidad, calidad y capacidad de adaptación, utilizando tecnología y sistemas de comunicación integrados para desarrollar productos de forma rápida, eficiente y rentable.

Los cuatro pilares de la fabricación ágil son:

1. *Diseño de producto modular*: Permite realizar cambios y variaciones de manera rápida, sin rediseñar el sistema completo.
2. *Tecnología de la información integrada*: Facilita la comunicación fluida entre áreas y permite responder rápidamente a pedidos o cambios.
3. *Socios estratégicos (alianzas corporativas)*: Colaborar con proveedores y aliados para acelerar el tiempo de comercialización y ampliar capacidades.
4. *Cultura del conocimiento*: Capacitación continua y aprendizaje organizacional para sostener la adaptación permanente.

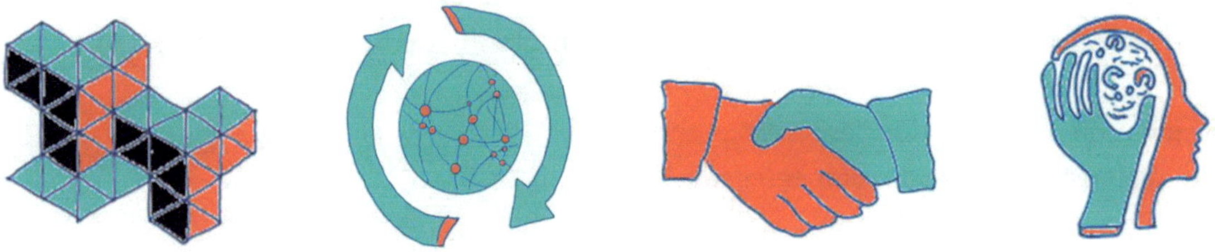

Estos pilares no solo mejoran el producto final, sino que fortalecen la capacidad de la organización para responder al mercado con rapidez y coherencia.

En organizaciones verdaderamente ágiles, el error no se castiga: se utiliza como fuente de aprendizaje. Fracasar temprano permite:

- Detectar problemas antes de que escalen
- Reducir el costo del error
- Ajustar el rumbo con menor impacto
- Acelerar la mejora continua

📌 Cuanto antes se identifiquen y corrijan los errores, menor será el costo del aprendizaje y mayor la capacidad de adaptación del proyecto.

Kaizen

Kaizen es un término japonés que significa "mejora continua". Parte del principio de que todo proceso, producto o servicio puede perfeccionarse. Su lema resume la filosofía: *"hoy mejor que ayer, mañana mejor que hoy"*.

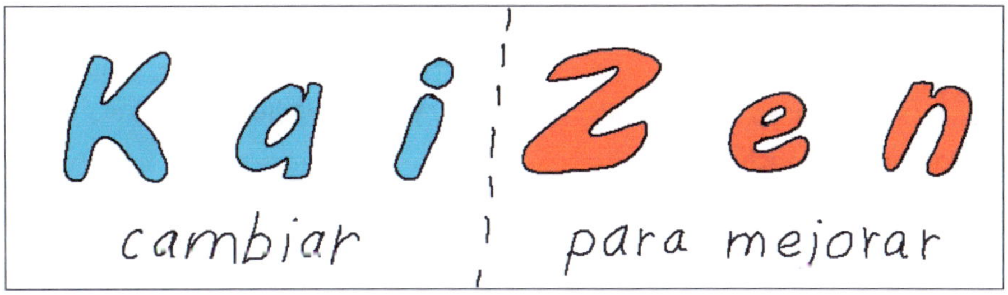

En el contexto de entregas rápidas y flexibles, Kaizen permite mejorar el flujo de trabajo de manera incremental, reduciendo desperdicios y optimizando el tiempo de valor agregado sin necesidad de grandes transformaciones disruptivas.

Una de las herramientas clásicas para implementar Kaizen es la metodología de las **5S**:

- **Seiri (Clasificación):** eliminar lo innecesario en el espacio de trabajo.
- **Seiton (Orden):** organizar los elementos de manera eficiente y accesible.
- **Seisō (Limpieza):** mantener el entorno limpio para detectar problemas con rapidez.
- **Seiketsu (Normalización):** estandarizar prácticas para evitar que el desorden reaparezca.
- **Shitsuke (Disciplina):** sostener los hábitos y la mejora en el tiempo.

El objetivo de las 5S es minimizar desperdicios, facilitar el flujo continuo y hacer visibles los problemas lo antes posible.

Kaizen promueve la participación de todos los niveles de la organización. No se trata de grandes cambios esporádicos, sino de pequeñas mejoras constantes que, acumuladas en el tiempo, generan impactos significativos en productividad, calidad e innovación.

📌 En entornos ágiles, Kaizen se materializa en ajustes frecuentes del proceso, experimentación controlada y aprendizaje continuo en cada iteración.

Mapeo de flujo del valor (Value stream mapping)

El mapeo del flujo de valor es una herramienta visual utilizada para analizar y mejorar todos los pasos necesarios para entregar un producto o servicio, desde la solicitud inicial hasta la entrega al cliente. Forma parte del enfoque **Lean** y su objetivo principal es hacer visible el flujo completo de trabajo para identificar desperdicios, cuellos de botella, tiempos de espera y restricciones que afectan la entrega rápida y fluida.

En lugar de enfocarse solo en tareas individuales, el mapeo del flujo de valor analiza el sistema completo. El proceso suele incluir:

1. **Mapa del estado actual:** Identificar cada paso del proceso, tiempos de espera, colas, retrabajos y flujos de información.
2. **Análisis del flujo:** Detectar desperdicios, restricciones y actividades que no agregan valor al cliente.
3. **Diseño del estado futuro:** Modelar un flujo optimizado eliminando retrasos, reduciendo WIP y mejorando la continuidad.
4. **Hoja de ruta de mejora:** Definir acciones concretas para pasar del estado actual al estado futuro.
5. **Revisión continua:** Evaluar periódicamente el proceso para sostener la mejora.

El mapeo de flujo de valor permite responder preguntas clave:

- ¿Dónde se acumula el trabajo?
- ¿Dónde se pierde tiempo sin agregar valor?
- ¿Qué pasos podrían eliminarse?
- ¿Qué dependencias ralentizan el flujo?

📌 En entornos ágiles, esta herramienta ayuda a mejorar el **flujo**, reducir el tiempo de ciclo y aumentar el porcentaje de tiempo de valor agregado, alineándose directamente con el objetivo de entregas rápidas, flexibles y continuas.

Procesos a medida (Tailoring processes)

Mejorar un marco o proceso ágil no significa eliminar prácticas al azar. Antes de ajustar cualquier práctica para la entrega de un producto, el equipo debe comprender claramente cuál es su propósito y qué problema resuelve.

Quitar una práctica sin entender su función es como retirar una pieza de una máquina esperando que continúe funcionando igual.

Una vez comprendido el propósito de cada evento, artefacto o regla, el equipo puede adaptar el proceso a su contexto particular, manteniendo la intención original, pero optimizando la forma de trabajo.

El tailoring busca responder preguntas como:

- ¿Esta práctica agrega valor en nuestro contexto?
- ¿Está ayudando al flujo o lo está obstaculizando?
- ¿La estamos aplicando mecánicamente o con propósito?

Algunos marcos permiten mayor grado de adaptación:

- **Kanban** es altamente flexible. Parte del sistema actual y promueve mejoras evolutivas, ajustando el flujo según la realidad del equipo.
- **Disciplined Agile (DA)** propone explícitamente elegir "la forma de trabajo adecuada" según el contexto.
- **Scrum**, en cambio, es más prescriptivo respecto a sus eventos y artefactos. Si se eliminan elementos centrales (por ejemplo, retrospectiva o revisión), el marco deja de ser Scrum.

El grado de adaptación también depende del nivel de incertidumbre:

Incertidumbre		Enfoque
Requisitos	Tecnológica	
Alta	Alta	Exploratorio.
Media	Media	Adaptativo. Ágil.
Baja	Baja	Predictivo. Cascada.

📌 En el contexto de entregas rápidas y fluidas, el tailoring no busca romper el marco, sino optimizar el sistema para mejorar el flujo, reducir desperdicios y acelerar la generación de valor.

Agilidad e innovación

La agilidad es la capacidad de adaptarse y responder a los cambios para generar beneficios en entornos inciertos. Implica encontrar un equilibrio entre estabilidad y flexibilidad. Demasiada estructura conduce a rigidez y lentitud. Demasiada falta de estructura genera caos e ineficiencia.

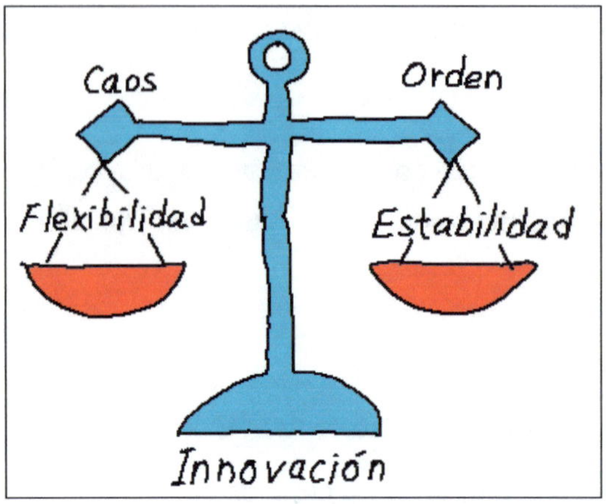

La innovación suele surgir en el punto de equilibrio entre orden y desorden, donde existen reglas claras, pero también espacio para experimentar.

En contextos ágiles, la innovación no depende de grandes apuestas, sino de **experimentos pequeños y frecuentes**. Cada iteración puede verse como una hipótesis que se valida o se descarta mediante retroalimentación real del mercado. Los experimentos no son fracasos. Son mecanismos para obtener datos.

Una cultura que penaliza el error termina bloqueando la innovación. En cambio, cuando la organización promueve la seguridad psicológica, el aprendizaje continuo, la retroalimentación temprana y las decisiones basadas en evidencia, se crea un entorno propicio para generar soluciones creativas y adaptativas.

Cuando los líderes establecen límites claros y, al mismo tiempo, garantizan un entorno seguro, los equipos se animan a explorar nuevas ideas, probar alternativas, enfrentar problemas complejos y aprovechar oportunidades emergentes, sin temor a represalias si los resultados no son los esperados.

📌 En el contexto de la entrega ágil del producto, innovar significa aprender rápido, ajustar el rumbo temprano y reducir el costo del error a través de ciclos cortos de validación.

5.2 Flujo de trabajo y eficiencia

Trabajo en progreso (WIP)

En todo proyecto existen restricciones o cuellos de botella que limitan el flujo de valor. Intentar optimizar el sistema completo sin identificar y gestionar la restricción principal no mejora el rendimiento global. En entornos ágiles, el foco debe ponerse primero en la restricción hasta que deje de ser el principal obstáculo.

Por ejemplo, si una sola persona cumple un rol crítico, el flujo no podrá avanzar más rápido que su capacidad de procesamiento. Además de afectar la velocidad, esto genera riesgo operativo: si esa persona se ausenta, el proyecto puede detenerse. Por eso los equipos ágiles buscan ser multifuncionales y reducir dependencias individuales.

El Trabajo en Progreso (WIP) incluye todas las tareas que están actualmente iniciadas, pero aún no finalizadas. No forman parte del WIP las tareas pendientes de comenzar ni las ya completadas.

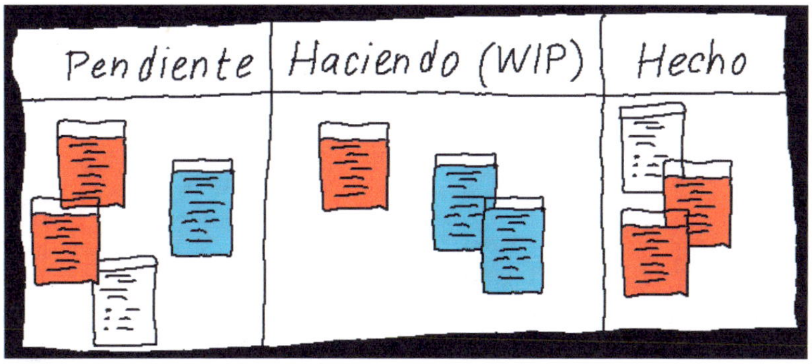

Reducir el WIP implica terminar lo que se empieza antes de iniciar nuevas actividades. Esto:

- Disminuye el tiempo de ciclo
- Reduce el cambio de contexto
- Mejora la calidad
- Aumenta la velocidad con la que el valor llega al cliente

📝 Ejemplos:

• Una impresora tiene un WIP óptimo de 1 hoja por vez. Intentar forzar varias hojas simultáneamente puede generar atascos y aumentar el tiempo total.

• Si te lanzan pelotas de tenis, tu WIP óptimo puede ser atajar y guardar 2 pelotas. Si intentas manejar 10 a la vez, perderás más tiempo recuperándolas que trabajando de manera ordenada.

Límites del WIP

No existe una fórmula exacta para determinar el límite del WIP. Depende del tipo de proyecto, la experiencia del equipo y la dinámica del flujo de trabajo. Además, como el contexto cambia, los límites también deben revisarse periódicamente.

Algunas organizaciones utilizan como punto de partida una regla práctica:

WIP inicial ≈ 2 × cantidad de personas asignadas a esa etapa.

📝 Por ejemplo, en un flujo secuencial Diseño → Desarrollo → Pruebas:

- 3 diseñadores → WIP sugerido: 6
- 4 desarrolladores → WIP sugerido: 8
- 2 testers → WIP sugerido: 4

Sin embargo, esto es solo una guía inicial. Cada equipo debe experimentar y ajustar sus límites según cómo fluye realmente el trabajo.

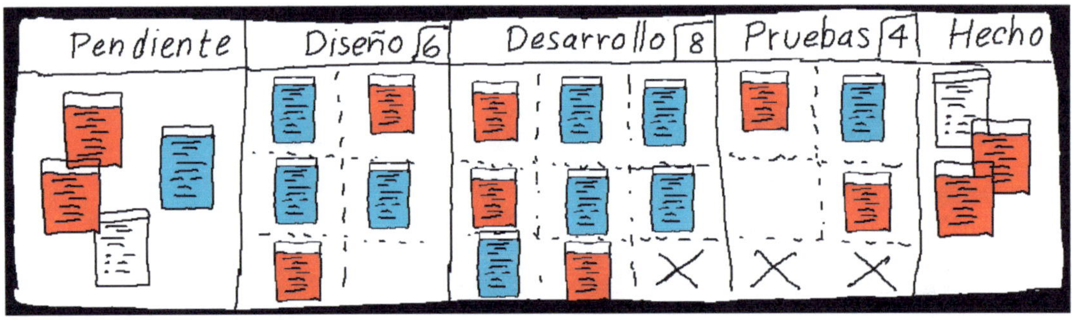

En la figura se observa cómo, al limitar el espacio disponible en cada columna del tablero, el exceso de trabajo se vuelve visible inmediatamente. Cuando una columna alcanza su límite, no se pueden agregar más tarjetas hasta que alguna avance.

Esto genera tres efectos importantes:

- Hace visibles los cuellos de botella.
- Obliga al equipo a colaborar para destrabar el flujo.
- Reduce la multitarea y el cambio constante de contexto.

📌 Limitar el WIP no significa trabajar menos. Significa terminar más rápido lo que ya se empezó. El foco no está en iniciar muchas tareas, sino en finalizar incrementos que realmente entreguen valor.

Tamaño del WIP

Definir el tamaño adecuado del WIP es un ejercicio de equilibrio. El WIP no debería ser ni demasiado bajo, ni demasiado alto.

Si el límite del WIP es demasiado bajo —por ejemplo, WIP = 1 para un equipo de 4 personas— el equipo trabajará de manera intensiva y colaborativa sobre una sola tarea hasta finalizarla. Esto puede acelerar la finalización de esa actividad específica. Sin embargo, también puede generar efectos no deseados:

- Algunos miembros podrían quedar ociosos si la tarea no requiere el aporte de todos.
- Muchas tareas permanecerán "pendientes" durante demasiado tiempo.
- Puede aumentar el tiempo total desde que el cliente solicita algo hasta que lo recibe.

En el extremo opuesto, si el límite del WIP es demasiado alto —por ejemplo, WIP = 8 para un equipo de 2 personas— el riesgo es iniciar muchas tareas y terminar pocas. Ante una dificultad, el equipo puede verse tentado a comenzar algo nuevo en lugar de finalizar lo que ya está en curso. Esto fragmenta el foco, aumenta el cambio de contexto y retrasa la entrega de valor.

En términos prácticos:

- Si vemos personas sin tareas activas, el WIP probablemente sea demasiado bajo.
- Si vemos tareas activas sin responsables claros o sin avance real, el WIP probablemente sea demasiado alto.

📌 El objetivo no es maximizar la ocupación de las personas, sino optimizar el flujo de valor. Un buen tamaño de WIP permite colaboración, evita ociosidad prolongada y, al mismo tiempo, garantiza que las tareas iniciadas se finalicen de manera consistente.

Tiempo de entrega y ciclo

Para entregar valor al cliente lo antes posible, es fundamental gestionar adecuadamente los tiempos del proceso de desarrollo. Los conceptos clave son:

- **Tiempo de respuesta** (response time): tiempo que transcurre desde que el cliente realiza una solicitud hasta que el equipo comienza a trabajar en ella.
- **Tiempo de ciclo** (cycle time): tiempo que transcurre desde que el equipo inicia el trabajo hasta que el producto está terminado y listo para su uso.
- **Tiempo de entrega** (lead time): tiempo total desde que el cliente realiza la solicitud hasta que recibe el producto.

Tiempo de entrega = Tiempo de respuesta + Tiempo de ciclo

- **Rendimiento** (throughput): capacidad promedio de producción del equipo. Por ejemplo, completar 5 puntos de historia por día.

Existe una relación directa entre WIP, rendimiento y tiempo de ciclo:

Tiempo de ciclo = WIP / Rendimiento

Si queremos acortar el tiempo de ciclo para entregar valor al cliente más rápido, deberíamos disminuir el WIP y/o aumentar el rendimiento.

📌 En la práctica, reducir el WIP suele ser más efectivo que intentar forzar mayor productividad. Volvamos al ejemplo de guardar 10 pelotas de tenis en una caja. Si el WIP es limitado a un máximo de una pelota, podríamos guardar 1 pelota por segundo. Pero si nos lanzan 10 pelotas juntas, se nos van a caer, tendremos que levantarlas y el tiempo de producción podría elevarse a 50" (5" por pelota).

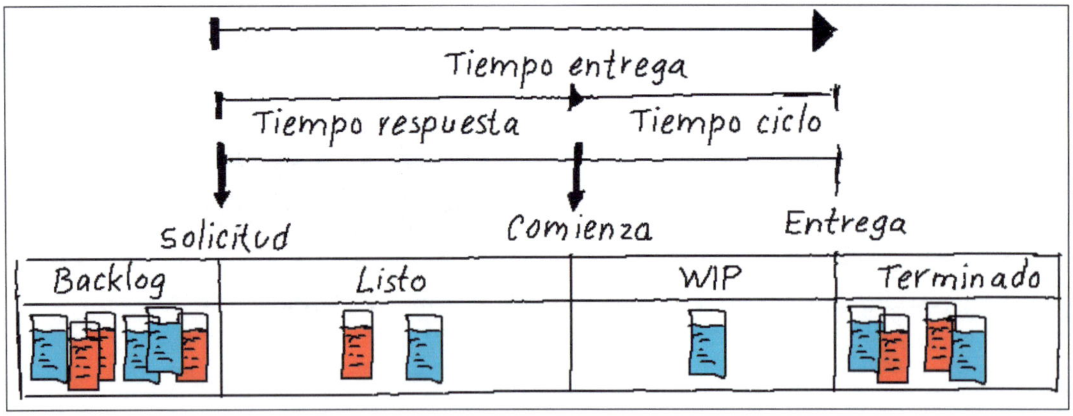

Diagrama de flujo acumulativo (CFD)

El diagrama de flujo acumulativo (Cumulative Flow Diagram, CFD) es una herramienta visual que permite analizar cómo evoluciona el trabajo a lo largo del tiempo.

Muestra simultáneamente:

- Tiempos: respuesta, ciclo y entrega
- Trabajo: solicitado, en progreso y terminado

Su principal objetivo es evaluar la estabilidad del flujo del proyecto, anticipar cuellos de botella, detectar capacidad ociosa y tomar decisiones correctivas a tiempo.

a) Progreso Estable

Veamos un ejemplo de un proyecto durante 9 semanas, donde se registran las tareas solicitadas, en progreso y terminadas.

Semana	Trabajo Solicitado	Solicitado acumulado	Trabajo en progreso	En progreso acumulado	Trabajo Terminado	Terminado acumulado
0	3	3	0	0	0	0
1	3	6	2	2	0	0
2	3	9	3	5	1	1
3	3	12	2	7	1	2
4	3	15	2	9	3	5
5	3	18	3	12	2	7
6	2	20	3	15	3	10
7	1	21	2	17	2	12
8	1	22	3	20	3	15
9		22	2	22	2	17

En este caso, el proyecto muestra un comportamiento estable:

- El trabajo solicitado semanalmente se mantiene entre 1 y 3 tareas.
- El trabajo terminado semanalmente también oscila entre 1 y 3 tareas.
- El trabajo en progreso se mantiene relativamente constante entre 2 y 3 tareas.

Cuando las bandas del gráfico se mantienen aproximadamente paralelas, el flujo es estable. Este escenario es saludable: no se observan cuellos de botella ni acumulaciones excesivas de trabajo.

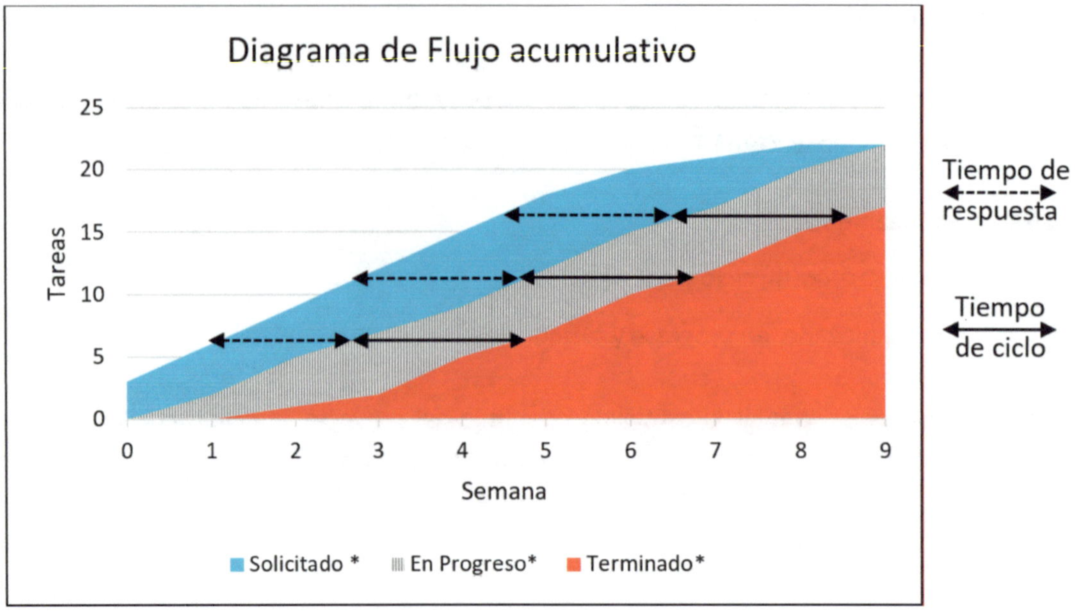

• La distancia horizontal entre "Solicitado acumulado" y "En progreso acumulado" representa el tiempo de respuesta (≈ 2 semanas).

• La distancia horizontal entre "En progreso acumulado" y "Terminado acumulado" representa el tiempo de ciclo (≈ 2 semanas).

• El tiempo de entrega (lead time) es la suma del tiempo de respuesta más el tiempo de ciclo (≈ 4 semanas).

La diferencia vertical entre el trabajo solicitado acumulado y el trabajo terminado acumulado representa el trabajo pendiente.

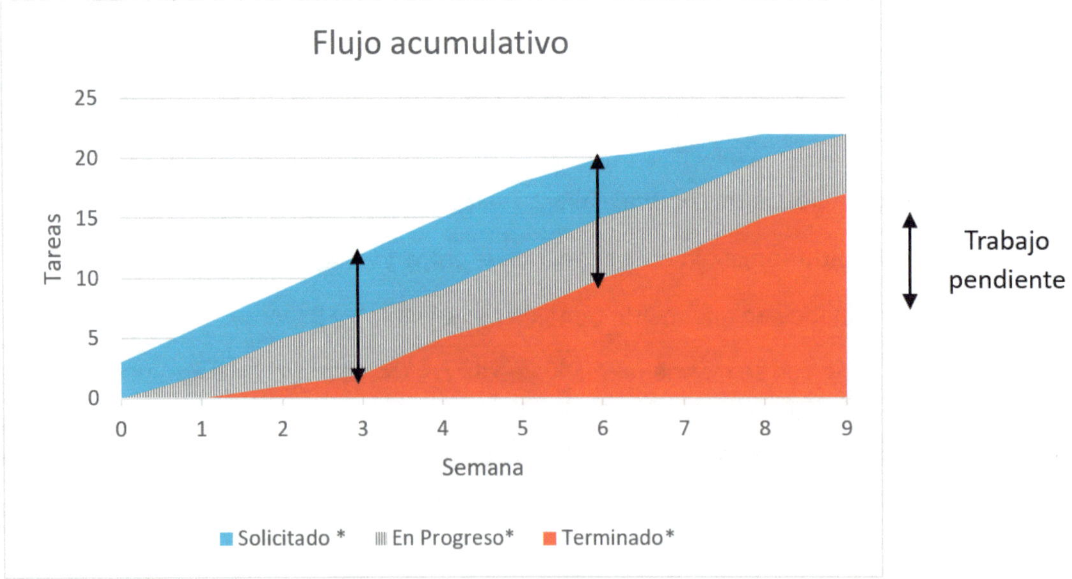

El trabajo en espera, que aún no ha comenzado, se calcula como:

Trabajo en espera = Trabajo solicitado – Trabajo en progreso – Trabajo terminado

Semana	Solicitado acumulado	En progreso acumulado	Terminado acumulado	Trabajo en espera
0	4	0	0	4
1	7	2	0	5
2	10	5	1	4
3	13	7	2	4
4	16	9	5	2
5	19	12	7	0
6	21	15	10	0 *
7	22	17	12	0 *
8	23	20	15	0 *
9	23	22	17	0 *

* El trabajo en espera no puede ser negativo

b) Aumenta el tiempo de ciclo

Si en el diagrama de flujo acumulativo observamos que una de las bandas se ensancha progresivamente, significa que el trabajo está acumulándose en esa etapa del proceso.

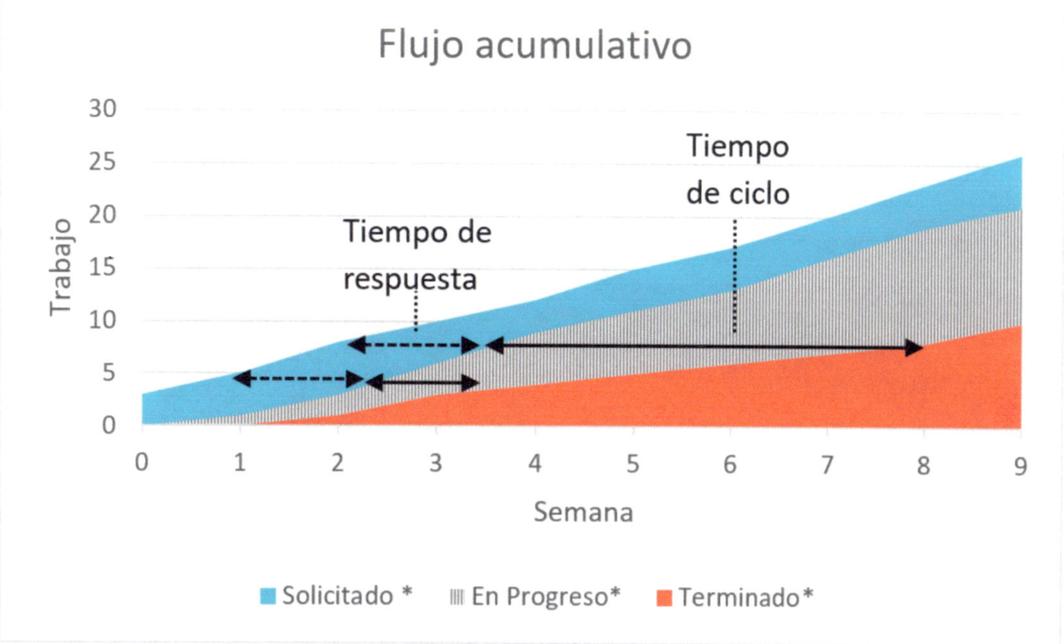

En el gráfico se puede observar que la banda de "En progreso" aumenta su espesor con el paso de las semanas. Esto indica que están ingresando más tareas de las que se están terminando. Como consecuencia, el tiempo de ciclo se incrementa.

Por otro lado, la banda de "Solicitado acumulado" mantiene una pendiente relativamente estable, por lo que el tiempo de respuesta no se ha visto afectado. El problema no está en el ingreso de trabajo, sino en la capacidad de finalización.

Cuando el tiempo de ciclo aumenta, generalmente estamos frente a:

- Un cuello de botella en alguna etapa del proceso
- Un WIP demasiado alto
- Multitarea excesiva
- Desperdicios que ralentizan el flujo

En este escenario, una acción correctiva posible es revisar y reducir los límites del WIP. Al limitar la cantidad de trabajo en progreso, el equipo se ve obligado a terminar tareas antes de comenzar nuevas, recuperando el flujo y estabilizando el tiempo de ciclo. Si el equipo empieza muchas tareas y termina pocas, el sistema se congestiona. Si termina antes de empezar nuevas, el flujo mejora.

c) Capacidad ociosa

Si en el diagrama de flujo acumulativo una de las bandas comienza a estrecharse, puede indicar que el rendimiento del equipo es mayor que la tasa de ingreso de nuevas tareas.

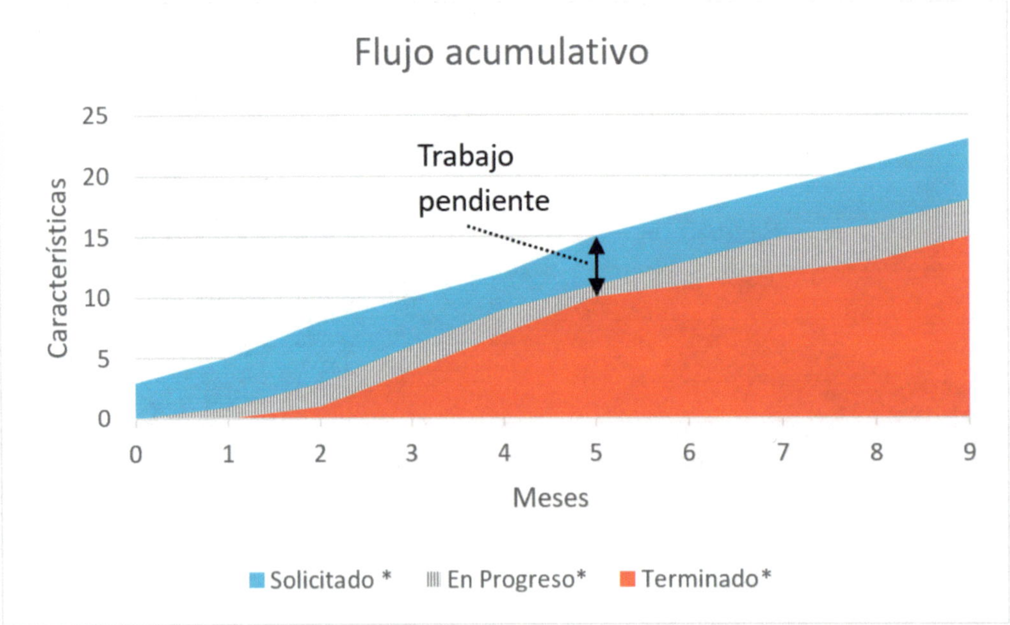

En el gráfico se observa que alrededor del mes 5 la banda correspondiente al trabajo pendiente se reduce de manera significativa. Esto significa que el equipo está terminando tareas más rápido de lo que están ingresando nuevas solicitudes.

Cuando el trabajo pendiente disminuye de forma sostenida, podemos estar frente a un escenario de capacidad ociosa. Es decir, el equipo tiene mayor capacidad de producción que la demanda actual.

En este caso, podrían considerarse distintas acciones:

- Aumentar el WIP de manera controlada.
- Incorporar nuevas funcionalidades priorizadas.
- Reasignar recursos a otras áreas con restricciones.
- Invertir tiempo en mejora técnica o reducción de deuda técnica.

El tiempo de ciclo y el tiempo de entrega son métricas clave para comprender el comportamiento del sistema. Permiten identificar:

- Cuellos de botella.
- Exceso de trabajo en progreso.
- Capacidad ociosa.
- Desbalance entre demanda y capacidad.

📌 Para mejorar el flujo, se puede:

- Trabajar con solicitudes más pequeñas.
- Reducir el WIP.
- Mejorar el rendimiento eliminando errores y retrabajo.
- Reasignar recursos cuando se detecten restricciones.

El CFD no solo muestra cuánto trabajo hay, sino cómo se comporta el sistema a lo largo del tiempo. Y eso es lo que realmente importa en entornos ágiles.

5.3 Seguimiento del progreso

Retroalimentación continua

En los proyectos ágiles, el seguimiento del progreso no se basa únicamente en indicadores cuantitativos, sino también en bucles de retroalimentación frecuentes que permiten ajustar el rumbo en tiempo real.

Los equipos ágiles revisan de forma constante su desempeño y el estado del producto, manteniéndose abiertos a la mentoría, el coaching y la capacitación. Prefieren resolver los problemas de manera autónoma y no responden bien al control excesivo de la alta gerencia.

Los bucles de retroalimentación son mecanismos esenciales, ya que permiten validar y obtener respuestas inmediatas —positivas o negativas— sobre el producto y el proceso de desarrollo. Esta retroalimentación temprana reduce el riesgo y facilita la mejora continua.

Para que el seguimiento sea efectivo, es fundamental construir una cultura organizacional que fomente pequeñas mejoras constantes a lo largo de todo el proyecto.

El proceso ágil incorpora puntos de control integrados que funcionan como mecanismos naturales de seguimiento:

- **Reunión diaria**: permite compartir avances, visualizar el estado del trabajo e identificar obstáculos.
- **Revisión de la iteración**: el equipo presenta el incremento del producto al dueño del producto y a otros interesados clave para validar el valor entregado.
- **Retrospectiva**: el equipo reflexiona sobre su desempeño y define acciones concretas de mejora para la siguiente iteración.

En conjunto, estos eventos permiten monitorear el progreso del producto, la salud del equipo y la capacidad de entrega, asegurando una adaptación continua al contexto cambiante.

Radiador de información

Los radiadores de información son tableros físicos o electrónicos ubicados en un lugar altamente visible para que el equipo y los interesados clave puedan ver el estado del proyecto de un vistazo. Su objetivo es hacer visible el progreso, los problemas y las métricas relevantes sin necesidad de solicitar reportes formales.

📝 Ejemplos:

- Un tablero electrónico de acceso remoto visible en el sitio principal de la organización donde se presentan en tiempo real: número de pruebas automatizadas, velocidad del equipo, estado de integración continua, incidentes, listado de trabajo pendiente, tendencias y riesgos.
- Un tablero Kanban con tarjetas físicas y gráficos dibujados a mano (low tech – high touch).
- Un diagrama mostrando el trabajo pendiente a lo largo del tiempo.
- Un registro visual de impedimentos indicando cuáles fueron resueltos y cuáles siguen pendientes.

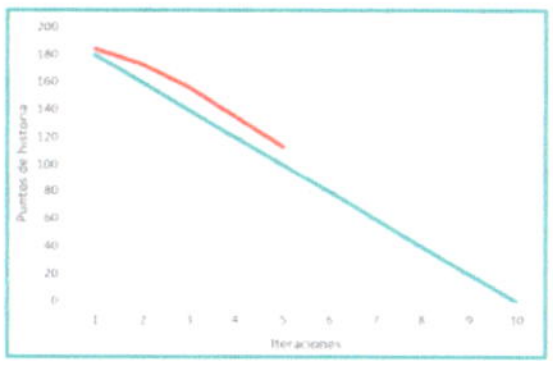

Los radiadores de información son efectivos cuando:

- Los interesados se detienen a leer la información.
- El equipo no se queja por actualizarla.
- Reflejan la realidad del proyecto en tiempo y forma.
- No se ocultan problemas.
- Son simples, claros, actuales, visibles e influyentes.

📌 La función principal de los radiadores es brindar transparencia y gestionar proactivamente las expectativas de los interesados. Además, suelen generar conversaciones espontáneas que pueden aportar ideas valiosas para la mejora continua.

Seguimiento del equipo

El enfoque ágil para monitorear el progreso se centra en el desempeño del equipo como unidad, no en métricas individuales.

Utilizar la velocidad individual (por ejemplo, historias completadas por persona) como indicador de desempeño es inapropiado. Si un miembro del equipo sabe que su productividad personal está siendo medida, podría priorizar su rendimiento individual en lugar de ayudar a otros, lo que debilita la colaboración.

📌 En entornos ágiles, las personas deben estar motivadas a:

- Trabajar en equipo
- Compartir conocimiento
- Aprender nuevas habilidades
- Colaborar para mejorar la productividad colectiva

Cuando el rendimiento es bajo, el análisis debe enfocarse en el sistema y en el equipo como conjunto, no en señalar culpables. El equipo debe identificar oportunidades de mejora tanto grupales como individuales.

Para monitorear el progreso y estimar fechas de finalización de un proyecto o lanzamiento, se utilizan diferentes radiadores de información, entre ellos:

- **Burndown Chart**: muestra la cantidad de trabajo pendiente a lo largo del tiempo.
- **Burnup Chart**: ilustra el progreso acumulado hacia un objetivo total.
- **Velocidad del equipo**: representa la cantidad promedio de trabajo completado por iteración.

Estas herramientas permiten visualizar tendencias, detectar desviaciones y mejorar la previsibilidad sin perder el enfoque en la colaboración.

Gráfica de Trabajo Pendiente (Burndown Chart)

El Burndown Chart representa el trabajo pendiente frente al tiempo disponible. Es un radiador de información que permite visualizar el progreso de la iteración y estimar si el equipo podrá cumplir el objetivo comprometido.

A continuación, se presenta un ejemplo de un proyecto que planificó completar 300 puntos de historia en 10 días.

Días	Puntos de historia planificados	Trabajo pendiente Planificado	Trabajo realizado	Trabajo acumulado realizado	Trabajo pendiente Real
0	0	300	0	0	300
1	30	270	35	35	265
2	30	240	40	75	225
3	30	210	25	100	200
4	30	180	20	120	180
5	30	150	15	135	165
6	30	120	22	157	143
7	30	90	21	178	122
8	30	60	-	-	-
9	30	30	-	-	-
10	30	0	-	-	-
Total		**300**		**178**	

🗲 **Trabajo más rápido de lo planificado:** Cuando la línea real de trabajo pendiente se ubica por debajo de la línea planificada, el equipo está avanzando más rápido de lo estimado. Por ejemplo, al finalizar el día 2 se esperaba que quedaran 240 puntos pendientes, pero solo quedan 225. El equipo está adelantado respecto del plan.

⏳ **Trabajo más lento de lo planificado:** Cuando la línea real se ubica por encima de la línea planificada, el equipo está avanzando más lento de lo previsto. Por ejemplo, en el día 7 el plan indicaba que deberían quedar 90 puntos pendientes, pero quedan 122. Existe un retraso de 32 puntos (122 – 90). Si el equipo mantiene una velocidad promedio de 25 puntos por día, el proyecto finalizaría aproximadamente en el día 12, es decir, dos días más tarde que lo planificado.

Gráfica de Trabajo Realizado (Burnup Chart)

El Burnup chart es una representación gráfica del trabajo completado acumulado a través del tiempo. Suele incluir una línea horizontal con el total del trabajo a realizar, que varía hacia abajo o hacia arriba cuando hay cambios en el alcance del proyecto. Esta barra horizontal facilita identificar rápidamente los cambios de alcance en relación con la gráfica de trabajo pendiente.

En el gráfico a continuación se presenta un ejemplo donde el alcance aumentó en 50 puntos de historia al comenzar con la iteración 5.

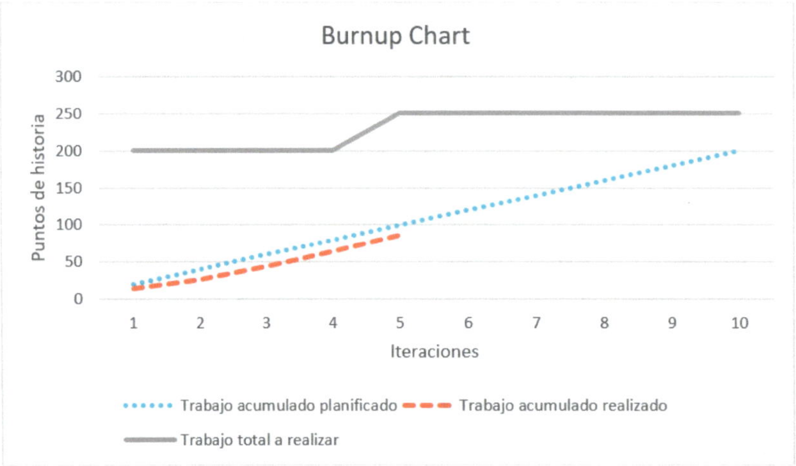

Cuando la línea del trabajo acumulado realizado está por debajo del trabajo acumulado planificado, el proyecto está lento (SPI < 1). Por otro lado, si el trabajo realizado está por encima de lo planificado, el proyecto va más rápido de lo planificado (SPI > 1).

SPI (Schedule Performance Index) = historias completadas / historias planificadas

Velocidad del equipo

La velocidad es una medida de la cantidad de trabajo que un equipo completa durante una iteración. Se calcula al finalizar la iteración sumando los puntos de historia efectivamente terminados. Por ejemplo, si en una iteración se completan 3 historias de usuario de 5 puntos cada una, la velocidad de esa iteración es de 15 puntos de historia.

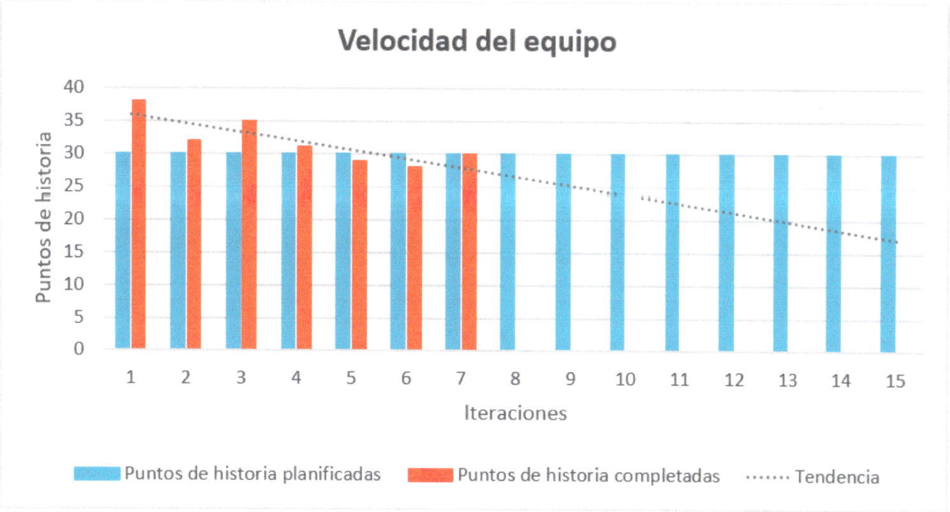

En las primeras iteraciones, la velocidad puede variar significativamente mientras el equipo se adapta al producto, a la tecnología y a su dinámica de trabajo. Con el tiempo, suele estabilizarse y convertirse en una referencia útil para estimar fechas probables de finalización, planificar la capacidad de futuras iteraciones y detectar tendencias (mejora o deterioro del rendimiento).

Si la tendencia es descendente, puede indicar problemas como incremento de complejidad técnica, deuda técnica acumulada, interrupciones o multitarea excesiva y cambios frecuentes de contexto.

🚫 La velocidad NO es una métrica de desempeño individual, NO debe utilizarse para comparar miembros del equipo y NO es comparable entre distintos equipos.

Cada equipo estima sus propias historias de usuario en función de su contexto y criterio relativo.
Los puntos de historia no son una unidad universal de medida. Por lo tanto, comparar velocidades entre equipos conduce a conclusiones erróneas.

📌 La velocidad es una herramienta interna de planificación y aprendizaje, no un instrumento de control o competencia.

Compromiso del equipo

Un KPI (Key Performance Indicator) útil para analizar el compromiso del equipo es la relación entre los puntos de historia completados y los puntos de historia planificados en cada iteración.

Compromiso = historias completadas / historias planificadas

Este indicador permite evaluar qué tan realista fue la planificación y qué tan consistente es el equipo cumpliendo sus compromisos.

📝 Ejemplo:

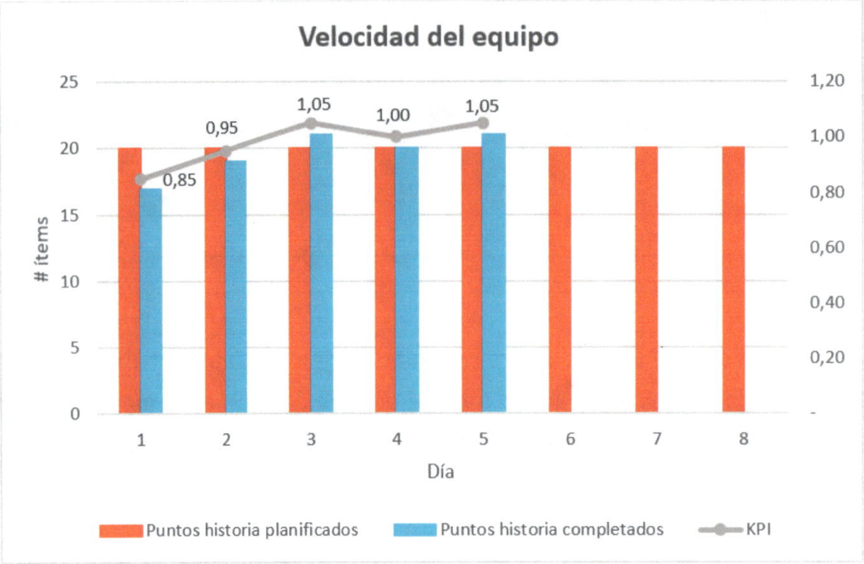

⏳ En la iteración 1, el KPI es 0,85. Esto significa que el equipo completó el 85% de lo planificado, quedando un 15% por debajo del objetivo.

⚡ En la iteración 5, el KPI es 1,05. Esto indica que el equipo superó en un 5% lo planificado para esa iteración.

Si calculamos el promedio de las 5 iteraciones, obtenemos un KPI de 0,98. En términos agregados, el equipo se encuentra un 2% por debajo del compromiso asumido.

📌 Un KPI cercano a 1 indica buena capacidad de planificación y cumplimiento. Valores sistemáticamente menores a 1 pueden señalar sobreestimación de capacidad o interrupciones frecuentes. Valores muy superiores a 1 podrían indicar subestimación sistemática o bajo nivel de desafío en la planificación.

Valor del negocio acumulado

Además de medir esfuerzo, velocidad o cumplimiento del plan, los equipos ágiles pueden realizar un seguimiento del valor de negocio entregado a lo largo del tiempo. El objetivo no es solo terminar trabajo, sino entregar valor lo antes posible y de manera incremental.

📝 Ejemplo:

Épica	Mes de Lanzamiento	Puntos de Valor	Valor acumulado
E	1	13	13
C	2	5	18
F	3	21	39
D	4	8	47
B	5	3	50

Al graficar estos datos se obtiene una curva de valor acumulado que muestra cómo el beneficio entregado crece mes a mes.

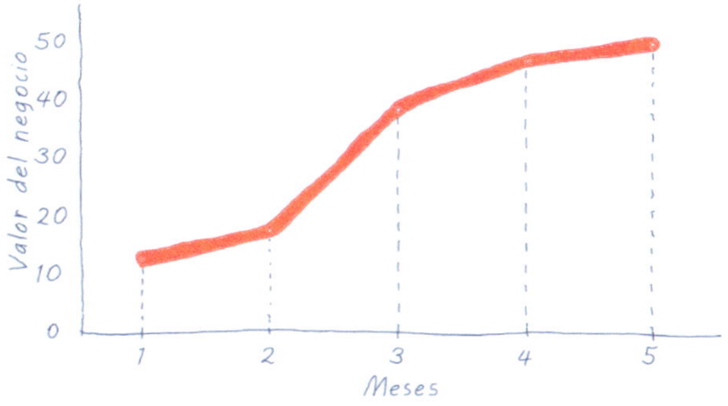

Si la pendiente de la curva es pronunciada, significa que el equipo está liberando alto valor en poco tiempo. Si la curva se aplana, puede indicar que las siguientes entregas aportan menos valor o que el equipo está priorizando elementos de menor impacto.

Este tipo de gráfico permite responder preguntas clave:

- ¿Estamos entregando lo más valioso primero?
- ¿El valor está creciendo al ritmo esperado?
- ¿Tiene sentido continuar invirtiendo en las siguientes épicas?

📌 Medir valor acumulado refuerza el principio ágil de maximizar el valor temprano y continuamente, en lugar de enfocarse únicamente en completar tareas.

Diagrama de estacionamiento

El diagrama de estacionamiento (Parking Lot) presenta el estado de avance de los principales bloques de funcionalidad de un producto. Se utiliza especialmente en productos complejos en los que se trabaja simultáneamente en varias áreas o épicas.

Proporciona una visión general del proyecto de un solo vistazo, permitiendo a los interesados comprender el progreso, realizar preguntas y detectar rápidamente si el equipo está avanzando en la dirección correcta.

El gráfico utiliza cuadros para representar los distintos niveles de la jerarquía funcional del producto (por ejemplo, temas y épicas) y colores para indicar el estado de cada bloque. Se denomina "diagrama de estacionamiento" porque los cuadros se asemejan a un estacionamiento de autos visto desde arriba.

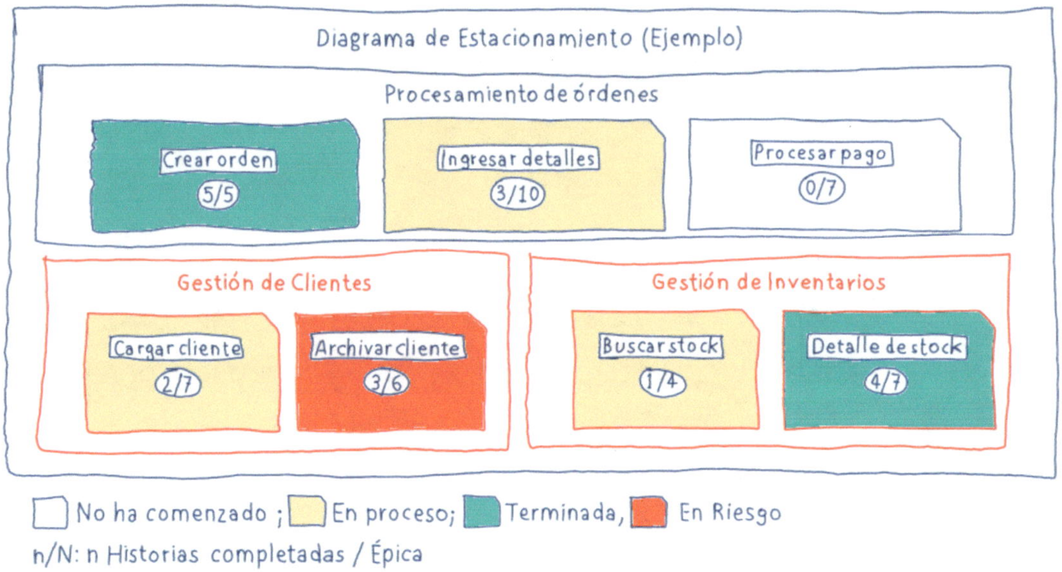

Cuando una épica alcanza el objetivo de negocio por el cual fue priorizada, puede considerarse "terminada", incluso si no se han completado todas las historias de usuario originalmente asociadas. En entornos ágiles, el criterio de cierre está vinculado al valor entregado, no necesariamente a la ejecución exhaustiva del plan inicial.

5.4 Medición y análisis

Indicadores rezagados (lagging) vs líderes (leading)

Los **indicadores rezagados** miden resultados que ya ocurrieron. Reflejan consecuencias del desempeño pasado. Son fáciles de medir, pero difíciles de mejorar directamente, porque muestran el efecto, no la causa.

Los **indicadores líderes**, en cambio, anticipan lo que podría ocurrir con los indicadores rezagados. Miden comportamientos o variables que influyen en el resultado final. Son más difíciles de definir y medir, pero más fáciles de gestionar y mejorar, porque actúan sobre las causas.

Indicador rezagado (resultado)	Indicadores líderes (causas)
Accidentes laborales	% de trabajadores que utilizan casco % de cumplimiento de normas de seguridad
Rentabilidad del proyecto	Valor comercial en cada historia Velocidad del equipo
Defectos escapados	Horas de refactorización Horas de revisiones de calidad
Tiempo de ciclo	WIP Rendimiento del equipo

📝 Ejemplos:

- Si el objetivo es reducir accidentes laborales (indicador rezagado), no basta con medir la cantidad de accidentes, debe trabajarse sobre el uso de casco y el cumplimiento de normas (indicadores líderes).
- Si queremos reducir el tiempo de ciclo, debemos gestionar el WIP y mejorar el rendimiento del equipo.
- Si queremos disminuir defectos escapados, debemos invertir en prácticas de calidad y refactorización.

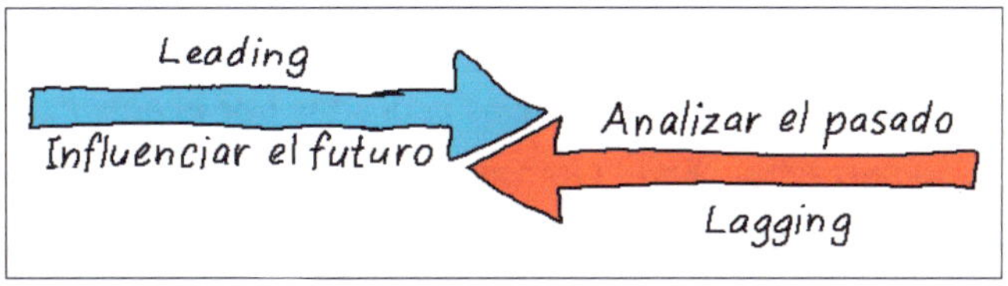

📌 La clave de la mejora continua consiste en actuar sobre los indicadores líderes para impactar en los resultados finales. Los indicadores rezagados nos dicen cómo estamos. Los indicadores líderes nos dicen qué debemos cambiar.

Análisis de la variación

La variación es la diferencia entre el resultado esperado y el resultado real. En proyectos ágiles, analizar la variación permite entender si el comportamiento del equipo es estable o si el proceso está fuera de control.

Cuando los resultados se mantienen cerca del promedio histórico, el proceso es predecible. Cuando aparecen desviaciones importantes, es necesario investigar.

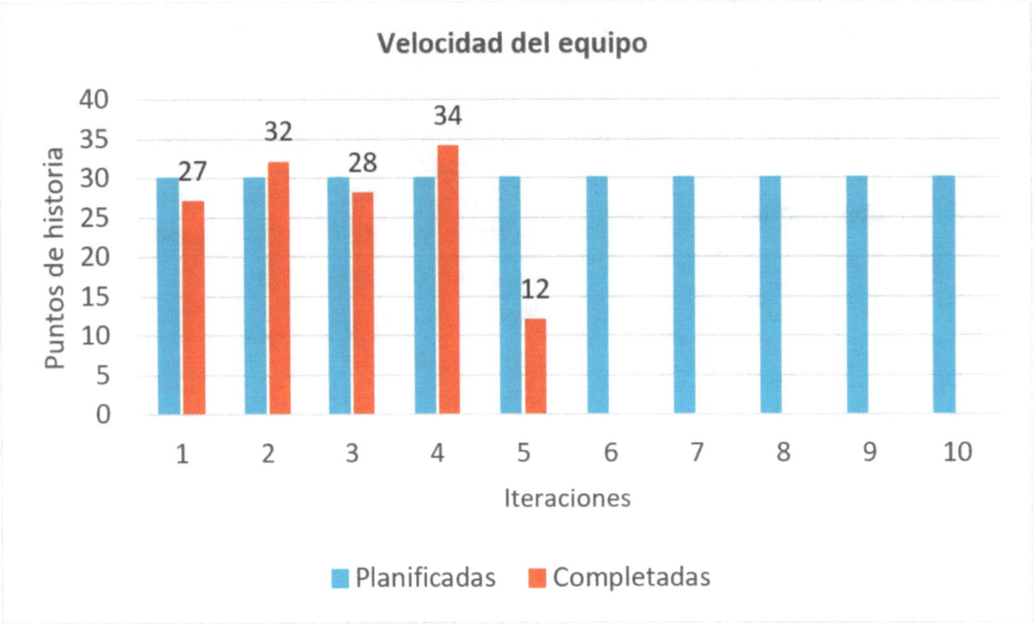

Podemos distinguir dos tipos de variación:

Δ Variación común: Son pequeñas fluctuaciones normales del proceso. Forman parte del comportamiento natural del sistema y no requieren acciones correctivas inmediatas. Por ejemplo, las diferencias entre 27, 32, 28 y 34 puntos en las primeras iteraciones representan variaciones habituales en un entorno ágil. Intentar "corregir" cada pequeña oscilación puede generar microgestión y empeorar el desempeño.

Δ Variación especial: Son desviaciones significativas causadas por eventos específicos o anormales. Requieren análisis y acción correctiva. En el ejemplo, la caída de 34 a 12 puntos en la iteración 5 es una variación especial. Podría deberse a ausencia de miembros clave, problemas técnicos inesperados, cambio abrupto de alcance, exceso de multitarea, incidentes externos, etc. En estos casos, corresponde realizar un análisis de causa raíz (por ejemplo, técnica de los 5 Por Qué) para evitar que el problema se repita.

Diagramas de control

Una herramienta clave para analizar la variación y determinar si se trata de una variación común o especial es el diagrama de control. Este gráfico permite visualizar si un proceso se encuentra estable o fuera de control, a partir de tres líneas principales: promedio (línea central), límite superior de control (UCL – Upper Control Limit) y límite inferior de control (LCL – Lower Control Limit)

Supongamos que estamos trabajando con historias de usuario de complejidad similar y que, en promedio, cada historia requiere 150 horas para completarse.

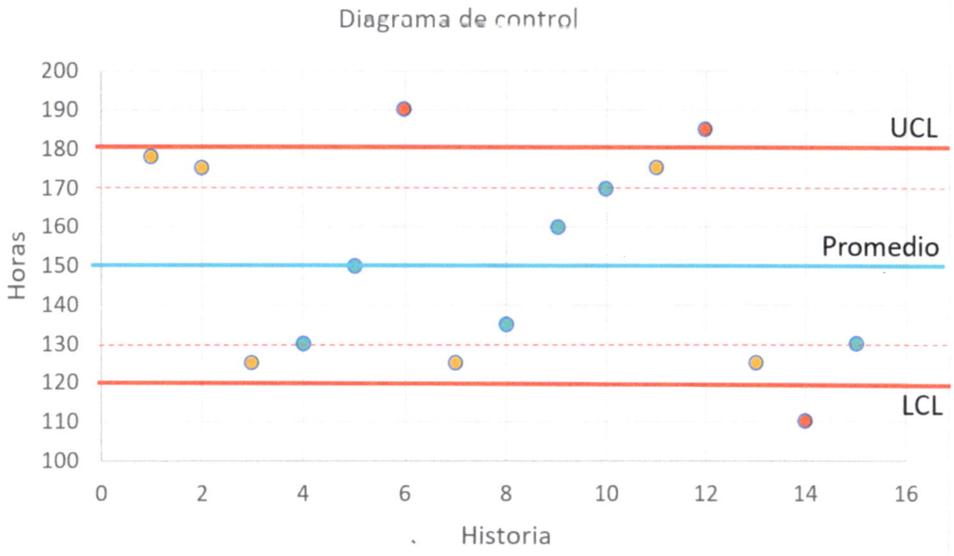

Δ Variación común: A partir del comportamiento histórico del proceso, el equipo podría definir que una variación entre 120 y 180 horas forma parte del comportamiento normal del sistema. Mientras los datos se mantengan dentro de ese rango, el proceso se considera estable.

⚠ **Zona de alerta**: El equipo también puede definir límites de advertencia más estrechos, por ejemplo, entre 130 y 170 horas, que funcionen como señales tempranas antes de que el proceso salga de control. Esto permite actuar preventivamente y no solo reaccionar cuando el problema ya es crítico.

Δ Variación especial: Si una historia supera el UCL, se trata de una posible variación especial. Debe analizarse la causa raíz (por ejemplo, mediante los 5 Por Qué) e implementar acciones correctivas. Si una historia cae por debajo del LCL, también se trata de una variación especial. En este caso, conviene investigar si se aplicó alguna buena práctica que pueda replicarse en el futuro.

Análisis de Tendencias

El análisis de tendencias permite identificar la dirección que está tomando una métrica a lo largo del tiempo. A diferencia del análisis de variación, que observa puntos individuales, el análisis de tendencias busca patrones sostenidos.

Detectar una tendencia es más relevante para anticipar problemas que analizar un dato aislado.
Si se observa una tendencia negativa, el equipo puede actuar preventivamente antes de que el proceso salga de control.

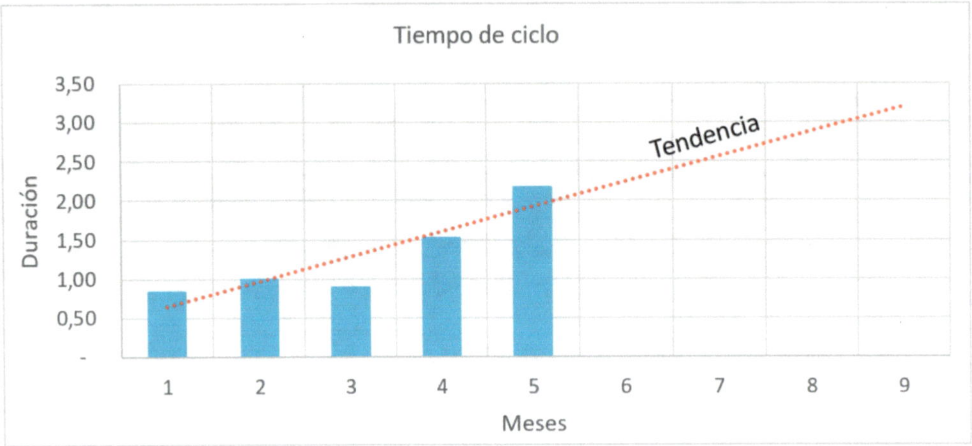

📝 Por ejemplo, si el tiempo de ciclo muestra una tendencia creciente, aunque los valores aún estén dentro de los límites de control, el equipo debería investigar la causa.

Un aumento sostenido del tiempo de ciclo suele indicar que:

- Ingresan más solicitudes de las que se completan
- Está aumentando el WIP
- Existen cuellos de botella
- Se está acumulando deuda técnica

En estos casos, podría ser necesario revisar los límites del WIP y priorizar la finalización de tareas en curso antes de iniciar nuevas.

📌 El análisis de tendencias responde a la pregunta: ¿Hacia dónde se está moviendo el sistema? Cuando se combina con diagramas de control, permite gestionar el proceso de manera anticipada y no reactiva.

🤖 Modelos de machine learning detectan tendencias que no son evidentes a simple vista y anticipan problemas antes de que se materialicen.

5.5 Gestión de riesgos

Tipos de riesgos

El riesgo es un evento incierto que, si ocurre, puede tener un impacto positivo o negativo en el proyecto. Los riesgos negativos son amenazas que deben mitigarse. Los riesgos positivos son oportunidades que pueden aprovecharse. En esta sección veremos los riesgos negativos.

En proyectos ágiles, la gestión de riesgos es continua y se realiza en cada iteración. Involucra al dueño del producto, al equipo de desarrollo y a los interesados clave. Al finalizar cada iteración, se analizan las lecciones aprendidas y se ajusta la estrategia de riesgos para la siguiente iteración.

📌 Resolver problemas cuando ya ocurrieron es reactivo. La agilidad exige anticiparse. Por ejemplo, detectar señales tempranas en una retrospectiva permite mitigar riesgos antes de que impacten en la próxima iteración.

Michele Sliger identifica cinco riesgos comunes en proyectos ágiles: [13]

- Variación de la productividad: diferencia entre el rendimiento planificado y el real.
- Corrupción del alcance: incorporación excesiva de requisitos respecto al acuerdo inicial.
- Descompostura de la especificación: falta de consenso o claridad en los requisitos.
- Defecto del cronograma: estimaciones inadecuadas de duración o esfuerzo.
- Pérdida de personal: salida de miembros clave del equipo.

Los riesgos también pueden **clasificarse** según su naturaleza:

- *Negocio*: impacto en el valor comercial o en el retorno esperado.
- *Técnico*: tecnología, arquitectura, complejidad o falta de habilidades.
- *Logístico*: cronograma, financiación, dotación de personal.
- *Externos*: políticos, económicos, sociales, tecnológicos, legales o ecológicos.

🤖 Identificar el tipo de riesgo facilita definir la estrategia de respuesta adecuada. La IA puede priorizar riesgos dinámicamente en función de datos históricos y comportamiento del equipo.

---

[13] Michele Sliger y Stacia Broderick, The Software Project Manager's Bridge to Agility.

Análisis del riesgo

Una vez identificados los riesgos, es necesario analizarlos para determinar su prioridad. Existen dos enfoques principales: cualitativo y cuantitativo.

En el **análisis cualitativo**, la severidad del riesgo se estima combinando probabilidad e impacto. Si definimos ambos en una escala de 1 (muy bajo) a 5 (muy alto), el nivel de riesgo puede calcularse como:

Nivel de riesgo = Probabilidad x Impacto

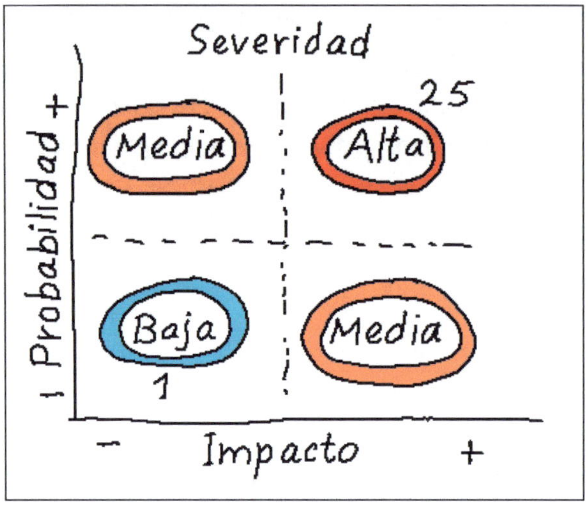

El riesgo menos severo tendrá un puntaje de 1 (1 x 1) y el más severo un puntaje de 25 (5 x 5).

Este enfoque permite clasificar los riesgos en categorías como bajo, medio o alto y priorizar rápidamente aquellos que requieren atención inmediata.

En el **análisis cuantitativo**, la probabilidad se expresa como porcentaje (0% a 100%) y el impacto se mide en unidades monetarias, tiempo u otra métrica objetiva.

Exposición al riesgo = Probabilidad (%) x Impacto

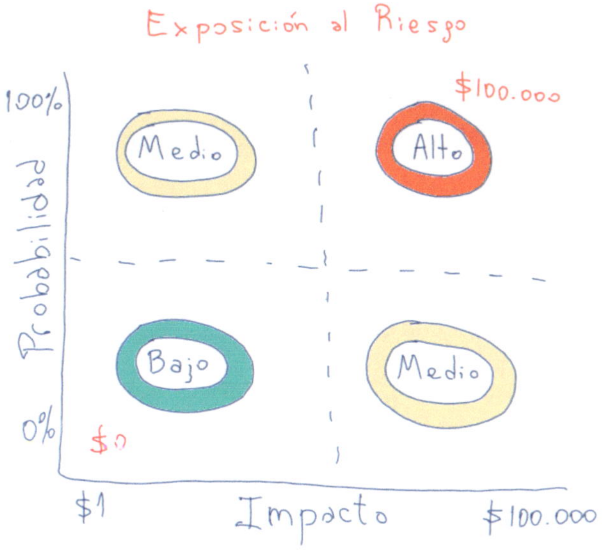

Por ejemplo:

- Probabilidad de salida de un miembro clave: 20%
- Impacto estimado: $10.000
- Exposición = 20% x $10.000 = $2.000

Si el impacto fuera de 20 días de retraso y la probabilidad 10%, la exposición sería: 0,10 x 20 días = 2 días.

Al calcular la exposición individual de cada riesgo identificado y luego sumarlas, se obtiene la **exposición total de riesgo** del proyecto. Esto permite estimar reservas de contingencia y dimensionar el nivel global de incertidumbre.

Pasos para gestionar los riesgos

1. *Identificar los riesgos*. Técnicas: lluvia de ideas, Delphi, revisión de supuestos, FODA, análisis de dependencias, retrospectivas.
2. *Analizar y priorizar*. Evaluar probabilidad e impacto (cualitativo o cuantitativo).
3. *Planificar la respuesta*. Evitar, mitigar, transferir o aceptar el riesgo.
4. *Monitorear y controlar*. Revisar riesgos en cada iteración y ajustar la estrategia.

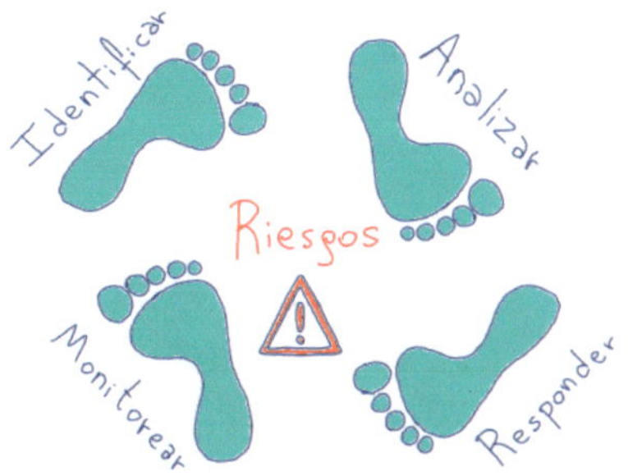

Técnicas para gestionar riesgos

Una técnica ágil para gestionar riesgos es el **spike**. Un spike es una historia de usuario especial cuyo objetivo no es entregar funcionalidad, sino generar conocimiento para reducir incertidumbre. Se utiliza para:

- Evaluar un enfoque técnico
- Comprender mejor un requisito ambiguo
- Mejorar la confiabilidad de una estimación

Durante un corto período de tiempo, generalmente dentro de una iteración, el equipo experimenta o investiga una variable desconocida. Por ejemplo, probar un concepto técnico antes de comprometerse con una solución definitiva. El aprendizaje obtenido permite: reducir riesgo técnico, ajustar estimaciones, actualizar el product backlog o re-priorizar historias futuras.

📌 El spike no elimina el riesgo, pero lo transforma en conocimiento gestionable.

Otra técnica para anticipar riesgos es la **reunión pre-mortem**. En lugar de analizar errores después de que ocurren (como en una retrospectiva), el equipo imagina que el proyecto ha fracasado y trabaja hacia atrás para identificar las posibles causas.

El objetivo es anticipar amenazas y definir acciones preventivas antes de que se materialicen. Durante la sesión se identifican posibles causas de fracaso, se analizan probabilidades e impactos, se priorizan riesgos relevantes y se definen respuestas preventivas.

Esta técnica es especialmente útil en fases tempranas o antes de lanzamientos importantes.

👣 Pasos de la reunión pre-mortem

1. Anuncio del fracaso. El facilitador comunica que el proyecto ha fracasado.
2. Pregunta detonante. “¿Por qué fracasó el proyecto?”
3. Tormenta de ideas. El equipo propone causas hipotéticas.
4. Análisis y planificación. Se priorizan riesgos identificados y se definen acciones preventivas.

Monitoreo - Diagrama de riesgos pendientes (Risk burndown chart)

Una forma ágil de monitorear los riesgos es mediante el diagrama de riesgos pendientes (Risk Burndown Chart).

Aunque pueden surgir nuevos riesgos a lo largo del proyecto, en general, a medida que se completan historias de usuario, la exposición total al riesgo debería disminuir.

Exposición = Probabilidad x Impacto

El impacto puede medirse en días de retraso, costo u otra métrica relevante.

Ejemplo:

Iteración	Riesgo	Probabilidad	Impacto (Días de retraso)	Exposición	Exposición total
1	a	10%	20	2	12
	b	20%	30	6	
	c	40%	10	4	
2	a	8%	20	1,6	8,6
	b	15%	30	4,5	
	c	25%	10	2,5	
3	a	0%	0	0	5
	b	10%	30	3	
	c	20%	10	2	
4	a	0%	0	0	1,5
	b	0%	0	0	
	c	15%	10	1,5	
5	a	0%	0	0	0
	b	0%	0	0	
	c	0%	0	0	

En el ejemplo de la tabla, al inicio del proyecto se identifican tres riesgos (a, b, c). A medida que avanzan las iteraciones, la probabilidad o el impacto de cada riesgo disminuyen hasta eliminarse.

Por ejemplo, en la iteración 3: Exposición total = 0% x 0 días + 10% x 30 días + 20% x 10 días = 5 d.

Una probabilidad de 0% indica que el riesgo ya no existe, normalmente porque la historia asociada fue completada.

Si graficamos la exposición a través del tiempo, obtenemos el **Risk Burndown Chart**.

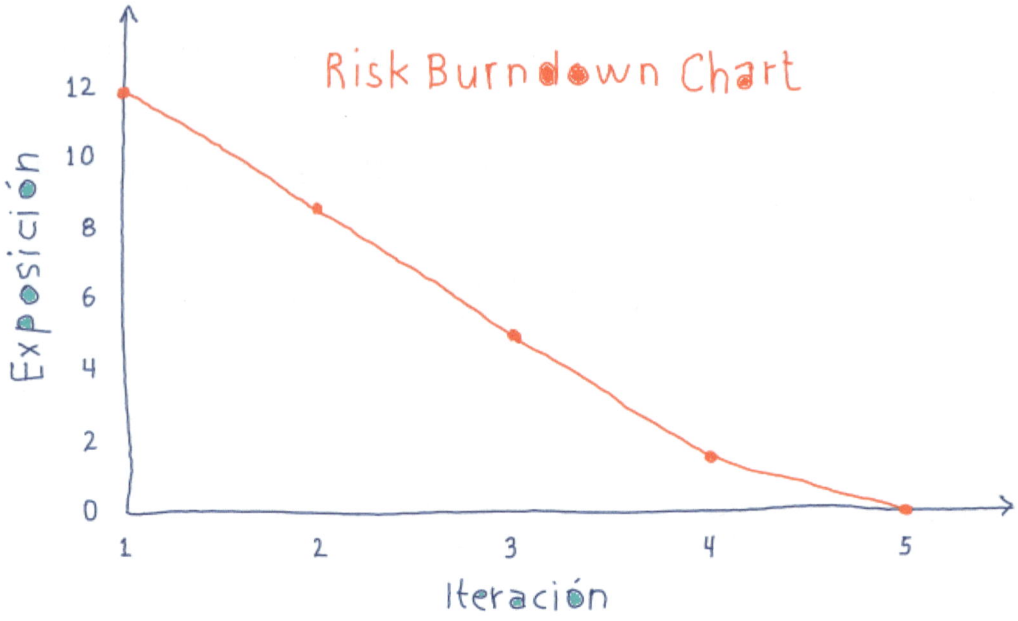

Al finalizar cada iteración, se actualiza la exposición total del proyecto.

Si la curva desciende, significa que el proyecto está reduciendo riesgo. Si se mantiene constante o aumenta, indica que los riesgos no están siendo mitigados o que están apareciendo nuevos.

En la práctica, el gráfico suele incluir solo los riesgos más significativos (por ejemplo, los 10 principales) para mantener claridad visual.

📌 El objetivo no es eliminar todos los riesgos, sino reducir progresivamente la exposición total del proyecto.

🤖 La IA prioriza riesgos dinámicamente en función de datos históricos y comportamiento del equipo.

5.6 Gestión de problemas

Detección de problemas

El coach ágil debe facilitar que el equipo detecte, evalúe y resuelva sus propios problemas. No debe resolverlos por el equipo.

Cuanto antes se detecte un problema, menor será su costo de resolución. Si no se identifica de manera temprana, tiende a crecer con el tiempo, generando retrabajo, retrasos y mayores costos.

En entornos ágiles, la detección temprana es una práctica central de calidad y mejora continua.

Algunas técnicas habituales para detectar problemas son:

- Defectos escapados.
- Chequeos de salud del equipo.
- Identificación y monitoreo de la deuda técnica.

Estas herramientas permiten visualizar señales tempranas antes de que el problema se convierta en una crisis.

🔧 Defectos escapados (Escaped Defects)

Un defecto escapado es aquel que no fue detectado durante el desarrollo ni en las pruebas internas, sino que es descubierto por el usuario final en producción. Son los defectos más costosos, porque:

- Requieren retrabajo.
- Pueden generar litigios o compensaciones.
- Afectan la imagen del producto.
- Deterioran la reputación de la organización.

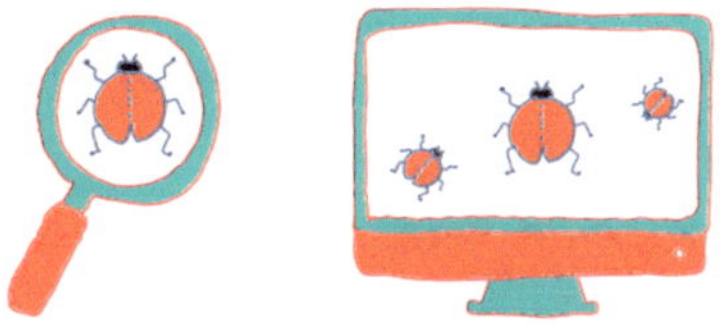

El costo de corrección aumenta a medida que el defecto se detecta más tarde en el ciclo. Por eso es fundamental fortalecer la detección temprana.

Desarrollo → menor costo; Pruebas → costo intermedio; Usuario final → mayor costo

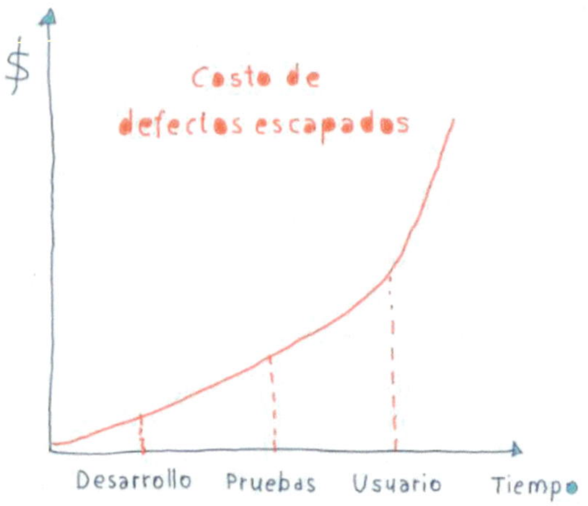

📌 Los defectos escapados se monitorean en el tiempo y funcionan como indicador del nivel de calidad del proyecto.

🤖 El análisis predictivo mediante IA permite identificar patrones históricos de defectos escapados y anticipar áreas del sistema con mayor probabilidad de fallas.

El **ratio error/retroalimentación** es un indicador que mide cuántos nuevos defectos se generan al corregir defectos existentes.

Ratio error/retroalimentación = Nuevos defectos / Defectos corregidos

📝 Por ejemplo: Si al corregir 10 defectos se generan 2 nuevos, el ratio es 20% (2/10). Un ratio elevado indica problemas en el proceso de calidad o falta de prácticas técnicas sólidas.

🔧 Chequeo de salud

El coach ágil debe facilitar que el equipo detecte, evalúe y resuelva sus propios problemas. No debe resolverlos por el equipo. Cuanto antes se detecte un problema, menor será su costo de resolución. Si no se identifica a tiempo, tiende a crecer y generar retrabajo, retrasos y pérdida de valor.

Una herramienta útil para la detección temprana es el chequeo de salud del equipo. Este instrumento permite evaluar periódicamente el estado del equipo en dimensiones como:

- Trabajo en equipo.
- Entrega de valor.
- Velocidad.
- Facilidad de lanzamiento.
- Aprendizaje.
- Diversión y clima.

Ejemplo de chequeo:

Chequeo	Equipo A	Equipo B	Equipo C
Trabajo en equipo	🔴	🟢	🟠
Entrega de valor	🟢	🟠	🟢
Velocidad	🟠	🟢	🟠
Facilidad del lanzamiento	🟠	🔴	🟠
Aprendizaje	🟢	🟠	🟢
Diversión	🟠	🟢	🟠

El objetivo no es juzgar, sino generar conciencia y conversación.

Los chequeos de salud permiten:

- Detectar problemas sistémicos.
- Focalizar esfuerzos de mejora.
- Aumentar la autoconciencia del equipo.
- Fortalecer la autoorganización.

En entornos ágiles, los equipos están autoorganizados y son quienes mejor conocen los problemas operativos. Por eso, cuando surge un problema, el coach debe convocar al equipo (desarrolladores y dueño del producto) para analizarlo de manera abierta y buscar soluciones conjuntas.

El seguimiento de problemas se realiza durante todo el ciclo de vida del proyecto. El objetivo es detectarlos temprano y resolverlos de forma proactiva.

Las reuniones diarias y retrospectivas son espacios clave para esta detección temprana. El análisis de variación y tendencias también actúa como señal de alerta ante posibles desvíos.

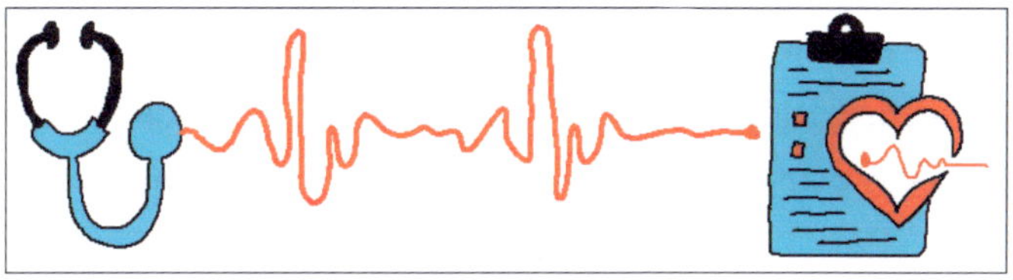

🔧 Deuda técnica (deuda de diseño o deuda de código)

La deuda técnica representa el costo futuro que asumimos al elegir una solución rápida o limitada en el presente, en lugar de implementar un enfoque más sólido que requeriría mayor esfuerzo inicial. Es una decisión consciente o inconsciente de postergar calidad para ganar velocidad inmediata. Al igual que una deuda financiera, genera "intereses". Cuanto más tiempo pasa sin resolverse, mayor será el costo del cambio.

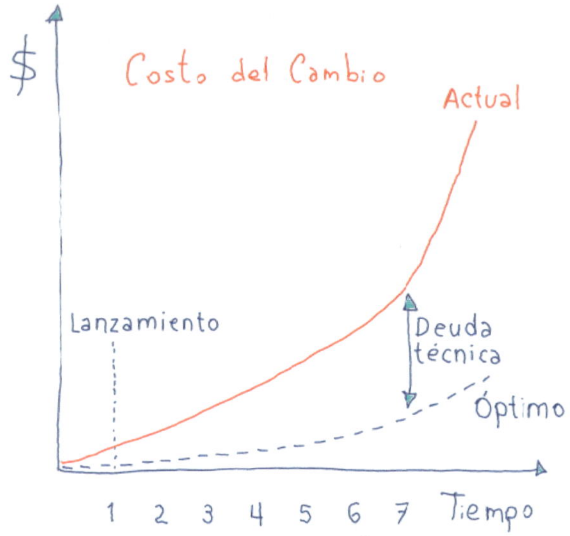

En las primeras etapas del proyecto, el costo de modificar el producto suele ser bajo. Sin embargo, si se acumula deuda técnica, el costo del cambio crece de forma exponencial con el tiempo.

La deuda técnica puede manifestarse como código poco mantenible, ausencia de pruebas automatizadas, arquitectura débil, documentación insuficiente o decisiones técnicas apresuradas.
Si no se gestiona, reduce la velocidad, incrementa los defectos escapados, aumenta el tiempo de ciclo y eleva el riesgo técnico.

La deuda técnica no siempre es negativa. En algunos casos puede ser una decisión estratégica para acelerar una entrega crítica. Lo importante es hacerla visible, medir su impacto y planificar su reducción mediante prácticas como refactorización, revisiones de código e integración continua.

📌 Ignorar la deuda técnica no elimina el problema. Solo lo traslada al futuro con mayor costo.

🤖 Las herramientas de inteligencia artificial detectan código duplicado, identifican complejidad excesiva, sugieren refactorizaciones y predicen qué módulos presentan mayor probabilidad de generar defectos futuros; además, permiten estimar el impacto económico de mantener deuda técnica a lo largo del tiempo, facilitando decisiones técnicas basadas en datos.

Análisis de la causa raíz

Para resolver un problema de forma efectiva, primero debemos comprender su causa raíz.

Algunas técnicas utilizadas en entornos ágiles son:

- 5 Por Qué
- Intimidad cognitiva
- Abismo de ejecución y evaluación

🔧 **5 Por Qué**

La técnica de los 5 Por Qué permite identificar la causa raíz explorando la cadena de causa–efecto detrás de un problema.

Consiste en formular repetidamente la pregunta "¿Por qué?", donde cada respuesta da origen a una nueva pregunta. El número cinco no es una regla fija; simplemente representa la cantidad típica de iteraciones necesarias para llegar al origen del problema.

📝 Ejemplo:

¿Por qué se rompió el control? / Porque la placa está defectuosa.
¿Por qué está defectuosa la placa? / Por mala refrigeración.
¿Por qué hay mala refrigeración? / Porque no llega aire.
¿Por qué no llega aire? / Por falta de presión.
¿Por qué falta presión? / Porque el filtro de aire está sucio.
Causa raíz = filtro sucio.

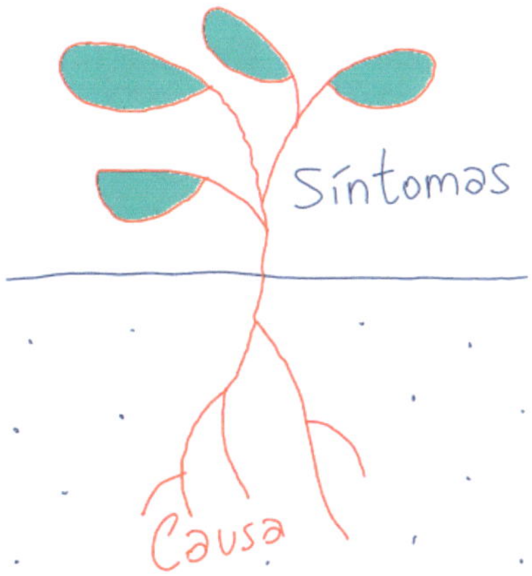

📌 Identificar la causa raíz evita aplicar soluciones superficiales que solo "parchean" el problema y generan deuda técnica futura.

🔧 Intimidad cognitiva (Cognitive Intimacy) [14]

La colaboración efectiva requiere un entorno de confianza, apertura y respeto mutuo. La intimidad cognitiva surge cuando los miembros del equipo logran comprender cómo los demás interpretan la información. Esto permite anticipar malentendidos y aclararlos rápidamente.

Equipos con alta intimidad cognitiva:

- Detectan conflictos antes de que escalen.
- Corrigen errores de comunicación tempranamente.
- Reducen fricciones innecesarias.
- Mejoran la toma de decisiones colectiva.

Esta capacidad disminuye problemas derivados de interpretaciones erróneas.

🔧 Abismo de ejecución y evaluación (Gulf of Execution and Evaluation) [15]

Estos conceptos permiten detectar problemas desde la perspectiva del usuario.

Abismo de ejecución: Es la distancia entre lo que el usuario quiere hacer y la forma en que puede lograrlo dentro del sistema. Un abismo pequeño implica acciones intuitivas. Un abismo grande implica complejidad o confusión en los pasos necesarios.

📝 Ejemplo: Encender una computadora presionando un botón (abismo pequeño). Completar múltiples pasos confusos para descargar un producto online (abismo grande).

Abismo de evaluación: Es la distancia entre la respuesta del sistema y la interpretación del usuario. Un abismo pequeño ocurre cuando el usuario entiende claramente el resultado de su acción. Un abismo grande ocurre cuando la respuesta es ambigua (por ejemplo, una rueda giratoria sin información clara de estado).

📌 Reducir ambos abismos mejora la experiencia del usuario y disminuye errores operativos.

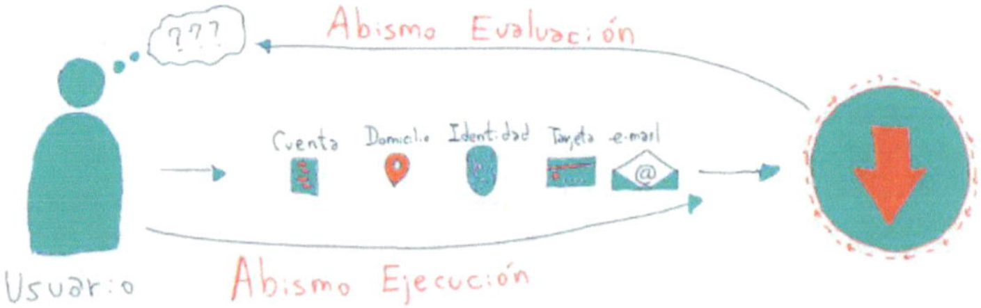

---

[14] Daniel Mezick, Collaborative intimacy: From good to great collaboration.

[15] Donald Norman y Stephen Draper, User-centered system design.

Técnicas de resolución de problemas

En proyectos ágiles, los equipos son autoorganizados y están mejor preparados para encontrar soluciones a los problemas que surgen durante el desarrollo. El rol del coach no es resolver el problema, sino facilitar el espacio para que el equipo lo analice y decida.

Cuando aparece un problema, el primer paso es reunir al equipo (desarrolladores y dueño del producto) para compartirlo abiertamente y explorar alternativas. Algunas técnicas habituales son:

- Refactorización
- Depuración de escopeta
- Gestión de niveles de conflicto
- Técnicas de facilitación
- Otras técnicas estructuradas

🔧 Refactorización (Refactoring)

La refactorización consiste en mejorar el diseño interno de un producto sin alterar su funcionalidad externa. En ingeniería de software implica limpiar y simplificar el código fuente sin agregar nuevas funcionalidades ni corregir errores funcionales.

🎯 Su objetivo es:

- Reducir deuda técnica.
- Mejorar mantenibilidad.
- Facilitar futuras modificaciones.
- Extender la vida útil del producto.

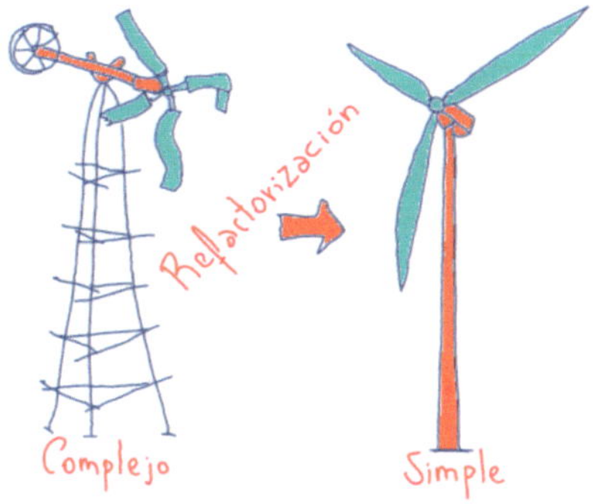

📌 La refactorización continua dentro de cada iteración mantiene bajo el costo del cambio.

Depuración de escopeta (Shotgun Debugging)

La depuración de escopeta consiste en probar múltiples soluciones al mismo tiempo con la esperanza de que alguna funcione. Aunque puede resolver el problema en ciertos casos, suele tener baja efectividad y consumir mucho tiempo si no existe un diagnóstico previo claro.

Es preferible aplicar análisis de causa raíz antes de modificar múltiples variables simultáneamente.

Niveles de conflicto (Speed Leas) [16]

Speed Leas describe cinco niveles de conflicto. Cada nivel requiere un enfoque distinto.

Nivel de conflicto	Resolución
1. *Problema a resolver*. Enfoque en el problema, no en la persona.	Colaboración y el consenso.
2. *Desacuerdo*: Mezcla de problema y personalidad	Facilitar discusión estructurada.
3. *Contienda o combate*: Dinámica ganar-perder con ataques personales	Reencuadrar el debate hacia el problema y fomentar la negociación.
4. *Lucha o huida*. Se busca eliminar al "enemigo" en lugar de resolver el problema.	Intervención diplomática y separación temporal si es necesario.
5. *Situaciones intratables*: El conflicto es destructivo y personal.	Limitar daños y proteger al equipo. Detectar el nivel correcto evita sobrerreacciones o intervenciones inadecuadas.

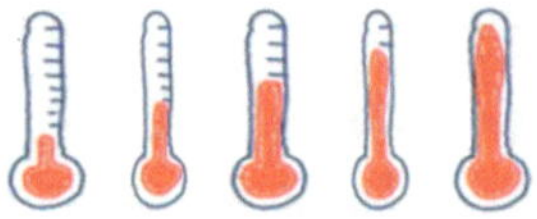

[16] Speed B. Leas, Discover Your Conflict Management Style.

🔧 Técnicas de facilitación

El coach puede utilizar preguntas para estimular el análisis sin imponer soluciones:

- Formular preguntas abiertas.
- Parafrasear para validar comprensión.
- Enfocar en causa raíz y no en síntomas.
- Evitar imponer soluciones prematuras.

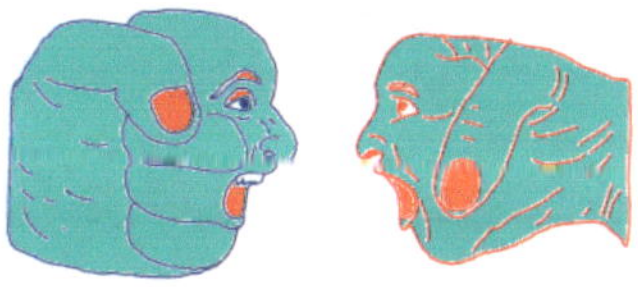

🔧 Técnicas estructuradas de resolución

- *Analogía*: aplicar soluciones que funcionaron en problemas similares.
- *Prueba y error*: experimentar alternativas hasta encontrar una solución viable.
- *Descomposición*: dividir un problema complejo en partes más simples.
- *Sandboxing*: probar soluciones en un entorno controlado antes de aplicarlas en producción.
- *Simulación*: modelar escenarios para evaluar posibles impactos.

Priorización de problemas

Una técnica económica para priorizar problemas o historias es **CD3 (Cost of Delay Divided by Duration)**.

🎯 El objetivo es minimizar el costo de oportunidad y maximizar el valor generado.

📝 Ejemplo: Supongamos que debemos priorizar historias de usuario para maximizar el valor total del proyecto. Los recursos disponibles solo permiten desarrollar una historia por vez. Contamos con la siguiente información para tomar la decisión:

Historia	Duración (días)	Valor diario una vez completada
A	4	$1.000
B	2	$2.000
C	8	$5.000
TOTAL	**14**	**$8.000**

Cada historia completada genera valor para la organización. Por lo tanto, cada día que una historia permanece sin finalizar implica un costo de oportunidad. Por ejemplo, si demoramos 4 días en completar la historia A, durante ese período dejamos de capturar $4.000 de valor ($1.000 por día × 4 días).

¿Cuál es el criterio de priorización que minimiza el costo de oportunidad total y maximiza el valor capturado por el proyecto?

a) Sin priorización

Historia	Duración	Valor diario una vez completada	Demora	Costo por Demora
A	4	$ 1.000	4	$ 4.000
B	2	$ 2.000	6	$ 12.000
C	8	$ 5.000	14	$ 70.000
TOTAL	**14**			**$ 86.000**

Si priorizamos en el orden A → B → C, el costo total de oportunidad sería de $86.000, calculado de la siguiente manera:

- A se completa en 4 días → 4 × $1.000 = $4.000.
- B se completa en 6 días (4 de A + 2 propios) → 6 × $2.000 = $12.000.
- C se completa en 14 días (4 + 2 + 8) → 14 × $5.000 = $70.000.
- Total: $86.000

b) Priorizar según duración

Si priorizamos por menor duración (B → A → C), el costo total de oportunidad sería de $80.000.

Historia	Duración	Valor diario	Demora	Costo
B	2	$ 2.000	2	$ 4.000
A	4	$ 1.000	6	$ 6.000
C	8	$ 5.000	14	$ 70.000
TOTAL	**14**	**$ 8.000**		**$ 80.000**

c) Priorizar según mayor valor

Si priorizamos por mayor valor diario (C → B → A), el costo total de oportunidad sería de $74.000.

Historia	Duración	Valor diario	Demora	Costo
C	8	$ 5.000	8	$ 40.000
B	2	$ 2.000	10	$ 20.000
A	4	$ 1.000	14	$ 14.000
TOTAL	**14**			**$ 74.000**

d) Priorizar según CD3 (Cost of delay divided by duration).

CD3 = Valor / Duración

Historia	Duración	Valor diario	CD3	Demora	Costo
B	2	$ 2.000	$ 1.000	2	$ 4.000
C	8	$ 5.000	$ 625	10	$ 50.000
A	4	$ 1.000	$ 250	14	$ 14.000
TOTAL	**14**				**$ 68.000**

Si priorizamos por CD3 (B → C → A), el costo total de oportunidad sería de $68.000, que es la mejor alternativa porque minimiza el costo de oportunidad. En otras palabras, priorizar por CD3 maximiza el valor total entregado.

📌 Priorizar primero lo que tenga mayor CD3 (Cost of Delay / Duración).

CD3 no solo aplica a historias de usuario. También se puede usar para priorizar problemas técnicos, defectos y deuda técnica, comparando el costo de demorar su resolución versus el tiempo que lleva resolverlos.

5.7 Calidad técnica y pruebas

Antes de entregar un incremento al cliente, es fundamental que el producto haya sido sometido a controles de calidad adecuados.

En proyectos ágiles, la calidad no se inspecciona al final, sino que se construye durante el desarrollo mediante prácticas técnicas y pruebas continuas.

A continuación, se presentan algunas de estas prácticas.

Sashimi

En métodos ágiles, el concepto de *Sashimi* hace referencia a que cada incremento debe ser una "rebanada completa" del producto, lista para ser consumida en cualquier momento.

Cada historia o incremento debe estar completamente terminado, no parcialmente avanzado. Esto implica que al finalizar la iteración:

- El entregable funciona correctamente.
- Las pruebas están realizadas.
- La documentación necesaria está completa.
- El instalador está disponible.
- El manual de usuario (si corresponde) está actualizado.

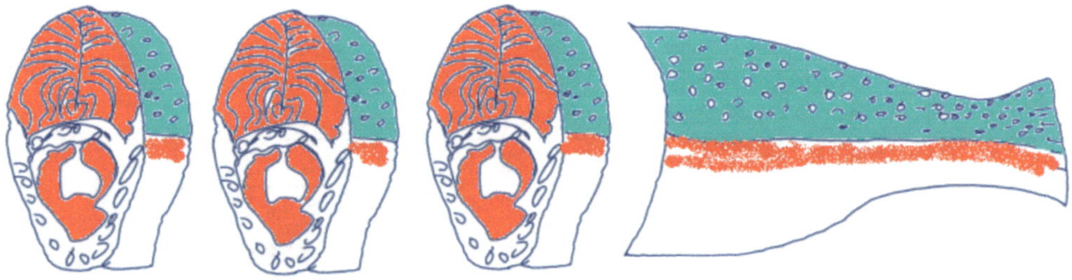

📌 El incremento debe cumplir con la definición de "Terminado" (Definition of Done). Un incremento no es solo código desarrollado; es un producto potencialmente entregable.

Pruebas en el desarrollo

Durante el desarrollo de un producto tecnológico, suelen realizarse distintos niveles de prueba para asegurar su calidad antes de la entrega. De manera general, pueden identificarse al menos cuatro niveles de prueba.

1º Pruebas unitarias

Las pruebas unitarias consisten en verificar el funcionamiento correcto de un componente individual del producto. El equipo prueba cada parte por separado para confirmar que cumple con el comportamiento esperado. Estas pruebas permiten detectar errores de manera temprana y reducir el costo del retrabajo.

El resultado suele ser binario:

- 🟢 Pasa (verde)
- 🔴 Falla (rojo)

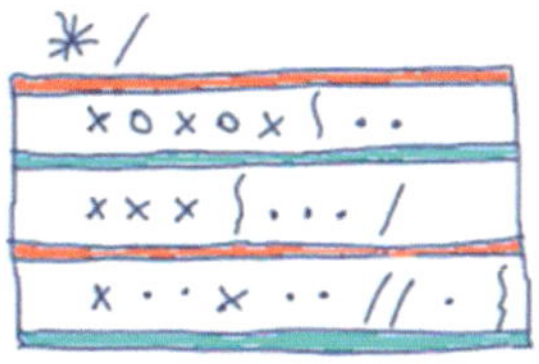

⚠ Limitación: cuando los componentes tienen alta interdependencia, las pruebas aisladas pueden no ser suficientes para validar el comportamiento global.

2º Pruebas de integración

En este nivel, los distintos componentes se combinan y se evalúa su funcionamiento conjunto. El objetivo es identificar fallas en las interfaces, en la comunicación entre módulos o en la interacción entre sistemas integrados. También se aplican cuando el producto debe interactuar con sistemas externos, proveedores o plataformas de terceros.

3º Pruebas del sistema

Consisten en evaluar el sistema completo como una unidad integrada. Se verifica que todos los componentes funcionen en conjunto y que el producto cumpla con los requisitos técnicos y funcionales definidos.

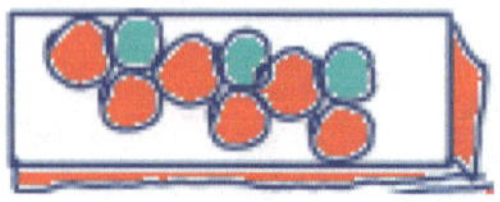

En productos tecnológicos más amplios, esto puede incluir la validación conjunta de hardware, software, interfaces y procesos operativos.

Estas pruebas suelen ser realizadas por el equipo técnico y por especialistas en calidad.

4º Pruebas de aceptación

Las pruebas de aceptación son realizadas por el cliente, usuario final o representante del negocio para validar que el producto cumple con sus necesidades reales.

Se ejecutan una vez verificado que:

- Cada componente funciona correctamente.
- Los componentes integrados interactúan adecuadamente.
- El sistema cumple con los requisitos especificados.

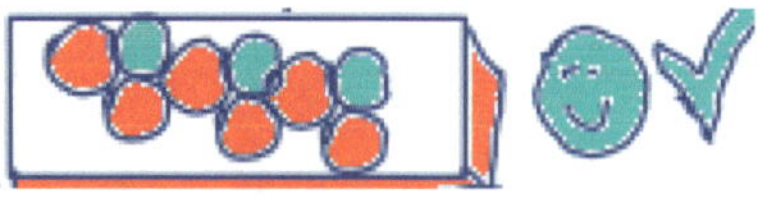

Estas pruebas se enfocan en determinar si el producto es "apto para el uso".

En algunos casos, pueden incluir pruebas piloto o versiones preliminares (Beta) en entornos reales, permitiendo validar el desempeño antes del lanzamiento definitivo.

Integración continua sincrónica

En proyectos tecnológicos donde distintos equipos desarrollan diferentes componentes de un sistema, la integración suele generar problemas cuando se deja para el final. Si cada equipo trabaja de forma aislada y recién al cierre del proyecto se intenta unir todos los componentes, es frecuente que aparezcan incompatibilidades, fallas en interfaces y errores no previstos. Esto puede derivar en una larga fase de corrección, retrabajo y demoras antes del lanzamiento.

Para mitigar estos inconvenientes, se utiliza la **integración continua** que consiste en integrar y validar automáticamente los componentes del sistema varias veces al día. Cada integración incluye procesos automáticos como compilación, ejecución de pruebas y generación de reportes. De esta forma, los equipos trabajan con incrementos pequeños y frecuentes. Si surge un error, puede detectarse y corregirse rápidamente, antes de que el problema escale.

🎯 Los objetivos son:

- Detectar fallas de integración en forma temprana.
- Reducir el riesgo técnico.
- Mantener una versión funcional del producto en todo momento.
- Aumentar la capacidad de respuesta ante cambios.

Para que funcione correctamente, todos los componentes deben almacenarse en un repositorio común y accesible, de manera que cualquier miembro del equipo pueda validar el estado actual del sistema.

Ventajas

👍 Detección temprana de problemas de integración.

👍 Disponibilidad constante de una versión funcional para pruebas o demostraciones.

👍 Ejecución automática y frecuente de pruebas.

👍 Monitoreo continuo de métricas de calidad.

Limitaciones

⚠ Requiere disciplina y esfuerzo inicial. Implementar automatización y mantener un conjunto adecuado de pruebas demanda tiempo y dedicación.

⚠ Puede generar cuellos de botella si múltiples equipos intentan integrar cambios simultáneamente sin coordinación adecuada.

🤖 Las herramientas basadas en IA permiten detectar patrones de fallas en compilaciones, identificar anomalías en métricas de calidad, sugerir correcciones automáticas y priorizar defectos según su impacto probable, fortaleciendo así la calidad técnica y la mejora continua del equipo.

Desarrollo guiado por pruebas (TDD – Test-Driven Development)

El desarrollo guiado por pruebas (TDD) es una práctica que combina dos disciplinas: escribir primero la prueba y refactorizar continuamente el código. En lugar de escribir primero el código, el equipo comienza escribiendo una prueba automatizada que inicialmente falla.

El ciclo básico de TDD, conocido como **Red – Green – Refactor**, es el siguiente:

1º Escribir una prueba automatizada y verificar que falle (Red). 🔴

2º Escribir el código mínimo necesario para que la prueba pase (Green). 🟢

3º Refactorizar el código para mejorar su diseño sin cambiar su comportamiento (Refactor). ♻️

Luego el ciclo se repite.

En TDD, los requisitos se traducen en pruebas. Cuando todas las pruebas pasan, existe evidencia objetiva de que el producto cumple con los criterios definidos.

🎯 Esta práctica tiende a producir:

- Código más limpio.
- Menor deuda técnica.
- Mayor robustez.
- Mejor mantenibilidad.

Proceso ampliado de TDD

1. El cliente define la historia de usuario.
2. El equipo y el cliente establecen los criterios de aceptación.
3. Se selecciona el criterio más simple y se transforma en una prueba automatizada.
4. Se ejecuta la prueba y se verifica que falle.
5. Se escribe el código mínimo necesario para que pase.
6. Se ejecutan todas las pruebas automatizadas.
7. Se refactoriza el código.
8. Se vuelven a ejecutar todas las pruebas.
9. Se repite el ciclo con el siguiente criterio de aceptación.

📌 La clave de TDD no es solo probar, sino **diseñar el producto a través de las pruebas**.

🤖 Las herramientas de IA asisten en la generación automática de pruebas unitarias, la sugerencia de casos de prueba faltantes, la identificación de cobertura insuficiente y la detección de escenarios límite no considerados, acelerando el ciclo Red–Green–Refactor.

Pruebas de usabilidad

Cuando el producto o servicio alcanza un nivel suficiente de madurez, se realizan pruebas de usabilidad para evaluar qué tan fácil resulta su utilización.

En estas pruebas, un usuario real o alguien que lo represente interactúa con el sistema para ejecutar tareas típicas. Mientras tanto, observadores registran comportamientos, dificultades y percepciones para identificar problemas, recopilar datos y medir el nivel de satisfacción.

🎯 El objetivo principal es verificar que los usuarios puedan utilizar el producto de manera simple, intuitiva y eficiente, detectando oportunidades de mejora antes de la entrega final.

Métricas

Además de encuestas cualitativas sobre experiencia y satisfacción, es conveniente utilizar indicadores cuantitativos que permitan validar objetivamente los resultados.

📝 Ejemplos:

- Porcentaje de usuarios que completan una tarea con éxito.
- Tiempo promedio para completar una tarea.
- Cantidad de errores cometidos durante la ejecución.

Estas métricas permiten contrastar percepción con evidencia real de uso.

Beneficios

👍 Detectar y corregir problemas antes del lanzamiento.

👍 Comprender mejor cómo los usuarios interactúan con el producto.

👍 Identificar errores frecuentes y oportunidades de mejora.

📌 Las pruebas de usabilidad reducen el riesgo de defectos escapados relacionados con experiencia del usuario y mejoran la calidad percibida del producto.

Pruebas exploratorias

Las pruebas exploratorias, también conocidas como *exploratory testing*, se diferencian de las pruebas guionizadas (*scripted testing*).

En las pruebas guionizadas, primero se diseña el caso de prueba, luego se ejecuta y finalmente se verifica si cumple con el resultado esperado. En las pruebas exploratorias, en cambio, el diseño, la ejecución y el aprendizaje ocurren de manera simultánea. El probador cuenta con mayor libertad para adaptar los siguientes pasos en función de lo que va descubriendo durante la sesión.

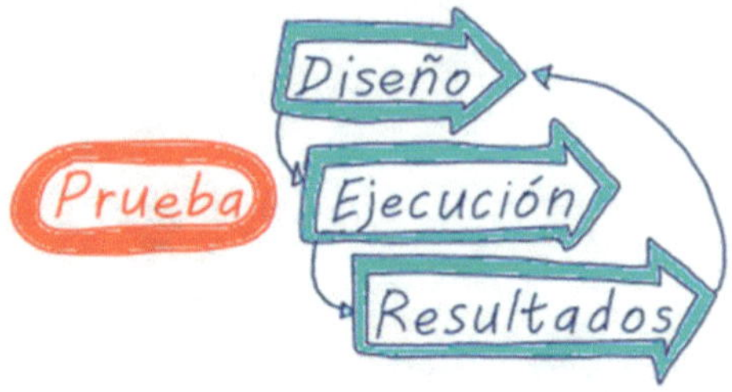

El resultado esperado puede ser más flexible o general, lo que permite explorar escenarios no previstos inicialmente. En este enfoque, el probador utiliza su experiencia, pensamiento crítico y creatividad para identificar problemas que podrían surgir en situaciones inusuales o no contempladas por pruebas automatizadas.

🎯 El objetivo es mejorar progresivamente la calidad de la evaluación a medida que se aprende más sobre el producto.

Las pruebas exploratorias suelen utilizarse para:

- Aprender rápidamente sobre el funcionamiento del sistema.
- Detectar defectos complejos no identificados en pruebas automatizadas.
- Identificar escenarios límite o casos no previstos.
- Mejorar la documentación y los casos de prueba existentes.

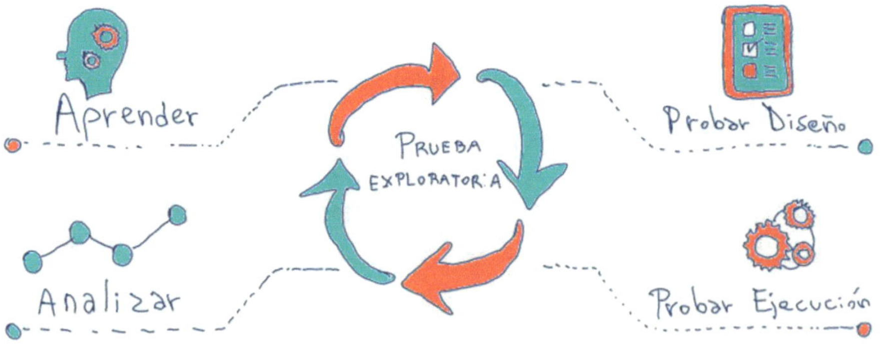

Este tipo de prueba complementa, pero no reemplaza, las pruebas estructuradas o automatizadas.

5.8 Mejorar el producto

El desarrollo iterativo e incremental, acompañado de retroalimentación constante del cliente, es una estrategia central para la mejora continua del producto.

En cada iteración se construye un pequeño incremento, se revisa con los interesados, se identifican oportunidades de mejora y se ajusta el rumbo. Este ciclo repetitivo permite que el producto evolucione progresivamente, reduciendo riesgos y alineándose mejor con las necesidades reales del cliente.

📌 La mejora del producto no ocurre al final del proyecto, sino en cada iteración.

Revisión de la Iteración (Sprint Review)

La revisión de la iteración es una reunión que se realiza al finalizar cada ciclo de trabajo. En ella, el equipo presenta el incremento completado al dueño del producto y a los interesados relevantes para obtener retroalimentación.

El dueño del producto evalúa si el incremento:

- Cumple con los objetivos definidos para la iteración.
- Satisface los criterios de aceptación.
- Respeta la definición de terminado.

En algunos casos, se realiza una **demostración** funcional para validar el comportamiento del producto en un entorno lo más cercano posible al real.

Como resultado de la revisión, se decide si el incremento es aceptado o requiere ajustes, se identifican mejoras, se actualiza y re-prioriza el product backlog y, cuando es necesario, se ajusta el plan de lanzamiento para mantener el producto alineado con los objetivos del negocio.

Ciclo de Retroalimentación del Producto (Product Feedback Loop)

El ciclo de retroalimentación del producto es un componente central del enfoque ágil y resulta especialmente relevante en entornos de alta incertidumbre, como startups o proyectos innovadores. Se basa en el marco construir–medir–aprender, cuyo objetivo es reducir el riesgo mediante validaciones tempranas y frecuentes con el cliente.

La lógica es simple: transformar una idea en algo tangible, observar cómo reaccionan los usuarios y aprender de esa experiencia para ajustar el rumbo si es necesario.

- ♣ ***Construir***: convertir una hipótesis o concepto en un producto, servicio o funcionalidad tangible que pueda ser utilizado o evaluado por el cliente.
- ♣ ***Medir***: recopilar datos objetivos y percepciones cualitativas para evaluar la respuesta del mercado.
- ♣ ***Aprender***: analizar la información obtenida para decidir si se debe perseverar en la dirección actual o pivotar hacia una alternativa más prometedora.

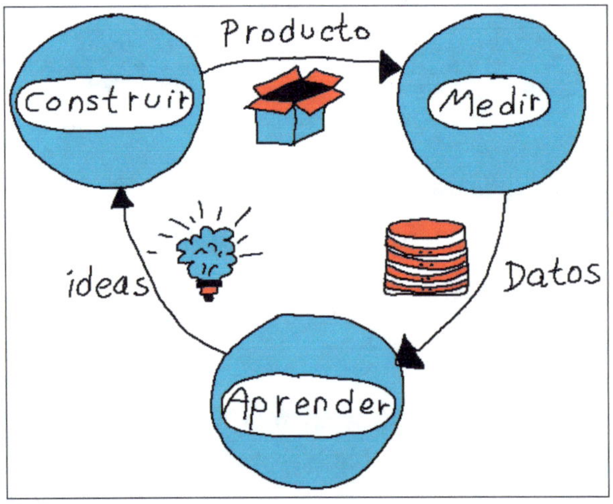

Este ciclo se repite de manera continua a lo largo del proyecto. Cuanto más corto sea el ciclo, menor será el riesgo de invertir tiempo y recursos en soluciones que no generan valor.

Para acelerar la obtención de retroalimentación se pueden utilizar distintos mecanismos, como folletos explicativos, mockups, prototipos, pruebas piloto o productos mínimos viables (MVP). El objetivo no es lanzar un producto perfecto, sino validar hipótesis lo antes posible y ajustar el producto en función de la evidencia obtenida.

Demostración del sistema (system demo)

En el marco SAFe (Scaled Agile Framework), cuando múltiples equipos ágiles trabajan en distintos componentes de un mismo producto, se realiza una demostración del sistema al finalizar cada iteración. En esta instancia se presenta el producto completamente integrado, mostrando cómo interactúan los distintos incrementos desarrollados por los equipos.

La demostración del sistema constituye una medida objetiva del valor entregado, la velocidad y el progreso real del proyecto, ya que permite visualizar el funcionamiento conjunto de todos los componentes y no sólo resultados parciales.

La sesión es coordinada por los gerentes y dueños del producto de los equipos involucrados, y participan dueños del negocio, patrocinadores, clientes y otros interesados clave.

Cada demostración ofrece una oportunidad concreta de inspección y adaptación. Los interesados pueden brindar retroalimentación inmediata sobre el producto integrado, permitiendo ajustar prioridades, identificar mejoras y realinear el rumbo de las próximas iteraciones en función del aprendizaje obtenido.

Evaluación del producto

Para medir si el producto está generando satisfacción y valor real, se pueden utilizar distintos mecanismos de retroalimentación, como entrevistas, encuestas, métricas de usabilidad, análisis de ventas, interacciones en redes sociales o datos del servicio de atención al cliente.

Entre los indicadores más utilizados se encuentran el NPS (Net Promoter Score), el CSAT (Customer Satisfaction Score) y el CES (Customer Effort Score).

NPS (Net Promoter Score)

El NPS mide la lealtad del cliente a través de una única pregunta: *"¿Qué tan probable es que recomiende este producto a un amigo o colega?"*

La respuesta se registra en una escala de 0 a 10 y se clasifica en tres grupos:

- Promotores (9–10): clientes entusiastas, con alta probabilidad de recomendar el producto.
- Pasivos (7–8): clientes satisfechos, pero sin un fuerte compromiso.
- Detractores (0–6): clientes insatisfechos, con riesgo de generar comentarios negativos.

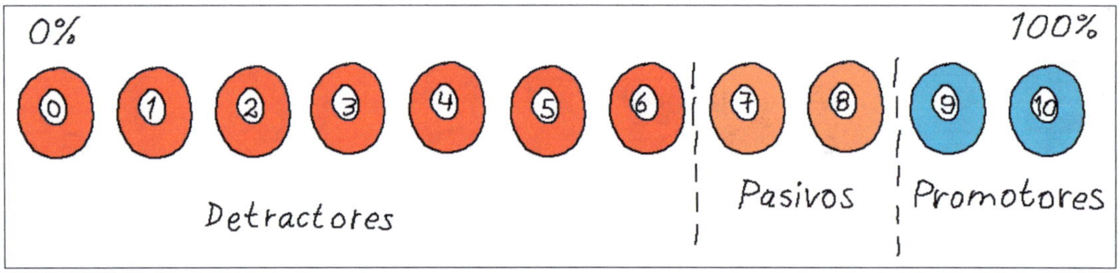

El NPS se calcula restando el porcentaje de detractores al porcentaje de promotores. El resultado puede variar entre -100% y 100%. Un NPS mayor a 0% se considera positivo. Un valor superior al 50% suele interpretarse como excelente.

NPS = % Promotores – % Detractores

📝 Ejemplo: Si en una encuesta a 1.000 personas el 30% son promotores y el 20% son detractores, el NPS será 10% (30% – 20%).

Identificar promotores permite potenciar acciones comerciales y programas de recomendación. Analizar a los detractores ayuda a detectar oportunidades de mejora y ajustar el producto en función de la experiencia real del cliente.

CSAT (Customer Satisfaction Score)

El CSAT mide la satisfacción del cliente respecto de una experiencia puntual. Generalmente se formula con una pregunta directa como: *"¿Qué tan satisfecho está con su experiencia?"*

CSAT se utiliza después de eventos específicos, por ejemplo: activación de una nueva funcionalidad, renovación del servicio, cierre de un ticket de soporte o finalización de una compra.

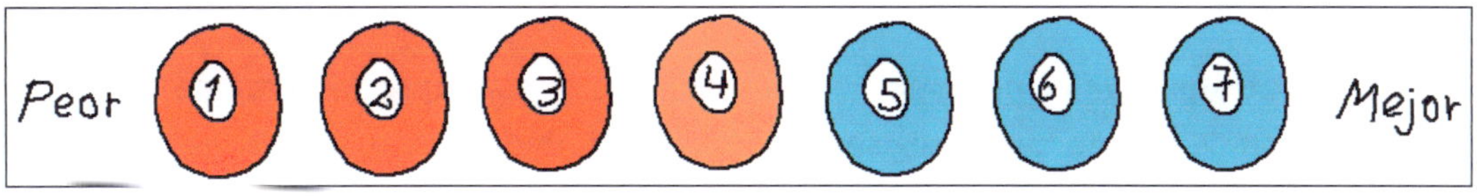

El CSAT puede medirse utilizando distintas escalas, siendo las más habituales 1–5, 1–7 o 1–10, así como escalas verbales tipo Likert (por ejemplo, de "Muy insatisfecho" a "Muy satisfecho"). En una escala de 1 a 7, suelen considerarse respuestas positivas los valores 5, 6 y 7. El resultado se expresa normalmente como el porcentaje de respuestas positivas sobre el total de respuestas.

Lo más importante no es la escala elegida, sino mantener consistencia en su aplicación para poder analizar tendencias a lo largo del tiempo.

CES (Customer Effort Score)

El CES evalúa el nivel de esfuerzo que el cliente debe realizar para utilizar el producto o resolver un problema. Una pregunta típica es: *"¿Qué tan fácil fue realizar esta acción?"*

Es especialmente útil para medir la experiencia en momentos clave, como el primer uso de una funcionalidad, la resolución de un incidente, la suscripción a un servicio o la realización de un pago.

📌 Reflexionar sobre los resultados de NPS, CSAT y CES permite priorizar mejoras basadas en datos reales del cliente. No basta con medir, es necesario transformar esa información en decisiones concretas que impacten en el desarrollo del producto. La mejora continua también implica perfeccionar la forma en que se capturan, analizan y utilizan los comentarios de los usuarios.

5.9 Mejorar el equipo

La evaluación en los equipos ágiles no busca juzgar, sino aprender y mejorar juntos. Permite identificar fortalezas, debilidades y oportunidades de mejora, fortaleciendo la confianza y la colaboración. A través de técnicas simples y participativas, el equipo reflexiona sobre su desempeño, mide su evolución y ajusta su forma de trabajo para alcanzar mejores resultados.

Retrospectiva de la iteración (sprint retrospective)

La reunión de retrospectiva es una oportunidad para que el equipo se inspeccione a sí mismo y desarrolle un plan de mejora para la siguiente iteración. El objetivo es aumentar la productividad, mejorar las habilidades del equipo y elevar la calidad del producto. Esta reunión incluye a todo el equipo y se lleva a cabo después de la revisión de la iteración.

Durante la retrospectiva, el equipo reflexiona sobre lo que salió bien y lo que podría mejorarse para seguir avanzando en las próximas iteraciones. Como resultado de esta reunión, se obtiene:

- ✓ Un plan de mejora del proceso.
- ✓ Mejora en la calidad del producto.
- ✓ Mejora en la productividad del equipo.

Además de las retrospectivas de la iteración, también pueden realizarse retrospectivas más largas e intensivas en momentos clave del proyecto, como:

- ✓ Retrospectivas de lanzamiento.
- ✓ Retrospectivas sorpresa (cuando un evento inesperado cambia la situación).
- ✓ Retrospectivas de fin del proyecto.

Estas retrospectivas más intensivas permiten una reflexión más profunda sobre las experiencias, condensando lecciones clave para compartir con la organización. Si el equipo desea aumentar la tasa de mejora, se pueden realizar retrospectivas con mayor frecuencia.

Fases de la Retrospectiva

1. *Preparación*: El coach ágil y el equipo definen reglas básicas para garantizar un entorno cómodo donde todos puedan discutir abiertamente los problemas del proyecto.

2. *Recopilar datos*: El equipo recopila datos sobre los problemas enfrentados durante la iteración, utilizando herramientas como diagramas causa efecto, los 5 porqués y gráficos de control.

3. *Generar información*: Con los datos recopilados, el equipo identifica la causa raíz de los problemas, transformando esos datos en información valiosa.

4. *Decidir qué hacer*: Basándose en la información obtenida, el equipo decide las mejoras a implementar en las próximas iteraciones.

5. *Cierre*: El coach ágil agradece al equipo por su contribución, y los miembros del equipo expresan su gratitud por la ayuda recibida durante la iteración.

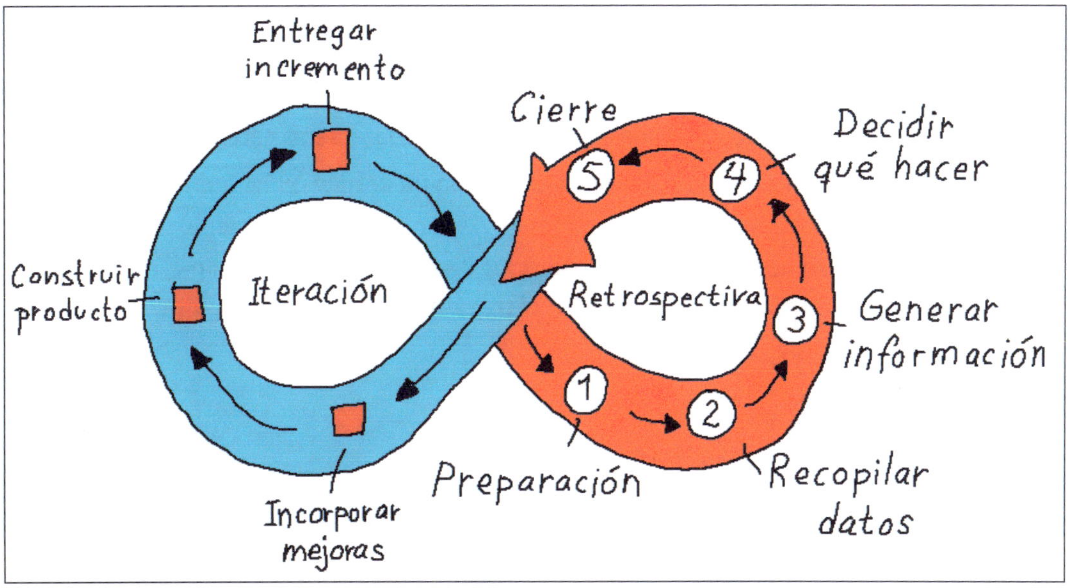

ESVP (Explorador, Shopper, Vacacionista, Prisonero)

La técnica ESVP se utiliza al inicio de una retrospectiva para conocer la actitud y el nivel de compromiso de los miembros del equipo. Permite al facilitador adaptar la dinámica según el estado de ánimo general y promover una participación más consciente.

Perfiles ESVP:

- **Explorador:** entusiasmado por descubrir nuevas ideas y aprender todo lo posible sobre el proyecto.
- **Comprador (Shopper):** observa lo que surge y se queda con aquello que le resulte útil.
- **Vacacionista:** no está interesado en la retrospectiva, pero la ve como una oportunidad para relajarse y desconectarse del trabajo.
- **Prisionero:** participa de forma obligada y preferiría estar haciendo otra cosa.

👣 *Pasos:*

1. Cada participante responde de forma anónima a cuál de las cuatro categorías pertenece.
2. El facilitador recopila las respuestas y las presenta en un gráfico o histograma, preservando el anonimato.
3. Luego, se invita al equipo a reflexionar sobre los resultados y debatir cómo ese estado de ánimo puede influir en la retrospectiva y en el trabajo futuro.

📌 Esta técnica ayuda a que el equipo tome conciencia de su actitud colectiva y genere conversaciones constructivas sobre cómo mejorar su motivación y compromiso.

Plus-Delta (+ / Δ)

La técnica Plus / Delta es una herramienta sencilla y visual para fomentar comentarios constructivos al finalizar una retrospectiva o una actividad de equipo. Su propósito es reforzar los comportamientos positivos y detectar oportunidades de mejora sin recurrir a críticas negativas.

Pasos:

1. Dibujar dos columnas en una pizarra: una titulada **"+" (Plus)** y otra **"Δ" (Delta)**, símbolo del cambio.
2. Pedir al equipo que escriba en la columna **"+"** todo lo que funcionó bien, lo que se debería repetir o mantener.
3. En la columna **"Δ"**, anotar aquello que el grupo considera que se puede mejorar o cambiar en la próxima iteración.

Al enfocar la conversación en el cambio constructivo en lugar de los errores, esta técnica fomenta la participación abierta y ayuda al equipo a expresar su opinión de manera segura y productiva.

Retorno del tiempo invertido - ROTI (Return on Time Invested)

Este método permite obtener una retroalimentación inmediata sobre la utilidad percibida de una reunión, actividad o al finalizar una retrospectiva. Además, ayuda al facilitador a mejorar futuras sesiones, ajustando la duración, el contenido o la dinámica según el valor que el equipo percibe.

Objetivo: evaluar si el tiempo invertido generó el aprendizaje o avance esperado.

Los miembros del equipo votan al final de la reunión con los dedos de su mano:

- *Un dedo*: inútil, perdí el tiempo en esta reunión
- *Dos dedos*: útil, pero perdí un poco de tiempo al estar presente
- *Tres dedos*: normal, no perdí tiempo, pero tampoco encontré demasiado valor
- *Cuatro dedos*: buena, no perdí el tiempo por asistir
- *Cinco dedos*: excelente, me habría arrepentido de no haber participado

Temperatura del equipo

Durante la reunión de retrospectiva, el equipo puede evaluar su "temperatura" para medir el clima emocional y la motivación de sus integrantes. Esta técnica permite detectar a tiempo tensiones, reconocer logros y fortalecer la cohesión del grupo.

En un rotafolio o tablero se crean distintas secciones donde los miembros del equipo aportan sus comentarios de forma abierta o anónima. El objetivo es promover una conversación constructiva y mantener una mentalidad positiva.

- *Agradecimientos*: reconocer el apoyo o el trabajo de los compañeros durante la iteración.
- *Emociones*: compartir los momentos más intensos o significativos de la iteración.
- *Quejas con recomendaciones*: expresar preocupaciones acompañadas de propuestas concretas de mejora.
- *Nueva información*: aportar datos o aprendizajes que puedan ser útiles para todos.
- *Enigmas (incógnitas)*: identificar temas o problemas que aún no se han resuelto.
- *Deseos*: expresar aspiraciones o sugerencias para próximas iteraciones.

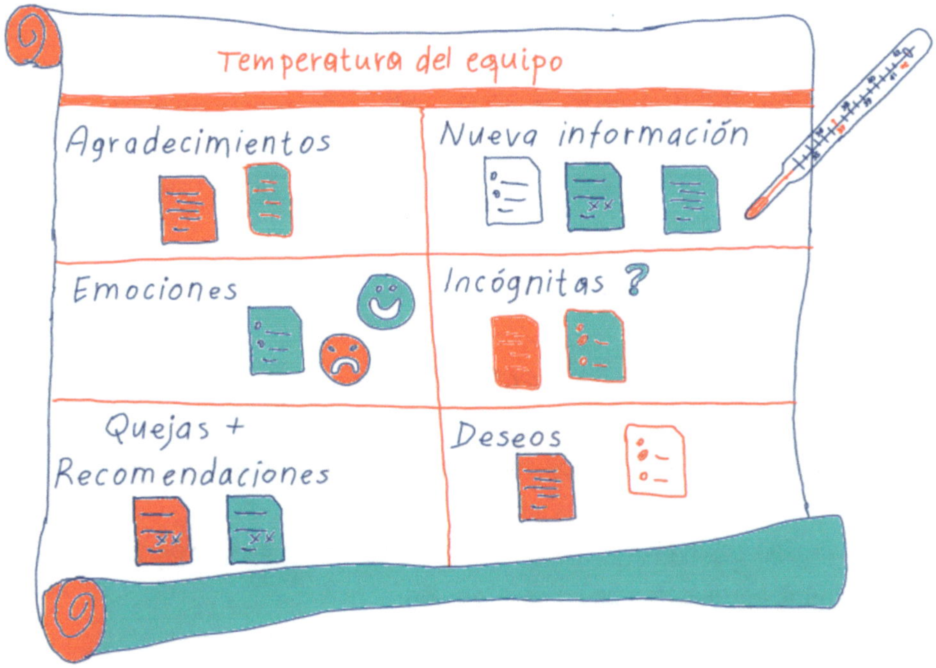

Esta herramienta ayuda a mantener al equipo consciente de su propio estado emocional, fomentando la transparencia, la empatía y la mejora continua.

Factor autobús (bus factor)

Los equipos ágiles deben revisar su nivel de resiliencia ante la pérdida de conocimiento clave. El *factor autobús* es un indicador que mide cuán distribuido está el conocimiento dentro del equipo y, por lo tanto, qué tan vulnerable es el proyecto ante la ausencia de ciertos miembros.

¿Cuántos miembros del equipo tendrían que ausentarse, si todos viajaran juntos y el autobús sufriera un accidente, para que el proyecto se detenga?

El factor autobús se define como el número de personas cuya ausencia haría que el proyecto no pueda continuar. Un factor autobús alto indica una buena distribución del conocimiento. Un factor bajo representa alta dependencia y riesgo.

📝 Ejemplo: En un equipo de 8 personas con un factor autobús de 1/8, el proyecto depende críticamente de una sola persona; si una persona se ausenta, el trabajo podría detenerse. En cambio, con un factor autobús de 6/8, el conocimiento está mejor distribuido y hasta seis miembros podrían ausentarse sin paralizar el proyecto, lo que refleja mayor resiliencia y menor riesgo operativo.

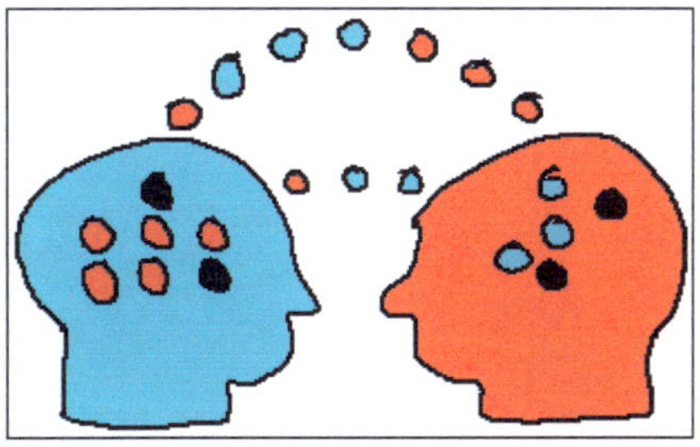

📌 Compartir el conocimiento es clave para reducir riesgos y fortalecer la mejora continua. En los equipos ágiles se promueve la comunicación abierta y los perfiles en "T": personas con una especialidad profunda, pero que también colaboran en otras áreas. Este enfoque facilita el aprendizaje cruzado y la integración de nuevos miembros.

Autoevaluación de James Shore [17]

La autoevaluación es un proceso en el que un individuo, organización o equipo realiza una revisión integral para identificar fortalezas, debilidades y oportunidades que pueden mejorar su desarrollo.

🎯 El objetivo principal es fomentar el aprendizaje, el cambio y el entusiasmo por la aplicación de técnicas ágiles.

James Shore ha desarrollado una encuesta de autoevaluación específica para equipos ágiles, que permite medir su rendimiento en una escala de 0 a 100 en cinco categorías clave: pensamiento, colaboración, lanzamientos, planificación y desarrollo.

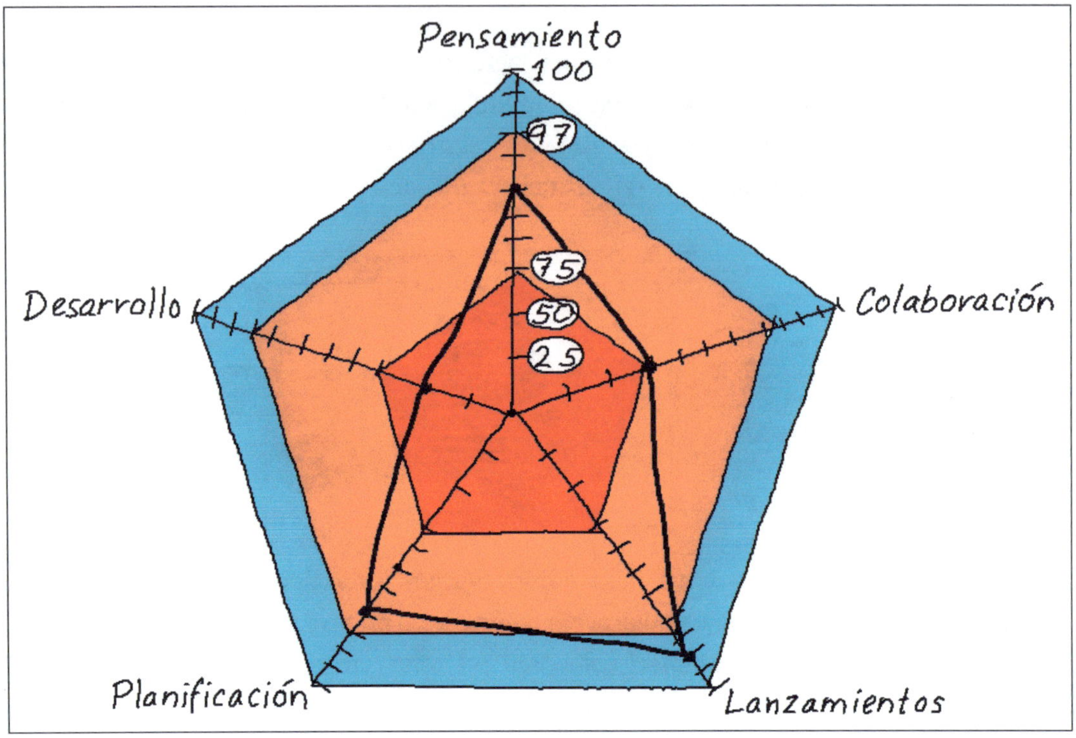

[17] James Shore, The art of agile development.

Ejercicios – Entrega

1- Según Michele Sliger, ¿Cuáles son los cinco riesgos principales de los proyectos ágiles?

Riesgo	
Corrupción del alcance	
Defecto del cronograma	
Descompostura de la especificación	
Financiación	
Negocios	
Pérdida de personal	
Políticos	
Uso de tecnología	
Variación de la productividad	

2- Ordene de 1º a 4º los pasos para la gestión de riesgos.

	Pasos
	Analizar
	Identificar
	Monitorear
	Planificar respuesta

3- ¿Qué severidad (alta, media, baja) tendrá cada uno de los siguientes riesgos?

Riesgo	Probabilidad	Impacto	Severidad
A	Baja	Bajo	
B	Baja	Alto	
C	Alta	Bajo	
D	Alta	Alto	

4- ¿Cuál es la exposición total de riesgo del siguiente proyecto?

Riesgo	Probabilidad	Impacto	Exposición
A	10%	$5.000	
B	20%	$80.000	
C	70%	$3.000	
D	80%	$60.000	
		Total	

5- Según los datos de la tabla a continuación, ¿Cuál será la exposición de riesgo del proyecto al finalizar la iteración 2?

Iteración	Riesgo	Probabilidad	Impacto (Días de retraso)	Exposición	Exposición total
1	a	10%	20		
	b	20%	30		
	c	40%	10		
2	a	8%	20		
	b	20%	20		
	c	30%	5		

6- Conteste verdadero o falso con relación a la detección de problemas.

Frase	V	F
Con la intimidad cognitiva se puede sentir y anticipar malentendidos a nivel individual y grupal.		
El ratio error-retroalimentación es el número de nuevos defectos que tendrá el proyecto para corregir defectos existentes.		
La deuda técnica refleja el costo del retrabajo a realizar hoy para mitigar futuros problemas.		
Los 7 ¿Por qué? es una técnica para explorar las relaciones de causa y efecto subyacentes a un problema particular para detectar la causa-raíz de ese problema.		
Los defectos escapados son los más costosos de corregir.		
Los defectos escapados son un indicador del nivel de calidad del proyecto.		
Se gasta más dinero cuando el equipo de desarrollo detecta el problema antes que el usuario final.		
Un defecto escapado es aquel que fue descubierto por el equipos de prueba.		
Una herramienta para detectar problemas es realizando chequeos sobre la salud del equipo.		

7- Señale si los siguientes ítems corresponden al abismo de la ejecución o de la evaluación.

Abismo	Ejecución	Evaluación
Distancia entre la respuesta del sistema y la interpretación del usuario.		
Distancia entre lo que quiere hacer el usuario y los medios para lograrlo al interactuar con el sistema.		
El usuario es incapaz de interpretar si la acción que realizó fue exitosa o no.		
El usuario sabe qué objetivos quiere lograr, pero desconoce qué pasos o acciones realizar para llevarlos a cabo.		
El usuario tiene dudas si está realizando el proceso correcto para utilizar un producto.		
Un usuario tiene dudas sobre los pasos a realizar para interactuar con un producto.		

8- ¿Cuáles de los siguientes ítems están relacionados con la refactorización?

Ítem	
Cada vez que aparezca un problema, el coach ágil debe reunir a todo el equipo para compartir el problema y analizar alternativas de solución.	
Eliminar el código innecesario para facilitar el mantenimiento en el futuro.	
En la cultura organizacional ágil se crea un ambiente dónde se aceptan los fracasos para la mejora continua.	
Limpiar el código simplificando el código fuente sin cambiar su comportamiento.	
Limpieza, mantenimiento y estandarización del código en cada iteración, para mantener baja la deuda técnica.	
Los miembros del equipo son los que están mejor preparados para encontrar soluciones a los problemas que aparezcan durante el desarrollo.	
Mejorar el diseño de un producto mejorando su disposición para el mantenimiento, sin alterar la funcionalidad esperada.	
Mejorar la operación interna de un componente sin cambiar su comportamiento externo.	

9- Unir con flechas la resolución de conflicto recomendada para cada nivel de conflicto.

Nivel de conflicto		Resolución
Contienda o combate		Asegurarse de que las rivalidades personales pasen a un segundo plano y todos negocien una discusión abierta.
Desacuerdo		Centrarse en la colaboración y el consenso.
Lucha-vuelo		Intentar limitar el daño y reparar los daños colaterales.
Problema a resolver		Reunir y apoyar al equipo para una discusión.
Situaciones intratables		Separar a los dos equipos con diplomacia e intentar resolver las diferencias.

10- ¿En qué orden debería realizar las 3 historias a continuación para minimizar el costo de oportunidad?

Historia	Duración (días)	Valor diario una vez completada
A	1	$ 2.000
B	3	$ 10.000
C	5	$ 15.000

11- Coloque el número de técnica que corresponde a cada definición.

	Técnica	#	Definición
1	Analogía		Construir un modelo para estimar como podrían impactar al problema distintos escenarios.
2	Depuración de escopeta		Crear un ambiente controlado para probar soluciones al problema.
3	Descomposición		Partir el problema complejo en varios problemas más simples y fáciles de resolver.
4	Prueba y error		Probar diferentes alternativas hasta que alguna resuelva el problema.
5	Sandboxing		Probar varias posibles soluciones de problemas al mismo tiempo.
6	Simulación		Utilizar soluciones que fueron exitosas para otros problemas similares.

12- Indique si los siguientes indicadores son "rezagado" o "líder".

Indicador	Rezagado	Líder
# Accidentes laborales		
Rentabilidad del proyecto		
# Defectos escapados		
Tiempo de ciclo		
% de trabajadores que utilizan casco		
% de trabajadores que respetan las normas		
Valor comercial de cada historia		
Velocidad del equipo		
Horas de refactorización		
Horas de revisiones de calidad		
WIP		
Rendimiento del equipo		

13- Señale si los siguientes ítems corresponden a una variación común o especial.

Variación	Común	Especial
Deben gestionarse de manera proactiva con acciones de control oportunas		
Deben seguir en observación mediante un análisis de tendencias		
desviaciones significativas		
Impacto bajo en los resultados		
La velocidad del equipo de las últimas 10 iteraciones tuvo variaciones en la velocidad entre 20 y 30.		
La velocidad del equipo subió de 20 a 50 en una iteración.		
No requieren acciones de control		
ocurren una sola vez		
Problema sistemático de pequeñas desviaciones		

14- Según un diagrama de control, coloque los siguientes números en la tabla a continuación: 180, 190, 200, 210, 220, 230.

Concepto	Valor
Fuera de control	
LCL	
Límite tolerancia inferior	
Límite tolerancia superior	
Media	
UCL	

15- Conteste verdadero o falso con relación al seguimiento y control de problemas.

Frase	V	F
El análisis de la variación es más importante que una tendencia		
Se puede disminuir el tiempo de ciclo bajando el WIP		
La verificación sirve para confirmar si estamos desarrollando el producto correcto		
La validación evalúa si el producto cumple las necesidades del cliente		
Los desarrolladores y probadores deben participar en la recopilación de requisitos		
Los probadores deberían formar parte del equipo de desarrollo desde el inicio		

16- Ordene de 1 a 3 los siguientes ciclos de retroalimentación.

Orden	Retroalimentación
	Retrospectiva de la iteración
	Reunión diaria
	Revisión de la iteración

17- Ordene de 1 a 4 el siguiente ciclo de aprendizaje.

Orden	Ciclo
	Aprender
	Desarrollar
	Evaluar
	Planificar

18- Conteste verdadero o falso.

Frase	V	F
En cualquier momento, incluso al principio del proceso de desarrollo, el cliente y desarrollador pueden sentarse juntos para discutir y revisar la funcionalidad.		
La innovación ocurre en el punto de equilibrio entre el caos y el orden, entre la flexibilidad y la estabilidad.		
Las organizaciones ágiles han creado una cultura donde se permite fracasar.		
Mientras antes se fracase, más alto será el costo de ese aprendizaje.		

19- Ordene de 1 a 5 las 5S del Kaizen.

Orden	5S
	Clasificación
	Limpieza
	Mantener la disciplina
	Normalización
	Orden

20- Ordene de 1 al 5 el mapeo del flujo de valor.

Orden	Mapeo del flujo de valor
	Crear un mapa de flujo de valor del proceso actual.
	Crear un nuevo mapa de flujo de valor del estado optimizado.
	Desarrollar una hoja de ruta para lograr el estado futuro.
	Planificar la revisión del proceso para calibrar y optimizar continuamente.
	Revisar el mapa para encontrar retrasos, desperdicios y restricciones.

21- Conteste verdadero o falso.

Frase	V	F
Durante la reunión pre-mortem se realiza un listado de las causas que llevaron al proyecto a su muerte.		
El control empírico del proceso se basa en la transparencia, inspección y colaboración.		
En la reunión de proyecto pre-mortem el equipo imagina que el proyecto fracasó.		
Kanban Kata utiliza preguntas para ayudar a mejorar con cambios de gran escala.		

22- Qué marco y proceso recomienda para cada situación: Ninguno funcionaría, Ágil o Predictivo.

Incertidumbre		Marco / Procesos
Requisitos	Tecnológica	
Alta	Alta	
Media	Media	
Baja	Baja	

23- Ordene de 1 a 3 el ciclo de retroalimentación del producto.

Orden	Retroalimentación
	Aprender
	Construir
	Medir

24- Conteste verdadero o falso con relación al NPS.

Frase	V	F
Los pasivos responden con una calificación de 3		
Si hay un 50% de promotores, 30% de pasivos y 20% de detractores, el NPS es 30%		
NPS es un índice entre 0% y 100%		
Un NPS superior al 50% es excelente		
Los participantes responden en una escala de 1 a 5		
NPS mide la lealtad de los clientes basado en 3 preguntas		

25- Conteste verdadero o falso con relación a las encuestas CSAT y CES.

Frase	V	F
CES se puede utilizar después del primer uso de la nueva funcionalidad		
CES se utiliza para medir la satisfacción en una nueva funcionalidad		
CSAT se utiliza para averiguar si el producto es fácil de usar		
CSAT utiliza una escala del 1 al 10		
CSES utiliza 5 escalas desde muy fácil a muy difícil		

26- ¿Cuál de los siguientes factores aumentan la motivación del equipo?

Factor	
Conectar al equipo con los usuarios	
Empoderar al equipo para que ellos tomen sus propias decisiones	
Pemitir que el equipo sea dueño de una porción del sistema	
Permitir que el equipo sea dueño de su propio proceso	
Reducir el tamaño del equipo tanto como sea posible	

27- Marque qué se obtiene como resultado de la reunión de retrospectiva.

Resultado de la retrospectiva	
Mejora en la calidad del producto	
Mejora en la productividad del equipo	
Plan de mejora del proceso	
Retrospectivas de lanzamiento	
Retrospectivas sorpresa	

28- Ordene de 1 al 5 las fases de una retrospectiva.

Orden	Retrospectiva
	Cierre
	Decidir qué hacer
	Generar información
	Preparación
	Recopilar datos

29- Conteste verdadero o falso.

Frase	V	F
En el método ESVP, la S es para calificar a los "compradores" que asisten a la reunión a mirar lo que aparece y si algo les gusta, se lo llevan para usar.		
La encuesta de autoevaluación de James Shore utiliza una escala del 1 al 3		
Mientras más bajo sea el factor autobús, mejor se está compartiendo el conocimiento entre los miembros del equipo.		
ROTI es un método para medir el tiempo dedicado a reuniones de retrospectiva.		
Se suele evaluar la temperatura del equipo recopilando agradecimientos, emociones, quejas, nueva información, enigmas y deseos.		
Una herramienta para recopilar las quejas del equipo al finalizar la retrospectiva es la herramienta Plus / Delta.		

30- Complete verdadero o falso.

En relación con "el diagrama de estacionamiento" ...	V o F
Comunica el estado de avance de productos complejos en los que se trabaja en varias áreas y épicas al mismo tiempo.	
Hasta que una épica no complete todas las historias de usuario planificadas inicialmente, no podrá considerase como "terminada".	
Los cuadros se asemejan a un estacionamiento para autos.	
Permite a los interesados en el producto realizar preguntas para obtener más información y detectar rápidamente si se está trabajando en la dirección correcta.	
Presenta el estado de avance de los bloques de funcionalidad de un producto.	

31- En relación Burndown chart, marque verdadero (V) o falso (F).

Frase	V	F
Compara los datos del trabajo pendiente planificado con el trabajo realizado acumulado a través del tiempo		
Es de gran utilidad para visualizar los cambios de alcance del proyecto		
Es un radiador de información		
Representa el trabajo pendiente de finalización frente al tiempo restante		
Se puede utilizar para graficar las funcionalidades pendientes a través del tiempo		
Si la línea de trabajo pendiente realizado está por encima del trabajo pendiente planificado, significa que el equipo está trabajando más rápido de lo estimado.		
Sirve para proyectar la fecha de finalización del proyecto		

32- En relación Burnup chart, marque verdadero (V) o falso (F).

Frase	V	F
Cuando la línea del trabajo acumulado realizado está por encima del trabajo acumulado planificado, el proyecto está lento		
El SPI se calcula dividiendo las historias completadas sobre las historias planificadas		
Facilita identificar los cambios de alcance		
Representa el trabajo completado acumulado a través del tiempo		
Si el SPI es menor que 1 indica que el proyecto está rápido		
Si el trabajo realizado está por encima de lo planificado, el proyecto aumentó el alcance		
Suele incluir una línea horizontal con el total del trabajo total a realizar		

33- En relación con la velocidad del equipo, marque verdadero (V) o falso (F).

Frase	V	F
El compromiso del equipo se puede calcular comparando los puntos de historia completados vs los planificados		
Indica la cantidad de trabajo pendiente al finalizar cada iteración		
La velocidad de un equipo se puede comparar con la velocidad de otros equipos		
Mide la cantidad de trabajo que un equipo puede realizar durante una iteración		
Se calcula en medio de la iteración		
Se puede utilizar como unidad de medida "puntos de historia" de cada iteración		
Se puede utilizar como unidad de medida el número de ítems a realizar por día		
Sirve para predecir la cantidad de trabajo a realizar en futuras iteraciones		
Suele disminuir gradualmente en las primeras iteraciones		
Suele tener variación en las primeras iteraciones		

34- Según los datos del diagrama a continuación de las últimas 5 iteraciones del proyecto, ¿En qué iteración se estima que terminará el proyecto?

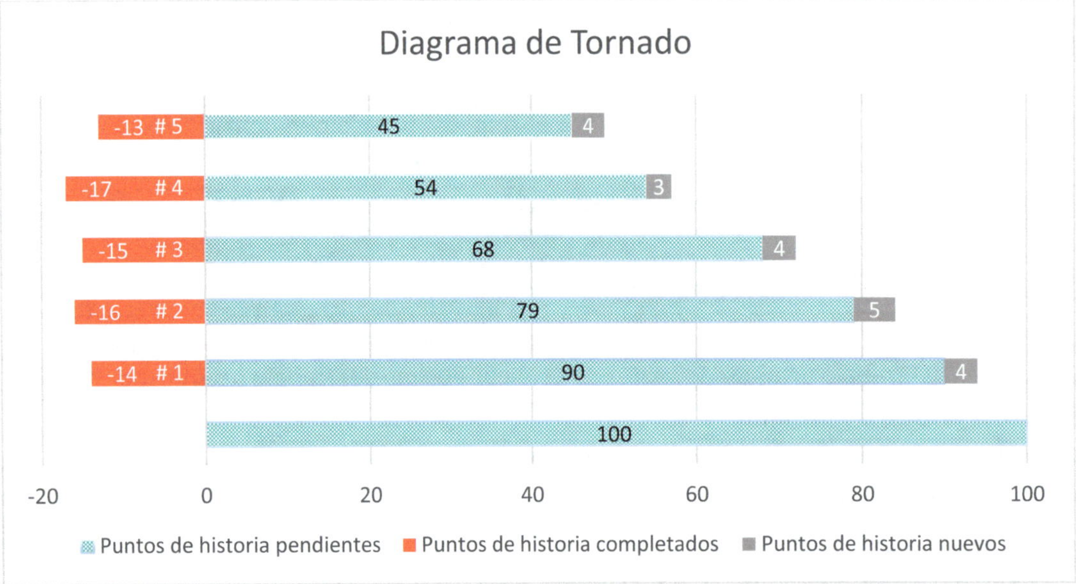

Respuesta: ____________

35- En la tabla a continuación complete al lado de cada acción de mitigación con alguna letra (TIMWOD) que se relacione con cada desperdicio.

Desperdicios del desarrollo de software		Cómo mitigarlo	
T	Trabajo parcialmente realizado o en proceso	Aprendizaje compartido	
I	Entregar características adicionales innecesarias	Colocar límites del WIP	
M	Reaprendizaje (aprender lo mismo)	Desarrollo basado en pruebas	
W	Traspasos o transferencias	Equipos autónomos y multifuncionales	
O	Retrasos	Reducir las dependencias entre los equipos al unir el trabajo relacionado	
D	Defectos	Validar supuestos sobre el valor en ciclos cortos de retroalimentación	

36- Complete con verdadero (V) o falso (F). **WIP**.

Cuando el WIP es ______	(V o F)
Alto podríamos tener miembros del equipo ociosos porque no podrán trabajar juntos todo el tiempo sobre esa misma tarea.	
Alto, los miembros del equipo podrían perder hasta el 20% de su tiempo si trabajaran con 2 tareas en simultáneo.	
Bajo fomenta la colaboración y trabajo en equipo.	
Demasiado bajo, existe el riesgo de empezar muchas tareas y terminar pocas.	
Muy alto, podría haber miembros del equipo ociosos sin estar trabajando en tareas.	
Muy alto, podría haber tareas en el listado del WIP pero que no tienen personas trabajando en ellas.	
Muy bajo, tendremos varias tareas en estado de "pendientes" demasiado tiempo, en espera de que el equipo comience a trabajar sobre ellas.	

37- Complete los tipos de **tiempo** (respuesta, ciclo, entrega, ritmo)

	Tipo de tiempo
Cantidad de productos que se quieren / Tiempo disponible	
Desde que el cliente realiza la solicitud hasta que finaliza la entrega del producto. O sea, la sumatoria del tiempo de respuesta más el tiempo de ciclo.	
Desde que el cliente realiza una solicitud hasta que los miembros del equipo comienzan con el trabajo.	
Desde que el trabajo comienza hasta que el producto se entrega al cliente listo para su uso. Este tiempo de ciclo podría dividirse en el que agrega valor y en aquel que no agrega valor	
WIP / Rendimiento	

38- Coloque el orden cronológico de las siguientes **pruebas del desarrollo** de software.

Pruebas	Orden cronológico
Aceptación	
Integración	
Sistema	
Unitarias	

39- Coloque a qué tipo de **prueba** (unitaria, integración, sistema, UAT, usabilidad, exploratoria) corresponde cada enunciado.

	Tipo de prueba
El diseño, la ejecución y aprendizaje sobre los resultados de las pruebas se realizan de forma simultánea.	
El probador interactúa con el sistema para ver qué tan fácil es de usar y así poder descubrir potenciales problemas.	
exponer fallas en las interfaces y en las interacciones entre los diferentes componentes	
Fragmento breve del programa escrito que ejerce una parte estrecha del código fuente del producto y verifica los resultados.	
las unidades individuales se combinan y se prueban como un grupo	
Pasar o fallar según cuál sea la consistencia del comportamiento del programa con relación a las expectativas registradas	
probar el software por cliente para determinar si es aceptado o no según su funcionalidad y rendimiento.	
Pruebas de las versiones Beta	
Todos los módulos y componentes están integrados para verificar si el producto cumple con los requisitos especificados	

40- Complete verdadero (V) o falso (F) en relación con la **Integración Continua**.

	V o F
Consiste en hacer integraciones automáticas (compilación y ejecución de pruebas) varias veces al día para detectar fallos cuanto antes.	
Los desarrolladores integran su código dos o tres veces por semana en el código fuente al que todos los programadores pueden acceder.	
La integración se realiza en un par de horas.	
El principal objetivo es lograr un proceso de desarrollo más efectivo y poder reaccionar con más flexibilidad y rapidez ante los cambios.	
Exige que todos los archivos se encuentren en un único repositorio conocido por todos.	
Los desarrolladores pueden detectar y solucionar problemas de integración de forma temprana y continua, evitando el caos de última hora.	
Disponibilidad constante de una versión para pruebas, demos o lanzamientos anticipados.	
Ejecución inmediata de las pruebas unitarias.	
Monitorización continua de las métricas de calidad del proyecto.	
Fácil de mantener.	
Puede derivar en demoras cuando varios desarrolladores intentan integrar sus códigos al mismo tiempo.	

41- Ordene cronológicamente los siguientes pasos del **TDD.**

	Orden
Escribe en una prueba unitaria	
Repetimos el ciclo una y otra vez hasta completar nuestra aplicación	
Se comprueba que la prueba falle	
Se ejecutan todas las pruebas automatizadas para comprobar su funcionamiento	
Se escribe el código que hace pasar la prueba	
Se refactoriza y se limpia el código	
Se vuelven a ejecutar todas las pruebas para comprobar que todo funcione	

✅ Respuesta Ejercicios - Entrega

R1- Riesgos Michele Sliger

Riesgo	
Corrupción del alcance	√
Defecto del cronograma	√
Descompostura de la especificación	√
Financiación	
Negocios	
Pérdida de personal	√
Políticos	
Uso de tecnología	
Variación de la productividad	√

R2- Gestión de riesgos

Pasos	
2º	Analizar
1º	Identificar
4º	Monitorear
3º	Planificar respuesta

R3- Severidad del riesgo

Riesgo	Probabilidad	Impacto	Severidad
A	Baja	Bajo	Baja
B	Baja	Alto	Media
C	Alta	Bajo	Media
D	Alta	Alto	Alta

R4- Exposición del riesgo

Riesgo	Probabilidad	Impacto	Exposición
A	10%	$5.000	$500
B	20%	$80.000	$16.000
C	70%	$3.000	$2.100
D	80%	$60.000	$48.000
		Total	**$66.600**

R5- Exposición del riesgo. Al finalizar la iteración # 2 el riesgo es de 7,1.

Iteración	Riesgo	Probabilidad	Impacto (Días de retraso)	Exposición	Exposición total
1	a	10%	20	2	12
	b	20%	30	6	
	c	40%	10	4	
2	a	8%	20	1,6	7,1
	b	20%	20	4	
	c	30%	5	1,5	

R6- Detectar problemas

Frase	V	F
Con la intimidad cognitiva se puede sentir y anticipar malentendidos a nivel individual y grupal.	√	
El ratio error-retroalimentación es el número de nuevos defectos que tendrá el proyecto para corregir defectos existentes.	√	
La deuda técnica refleja el costo del retrabajo a realizar hoy para mitigar futuros problemas.		√
Los 7 ¿Por qué? es una técnica para explorar las relaciones de causa y efecto subyacentes a un problema particular para detectar la causa-raíz de ese problema.		√
Los defectos escapados son los más costosos de corregir.	√	
Los defectos escapados son un indicador del nivel de calidad del proyecto.	√	
Se gasta más dinero cuando el equipo de desarrollo detecta el problema antes que el usuario final.		√
Un defecto escapado es aquel que fue descubierto por el equipos de prueba.		√
Una herramienta para detectar problemas es realizando chequeos sobre la salud del equipo.	√	

R7- Abismo de ejecución y evaluación

Abismo	Ejecución	Evaluación
Distancia entre la respuesta del sistema y la interpretación del usuario.		√
Distancia entre lo que quiere hacer el usuario y los medios para lograrlo al interactuar con el sistema.	√	
El usuario es incapaz de interpretar si la acción que realizó fue exitosa o no.		√
El usuario sabe qué objetivos quiere lograr, pero desconoce qué pasos o acciones realizar para llevarlos a cabo.	√	
El usuario tiene dudas si está realizando el proceso correcto para utilizar un producto.		√
Un usuario tiene dudas sobre los pasos a realizar para interactuar con un producto.	√	

R8- Refactorización

Ítem	
Cada vez que aparezca un problema, el coach ágil debe reunir a todo el equipo para compartir el problema y analizar alternativas de solución.	
Eliminar el código innecesario para facilitar el mantenimiento en el futuro.	√
En la cultura organizacional ágil se crea un ambiente dónde se aceptan los fracasos para la mejora continua.	
Limpiar el código simplificando el código fuente sin cambiar su comportamiento.	√
Limpieza, mantenimiento y estandarización del código en cada iteración, para mantener baja la deuda técnica.	√
Los miembros del equipo son los que están mejor preparados para encontrar soluciones a los problemas que aparezcan durante el desarrollo.	
Mejorar el diseño de un producto mejorando su disposición para el mantenimiento, sin alterar la funcionalidad esperada.	√
Mejorar la operación interna de un componente sin cambiar su comportamiento externo.	√

R9- Niveles de conflicto

Nivel de conflicto	Resolución	
3 Contienda	Asegurarse de que las rivalidades personales pasen a un segundo plano y todos negocien una discusión abierta.	3
2 Desacuerdo	Centrarse en la colaboración y el consenso.	1
4 Lucha-vuelo	Intentar limitar el daño y reparar los daños colaterales.	5
1 Problema a resolver	Reunir y apoyar al equipo para una discusión.	2
5 Situaciones intratables	Separar a los dos equipos con diplomacia e intentar resolver las diferencias.	4

R10- CD3

Costo sin priorización: $177.000

Historia	Duración (días)	Valor diario una vez completada	CD3	Demora	Costo oportunidad
A	1	$ 2.000	$ 2.000	1	$ 2.000
B	3	$ 10.000	$ 3.333	4	$ 40.000
C	5	$ 15.000	$ 3.000	9	$ 135.000
TOTAL	**9**				**$ 177.000**

Costo priorizando por CD3: $168.000

Historia	Duración (días)	Valor diario una vez completada	CD3	Demora	Costo oportunidad
B	3	$ 10.000	$ 3.333	3	$ 30.000
C	5	$ 15.000	$ 3.000	8	$ 120.000
A	1	$ 2.000	$ 2.000	9	$ 18.000
TOTAL	**9**				**$ 168.000**

R11- Técnicas para resolución de problemas

	Técnica	#	Definición
1	Analogía	6	Construir un modelo para estimar como podrían impactar al problema distintos escenarios.
2	Depuración de escopeta	5	Crear un ambiente controlado para probar soluciones al problema.
3	Descomposición	3	Partir el problema complejo en varios problemas más simples y fáciles de resolver.
4	Prueba y error	4	Probar diferentes alternativas hasta que alguna resuelva el problema.
5	Sandboxing	2	Probar varias posibles soluciones de problemas al mismo tiempo.
6	Simulación	1	Utilizar soluciones que fueron exitosas para otros problemas similares.

R12- Indicadores

Indicador rezagado - Objetivo	Indicadores líderes
Accidentes laborales	% de trabajadores que utilizan casco % de trabajadores que respetan las normas
Rentabilidad del proyecto	Valor comercial de cada historia Velocidad del equipo
Defectos escapados	Horas de refactorización Horas de revisiones de calidad
Tiempo de ciclo	WIP Rendimiento del equipo

R13- Tipos de variación

Variación	Común	Especial
Deben gestionarse de manera proactiva con acciones de control oportunas		√
Deben seguir en observación mediante un análisis de tendencias	√	
desviaciones significativas		√
Impacto bajo en los resultados	√	
La velocidad del equipo de las últimas 10 iteraciones tuvo variaciones en la velocidad entre 20 y 30.	√	
La velocidad del equipo subió de 20 a 50 en una iteración.		√
No requieren acciones de control	√	
ocurren una sola vez		√
Problema sistemático de pequeñas desviaciones	√	

R14- Diagrama de control

Concepto	Valor
Fuera de control	230
LCL	180
Límite tolerancia inferior	190
Límite tolerancia superior	210
Media	200
UCL	220

R15- Seguimiento y control

Frase	V	F
El análisis de la variación es más importante que una tendencia		√
Se puede disminuir el tiempo de ciclo bajando el WIP	√	
La verificación sirve para confirmar si estamos desarrollando el producto correcto		√
La validación evalúa si el producto cumple las necesidades del cliente	√	
Los desarrolladores y probadores deben participar en la recopilación de requisitos	√	
Los probadores deberían formar parte del equipo de desarrollo desde el inicio	√	

R16- Retroalimentación

Orden (1º, 2º, 3º)	Retroalimentación
3	Retrospectiva de la iteración
1	Reunión diaria
2	Revisión de la iteración

R17- Ciclo de aprendizaje

Orden	Ciclo
4	Aprender
2	Desarrollar
3	Evaluar
1	Planificar

R18- Retroalimentación continua y Mejorar procesos

Frase	V	F
En cualquier momento, incluso al principio del proceso de desarrollo, el cliente y desarrollador pueden sentarse juntos para discutir y revisar la funcionalidad.	√	
La innovación ocurre en el punto de equilibrio entre el caos y el orden, entre la flexibilidad y la estabilidad.	√	
Las organizaciones ágiles han creado una cultura donde se permite fracasar.	√	
Mientras antes se fracase, más alto será el costo de ese aprendizaje.		√

R19- Kaizen

Orden	5S
1	Clasificación
3	Limpieza
5	Mantener la disciplina
4	Normalización
2	Orden

R20- Mapeo del flujo de valor

Orden	Mapeo del flujo de valor
1	Crear un mapa de flujo de valor del proceso actual.
3	Crear un nuevo mapa de flujo de valor del estado optimizado.
4	Desarrollar una hoja de ruta para lograr el estado futuro.
5	Planificar la revisión del proceso para calibrar y optimizar continuamente.
2	Revisar el mapa para encontrar retrasos, desperdicios y restricciones.

R21- Mejorar procesos

Frase	V	F
Durante la reunión pre-mortem se realiza un listado de las causas que llevaron al proyecto a su muerte.	√	
El control empírico del proceso se basa en la transparencia, inspección y colaboración.		√
En la reunión de proyecto pre-mortem el equipo imagina que el proyecto fracasó.	√	
Kanban Kata utiliza preguntas para ayudar a mejorar con cambios de gran escala.		√

R22- Procesos según incertidubmbre.

Incertidumbre		Marco / Procesos
Requisitos	Tecnológica	
Alta	Alta	Caos. Ningún proceso va a funcionar.
Media	Media	Adaptativo. Procesos ágiles.
Baja	Baja	Predictivo. Procesos en cascada.

R23- Ciclo de retroalimentación del producto

Orden	Retroalimentación
3	Aprender
1	Construir
2	Medir

R24- NPS

Frase	V	F
Los pasivos responden 3		√
Si hay un 50% de promotores, 30% de pasivos y 20% de detractores, el NPS es 30%	√	
NPS es un índice entre 0% y 100%		√
Un NPS superior al 50% es excelente	√	
Los participantes responden en una escala de 1 a 5		√
NPS mide la lealtad de los clientes basado en 3 preguntas		√

R25- CES y CSAT

Frase	V	F
CES se puede utilizar después del primer uso de la nueva funcionalidad	√	
CES se utiliza para medir la satisfacción en una nueva funcionalidad		√
CSAT se utiliza para averiguar si el producto es fácil de usar		√
CSAT utiliza una escala del 1 al 10		√
CSES utiliza 5 escalas desde muy fácil a muy difícil	√	

R26- Motivación del equipo

Factor	
Conectar al equipo con los usuarios	√
Empoderar al equipo para que ellos tomen sus propias decisiones	√
Pemitir que el equipo sea dueño de una porción del sistema	√
Permitir que el equipo sea dueño de su propio proceso	√
Reducir el tamaño del equipo tanto como sea posible	√

R27- Resultado de la retrospectiva.

Resultado de la retrospectiva	
Mejora en la calidad del producto	√
Mejora en la productividad del equipo	√
Plan de mejora del proceso	√
Retrospectivas de lanzamiento	
Retrospectivas sorpresa	

R28- Retrospectiva

Orden	Retrospectiva
5	Cierre
4	Decidir qué hacer
3	Generar información
1	Preparación
2	Recopilar datos

R29- Mejorar al equipo

Frase	V	F
En el método ESVP, la S es para calificar a los "compradores" que asisten a la reunión a mirar lo que aparece y si algo les gusta, se lo llevan para usar.	√	
La encuesta de autoevaluación de James Shore utiliza una escala del 1 al 3		√
Mientras más bajo sea el factor autobús, mejor se está compartiendo el conocimiento entre los miembros del equipo.		√
ROTI es un método para medir el tiempo dedicado a reuniones de retrospectiva.	√	
Se suele evaluar la temperatura del equipo recopilando agradecimientos, emociones, quejas, nueva información, enigmas y deseos.	√	
Una herramienta para recopilar las quejas del equipo al finalizar la retrospectiva es la herramienta Plus / Delta.		√

R30- Diagrama de Estacionamiento

En relación con "el diagrama de estacionamiento" ...	V o F
Comunica el estado de avance de productos complejos en los que se trabaja en varias áreas y épicas al mismo tiempo.	V
Hasta que una épica no complete todas las historias de usuario planificadas inicialmente, no podrá considerase como "terminada".	F
Los cuadros se asemejan a un estacionamiento para autos.	V
Permite a los interesados en el producto realizar preguntas para obtener más información y detectar rápidamente si se está trabajando en la dirección correcta.	V
Presenta el estado de avance de los bloques de funcionalidad de un producto.	V

R31- Burndown chart

Frase	V	F
Compara los datos del trabajo pendiente planificado con el trabajo realizado acumulado a través del tiempo		√
Es de gran utilidad para visualizar los cambios de alcance del proyecto		√
Es un radiador de información	√	
Representa el trabajo pendiente de finalización frente al tiempo restante	√	
Se puede utilizar para graficar las funcionalidades pendientes a través del tiempo	√	
Si la línea de trabajo pendiente realizado está por encima del trabajo pendiente planificado, significa que el equipo está trabajando más rápido de lo estimado.		√
Sirve para proyectar la fecha de finalización del proyecto	√	

R32- Burnup chart

Frase	V	F
Cuando la línea del trabajo acumulado realizado está por encima del trabajo acumulado planificado, el proyecto está lento		√
El SPI se calcula dividiendo las historias completadas sobre las historias planificadas	√	
Facilita identificar los cambios de alcance	√	
Representa el trabajo completado acumulado a través del tiempo	√	
Si el SPI es menor que 1 indica que el proyecto está rápido		√
Si el trabajo realizado está por encima de lo planificado, el proyecto aumentó el alcance		√
Suele incluir una línea horizontal con el total del trabajo total a realizar	√	

R33- Velocidad del equipo

Frase	V	F
El compromiso del equipo se puede calcular comparando los puntos de historia completados vs los planificados	√	
Indica la cantidad de trabajo pendiente al finalizar cada iteración		√
La velocidad de un equipo se puede comparar con la velocidad de otros equipos		√
Mide la cantidad de trabajo que un equipo puede realizar durante una iteración	√	
Se calcula en medio de la iteración		√
Se puede utilizar como unidad de medida "puntos de historia" de cada iteración	√	
Se puede utilizar como unidad de medida el número de ítems a realizar por día	√	
Sirve para predecir la cantidad de trabajo a realizar en futuras iteraciones	√	
Suele disminuir gradualmente en las primeras iteraciones		√
Suele tener variación en las primeras iteraciones	√	

R34- Gráfico de Tornado

Iteración	Puntos de historia pendientes	Puntos de historia completados	Puntos de historia nuevos
# 0	100		
# 1	90	-14	4
# 2	79	-16	5
# 3	68	-15	4
# 4	54	-17	3
# 5	45	-13	4
	Promedio	-15	4

Promedio de puntos de historia completados por iteración: 15
Promedio de puntos de historia nuevos por iteración: 4
Puntos de historia completados netos del nuevo alcance: 15 – 4 = 11
Puntos de historia pendientes en la última iteración: 45
Iteraciones restantes = Pendiente / Completados netos = 45 / 11 = 4,09 (5 redondeando hacia arriba).
Por lo tanto, suponiendo una velocidad y nuevo alcance similar al promedio histórico, se estima que quedan 5 iteraciones adicionales para finalizar el proyecto.
Respuesta: El proyecto terminará en la Iteración #10
Demostración:

Iteración	Puntos de historia pendientes	Puntos de historia completados	Puntos de historia nuevos
# 0	100		
# 1	90	-14	4
# 2	79	-16	5
# 3	68	-15	4
# 4	54	-17	3
# 5	45	-13	4
# 6	34	-15	4
# 7	23	-15	4
# 8	12	-15	4
# 9	1	-15	4
# 10	0	-5	4

R35- TIMWOOD

Desperdicios del desarrollo de software		Cómo mitigarlo	
T	Trabajo parcialmente realizado o en proceso	Aprendizaje compartido	M
I	Entregar características adicionales innecesarias	Colocar límites del WIP	T
M	Reaprendizaje (aprender lo mismo)	Desarrollo basado en pruebas	D
W	Traspasos o transferencias	Equipos autónomos y multifuncionales	W
O	Retrasos	Reducir las dependencias entre los equipos al unir el trabajo relacionado	O
D	Defectos	Validar supuestos sobre el valor en ciclos cortos de retroalimentación	I

R36- Work in Progress (WIP)

Cuando el WIP es ______	(V o F)
Alto podríamos tener miembros del equipo ociosos porque no podrán trabajar juntos todo el tiempo sobre esa misma tarea.	F
Alto, los miembros del equipo podrían perder hasta el 20% de su tiempo si trabajaran con 2 tareas en simultáneo.	V
Bajo fomenta la colaboración y trabajo en equipo.	V
Demasiado bajo, existe el riesgo de empezar muchas tareas y terminar pocas.	F
Muy alto, podría haber miembros del equipo ociosos sin estar trabajando en tareas.	F
Muy alto, podría haber tareas en el listado del WIP pero que no tienen personas trabajando en ellas.	V
Muy bajo, tendremos varias tareas en estado de "pendientes" demasiado tiempo, en espera de que el equipo comience a trabajar sobre ellas.	V

R37- Tiempo: respuesta, ciclo, entrega, ritmo

	Tipo de tiempo
Cantidad de productos que se quieren / Tiempo disponible	ritmo
Desde que el cliente realiza la solicitud hasta que finaliza la entrega del producto. O sea, la sumatoria del tiempo de respuesta más el tiempo de ciclo.	entrega
Desde que el cliente realiza una solicitud hasta que los miembros del equipo comienzan con el trabajo.	respuesta
Desde que el trabajo comienza hasta que el producto se entrega al cliente listo para su uso. Este tiempo de ciclo podría dividirse en el que agrega valor y en aquel que no agrega valor	ciclo
WIP / Rendimiento	ciclo

R38- Pruebas del desarrollo de software

Pruebas	Orden cronológico
Aceptación	4º
Integración	2º
Sistema	3º
Unitarias	1º

R39- Tipos de pruebas

	Tipo
El diseño, la ejecución y aprendizaje sobre los resultados de las pruebas se realizan de forma simultánea.	Exploratoria
El probador interactúa con el sistema para ver qué tan fácil es de usar y así poder descubrir potenciales problemas.	Usabilidad
exponer fallas en las interfaces y en las interacciones entre los diferentes componentes	Integración
Fragmento breve del programa escrito que ejerce una parte estrecha del código fuente del producto y verifica los resultados.	Unitaria
las unidades individuales se combinan y se prueban como un grupo	Integración
Pasar o fallar según cuál sea la consistencia del comportamiento del programa con relación a las expectativas registradas	Unitaria
probar el software por cliente para determinar si es aceptado o no según su funcionalidad y rendimiento.	UAT
Pruebas de las versiones Beta	UAT
Todos los módulos y componentes están integrados para verificar si el producto cumple con los requisitos especificados	Sistema

R40- Integración Continua.

	V o F
Consiste en hacer integraciones automáticas varias veces al día para detectar fallos.	V
Los desarrolladores integran su código dos o tres veces por semana en el código fuente al que todos los programadores pueden acceder.	F
La integración se realiza en un par de horas.	F
El principal objetivo es lograr un proceso de desarrollo más efectivo y poder reaccionar con más flexibilidad y rapidez ante los cambios.	V
Exige que todos los archivos se encuentren en un único repositorio conocido por todos.	V
Los desarrolladores pueden detectar y solucionar problemas de integración de forma temprana y continua, evitando el caos de última hora.	V
Disponibilidad constante de una versión para pruebas.	V
Ejecución inmediata de las pruebas unitarias.	V
Monitorización continua de las métricas de calidad del proyecto.	V
Fácil de mantener.	F
Puede derivar en demoras cuando varios desarrolladores intentan integrar sus códigos.	V

R41- Desarrollo guiado por pruebas (TDD)

	Orden
Escribe en una prueba unitaria	1
Repetimos el ciclo una y otra vez hasta completar nuestra aplicación	7
Se comprueba que la prueba falle	2
Se ejecutan todas las pruebas automatizadas para comprobar su funcionamiento	4
Se escribe el código que hace pasar la prueba	3
Se refactoriza y se limpia el código	5
Se vuelven a ejecutar todas las pruebas para comprobar que todo funcione	6

Examen – Entrega

1. Para el desarrollo de una moneda virtual que reemplazará todos los billetes físicos de un estado, se utiliza el método Kanban. Según el siguiente Diagrama de Flujo Acumulativo de las características completadas, ¿Cuál es la situación del proyecto al mes 8?

A. El tiempo de respuesta ha disminuido
B. El número de tarjetas que entran es menor que el número de tareas que salen
C. El tiempo de ciclo ha aumentado
D. El tiempo de entrega se ha mantenido estable

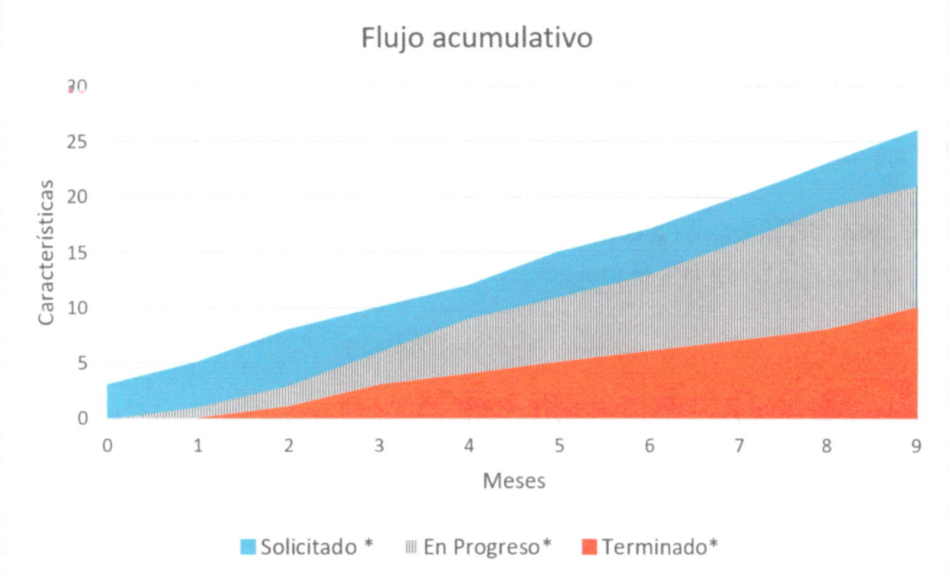

2. ¿En cuál de las siguientes herramientas se visualiza mejor un cambio de alcance en un proyecto ágil?

A. Gráfica de trabajo realizado (Burnup Chart)
B. Gráfica de trabajo pendiente (Burndown Chart)
C. Gráfica de velocidad del equipo
D. Diagrama de Gantt

3. ¿Cuál de los siguientes conceptos sería el tiempo de ciclo de un proyecto que realiza entregas parciales al cliente?

A. Desde que el cliente realiza la solicitud hasta que finaliza la entrega del producto.
B. Desde que el cliente realiza una solicitud hasta que los miembros del equipo comienzan con el trabajo.
C. El WIP multiplicado por el rendimiento
D. Desde que el trabajo comienza hasta que el producto se entrega al cliente listo para su uso.

4. ¿Por qué motivos están utilizando un Burndown chart en un proyecto? Señale 2 respuestas correctas.

A. Para comparar los datos del trabajo pendiente planificado con el trabajo realizado acumulado a través del tiempo

B. Para visualizar los cambios de alcance del proyecto

C. Para analizar el trabajo pendiente de finalización frente al tiempo restante

D. Para proyectar la fecha de finalización del proyecto

5. Usted está midiendo la velocidad de su equipo en un proyecto ágil. ¿Para qué le sirve este indicador? Señale 2 respuestas correctas.

A. Para comparar la velocidad de su equipo contra la de otros equipos

B. Para estimar la cantidad de trabajo que el equipo puede hacer en las próximas iteraciones

C. Para analizar la cantidad de trabajo pendiente al finalizar cada iteración

D. Para hacer un seguimiento del compromiso del equipo

6. Según los datos del diagrama a continuación de las últimas 5 iteraciones del proyecto, ¿En qué iteración se estima que terminará el proyecto?

A. 6

B. 7

C. 8

D. 9

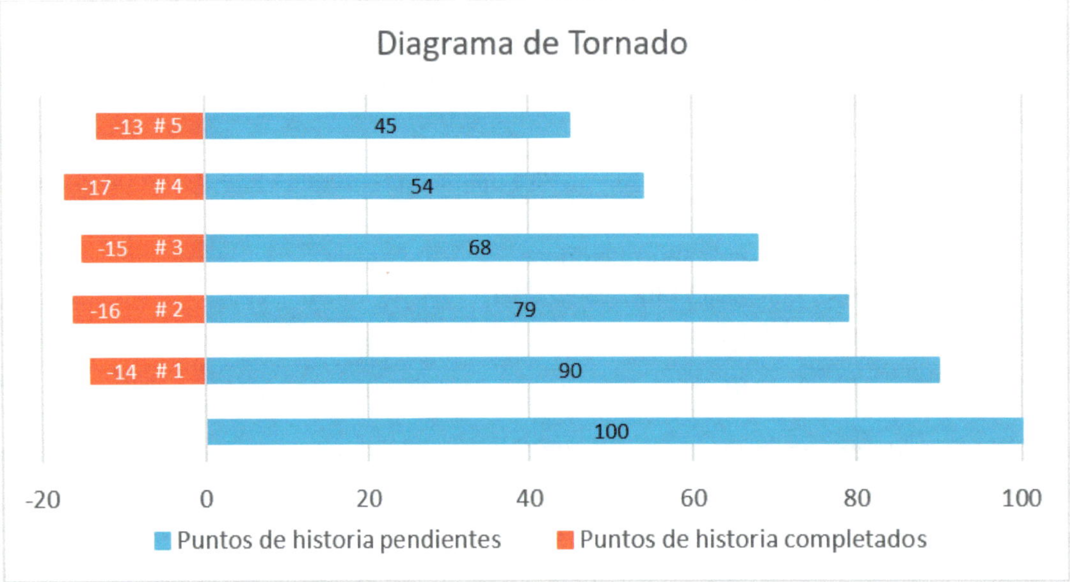

7. ¿Cuáles serían 2 buenos indicadores líderes para analizar el tiempo de ciclo como un indicador rezagado?

A. Valor comercial de las historias de usuario

B. WIP

C. Porcentaje de trabajadores que respetan los procesos

D. Rendimiento del equipo

8. Para mejorar el desarrollo de su producto han implementado un sistema de NPS (Net promoter score). Los resultado informan que hay un 50% de promotores, un 30% de pasivos y un 20% de detractores. ¿Cuál será el resultado del NPS?

A. 100%

B. 80%

C. 10%

D. 30%

9. Durante el desarrollo del proyecto, has notado que a pesar de contar con un entorno donde los miembros se sienten cómodos compartiendo ideas, la implementación de innovaciones sigue siendo limitada. ¿Qué pasos deberías tomar para fortalecer la cultura de innovación y asegurar que las ideas se implementen de manera efectiva?

A. Reforzar el enfoque en las prácticas actuales y fomentando que las innovaciones surjan de manera orgánica con el tiempo

B. Establecer un comité de innovación que decida qué ideas deben implementarse y evaluar su impacto a largo plazo

C. Reducir la cantidad de experimentos para centrarse en aquellas ideas con alto potencial, minimizando el riesgo de fracaso

D. Introducir un sistema de experimentación con ciclos cortos y establecer métricas claras para medir el impacto de las innovaciones

10. Durante la reunión de revisión de la iteración, el dueño del producto no aprueba los resultados de esa iteración. ¿Por qué podría haber ocurrido esto?

A. El producto incremental no incluye las características del listado de trabajo pendiente

B. El equipo no completó una historia de usuario priorizada para esa iteración

C. El cliente tenía expectativas de que el equipo trabajaría a mayor velocidad

D. La demostración no incluye un producto funcionando

Respuesta Examen – Entrega

R1. C. Observando el diagrama de flujo acumulativo: La banda azul (Solicitado) se mantiene estable, la banda gris (En Progreso) se ensancha progresivamente y la banda roja (Terminado) muestra un crecimiento constante pero moderado. La banda de "En Progreso" (gris) se ha ensanchado con el tiempo, lo que indica que el tiempo de ciclo está aumentando. Esto significa que las tareas están tardando más en completarse desde que se inician hasta que se terminan.

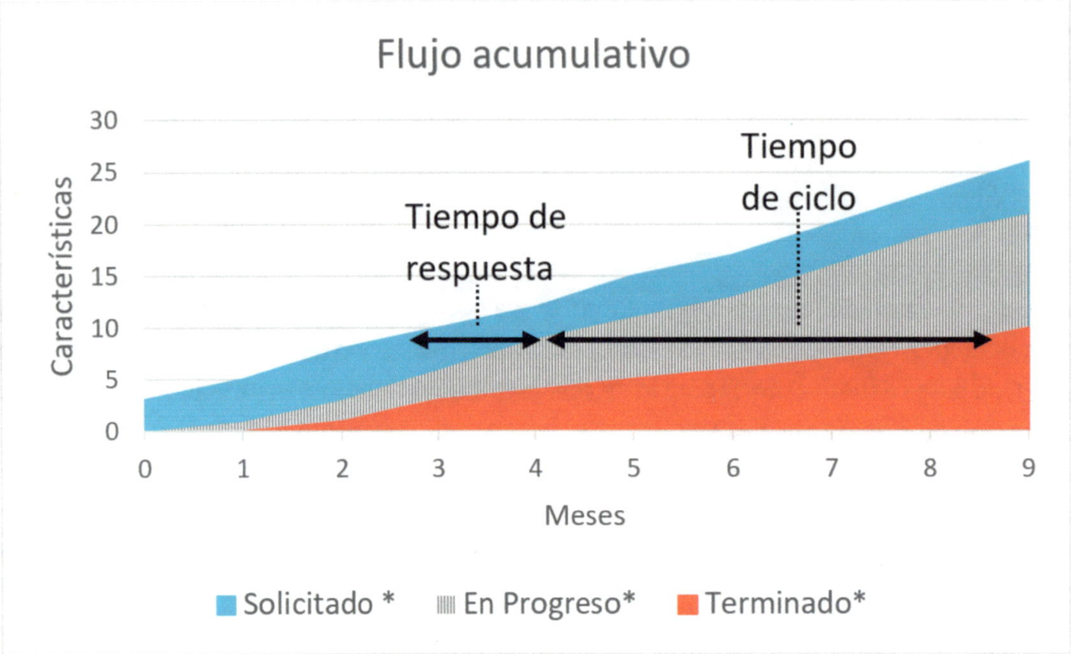

R2. A. Gráfica de Trabajo Realizado (Burnup Chart): representación gráfica del trabajo realizado. Suele incluir una línea horizontal con el total de trabajo a realizar, que varía hacia abajo o hacia arriba cuando hay cambios en el alcance del proyecto. / Gráfica de Trabajo Pendiente (Burndown Chart): representación gráfica del trabajo pendiente frente al tiempo restante en un período de tiempo preestablecido. Suele ser confuso identificar en esa gráfica los cambios de alcance. / Gráfica de velocidad: cantidad de puntos de historia realizados por el equipo en cada iteración. No indica cambios de alcance. / Diagrama de Gantt: no suele ser una herramienta muy utilizada en proyectos ágiles.

R3. D. El tiempo de ciclo se refiere al periodo desde que el trabajo comienza hasta que el producto se entrega al cliente listo para su uso. Este concepto se enfoca en la duración del proceso de trabajo efectivo, excluyendo los tiempos de espera antes del inicio del trabajo y después de la finalización antes de la entrega.

R4. C y D. C. El Burndown chart es una herramienta que muestra la cantidad de trabajo pendiente y cómo se reduce a lo largo del tiempo, ayudando a evaluar el progreso del equipo. Este diagrama permite visualizar si el equipo está en camino de completar el trabajo dentro del plazo previsto, proyectando la fecha de finalización en función de la tasa de trabajo completado. / El Burnup chart se utiliza para comparar los datos del trabajo pendiente planificado con el trabajo realizado acumulado a través del tiempo y es de utilidad para visualizar los cambios de alcance del proyecto.

R5. B y D. La velocidad del equipo ayuda a estimar cuánto trabajo puede completar el equipo en futuras iteraciones, mejorando la planificación y previsibilidad. También se usa para hacer seguimiento del compromiso del equipo, ya que refleja cuánto trabajo completaron en relación con lo planificado. / Comparar la velocidad entre equipos no es útil debido a las diferencias en los contextos de cada equipo y la estimación de esfuerzos relativos de cada historia de usuario. / La velocidad mide el trabajo completado, no el trabajo pendiente al final de cada iteración.

R6. C. Promedio de puntos de historia completados por iteración: 15. Puntos de historia pendientes en la última iteración: 45. Iteraciones restantes = Pendiente / Completados = 45 / 15 = 3. Por lo tanto, suponiendo una velocidad similar al promedio histórico, se estima que quedan 3 iteraciones adicionales para finalizar el proyecto y el proyecto terminará en la iteración #8.

R7. B y D. B. El WIP es un indicador líder que ayuda a entender cuántas tareas están en progreso al mismo tiempo. Un alto WIP puede aumentar el tiempo de ciclo, mientras que un WIP controlado puede ayudar a reducirlo. El rendimiento del equipo mide la eficiencia con la que el equipo completa las tareas. Un alto rendimiento generalmente lleva a tiempos de ciclo más cortos.

R8. D. El NPS se calcula restando el porcentaje de detractores del porcentaje de promotores NPS = 50% - 20% = 30%.

R9. D. Para que la innovación sea efectiva en un entorno ágil, no basta con tener un ambiente donde los miembros se sientan cómodos compartiendo ideas; es crucial tener un sistema que permita la rápida implementación de estas ideas y la medición de su impacto. Al introducir un sistema de experimentación con ciclos cortos, el equipo puede probar y ajustar innovaciones rápidamente, mientras que las métricas claras permiten evaluar objetivamente el éxito o fracaso de cada experimento. Esto no solo fomenta la implementación de nuevas ideas, sino que también permite aprender de cada iteración, mejorando continuamente el proceso de innovación. / Reforzar las prácticas actuales sin un enfoque activo en la experimentación puede limitar la innovación, ya que depender de la innovación orgánica puede ser lento e inconsistente. / Establecer un comité de innovación puede centralizar la toma de decisiones, lo que puede retrasar la implementación de ideas y desincentivar la innovación a nivel de equipo. / Reducir la cantidad de experimentos para centrarse solo en ideas con alto potencial podría limitar la exploración de nuevas ideas y disminuir la cultura de experimentación necesaria para la innovación continua.

R10. B. En una iteración, el equipo se compromete a completar ciertas historias de usuario. Si una historia priorizada no se completa, el dueño del producto puede decidir no aprobar los resultados, ya que el incremento no cumple con lo que se había acordado para esa iteración. / El producto incremental no incluye todas las características del product backlog, sino solamente las características aprobadas para esa iteración. / El cliente aprueba la iteración si se realizó el trabajo acordado, independientemente de la velocidad del equipo. / No siempre al final de una iteración el resultado es un producto completamente funcional.

Contratapa

La disrupción tecnológica, inteligencia artificial, trabajo remoto y los equipos virtuales han cambiado la forma de gestionar nuestros proyectos. Por su parte, la nueva economía está indicando que las empresas exitosas serán sólo aquellas que hagan realidad su estrategia mediante proyectos eficientes que generen los beneficios esperados.

En este contexto ya no alcanza con conocer herramientas para gestionar proyectos de ciclos predictivos con procesos en cascada, sino que cualquier profesional de proyectos debe conocer también cuáles son las metodologías y buenas prácticas para gestionar proyectos con ciclos adaptativos que requieren entregar valor al cliente de manera incremental y con mayor celeridad que en el pasado.

Este libro fue diseñado para quienes quieran preparar la certificación internacional PMI-ACP® o para quienes necesiten mejorar sus conocimientos para la dirección de proyectos.

Las ventajas de estudiar de este libro son:

- Obtener una visión de las prácticas ágiles más utilizadas.
- Interactuar con miembros del equipo de proyectos ágiles.
- Quedar a poca distancia de aprobar el examen PMI-ACP®.
- Ser mejores profesionales de proyectos.

Pablo Lledó
PMI-ACP, PMP

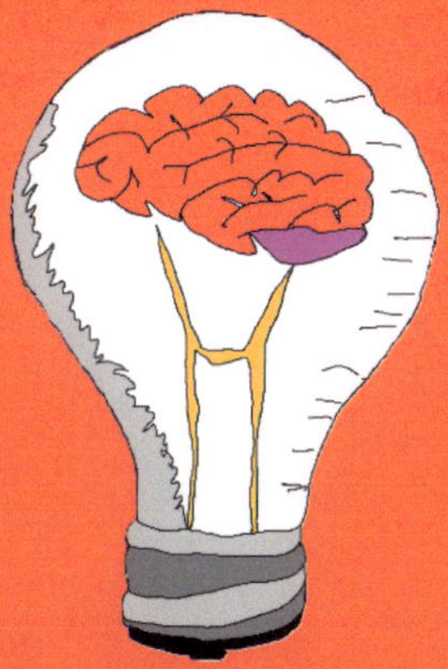